易學佛堂

易經周易中階講義

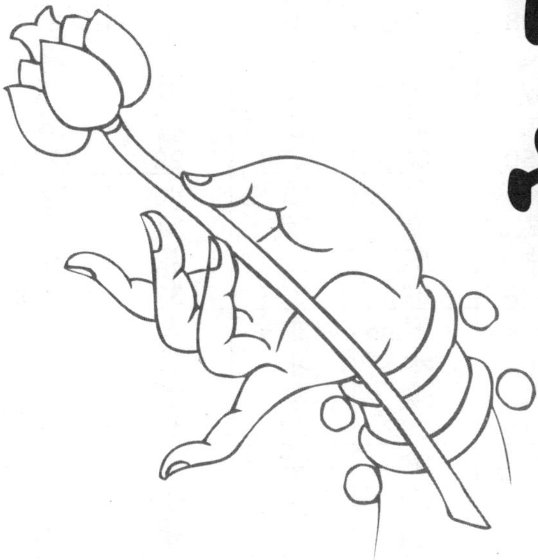

◎四明居士 著

坤8 地	艮7 山	坎6 水	巽5 風	震4 雷	離3 火	兌2 澤	乾1 天	上卦 / 下卦	
☷	☶	☵	☴	☳	☲	☱	☰		
地天泰 11 270	山天大畜 26 310	水天需 5 255	風天小畜 9 265	雷天大壯 34 333	火天大有 14 278	澤天夬 43 355	乾為天 1 241	☰	乾 天
地澤臨 19 291	山澤損 41 351	水澤節 60 400	風澤中孚 61 403	雷澤歸妹 54 384	火澤睽 38 343	兌為澤 58 394	天澤履 10 268	☱	兌 澤
地火明夷 36 338	山火賁 22 299	水火既濟 63 408	風火家人 37 340	雷火豐 55 387	離為火 30 321	澤火革 49 371	天火同人 13 275	☲	離 火
地雷復 24 305	山雷頤 27 313	水雷屯 3 250	風雷益 42 353	震為雷 51 376	火雷噬嗑 21 297	澤雷隨 17 256	天雷无妄 25 308	☳	震 雷
地風升 46 364	山風蠱 18 288	水風井 48 369	巽為風 57 392	雷風恒 32 327	火風鼎 50 374	澤風大過 28 316	天風姤 14 358	☴	巽 風
地水師 7 260	山水蒙 4 252	坎為水 29 318	風水渙 59 397	雷水解 40 348	火水未濟 64 411	澤水困 47 366	天水訟 6 257	☵	坎 水
地山謙 15 281	艮為山 52 379	水山蹇 39 346	風山漸 53 381	雷山小過 62 405	火山旅 56 389	澤山咸 31 325	天山遯 33 330	☶	艮 山
坤為地 2 246	山地剝 23 302	水地比 8 262	風地觀 20 294	雷地豫 16 283	火地晉 35 335	澤地萃 45 361	天地否 12 273	☷	坤 地

註記：卦名右上的編號數字爲序卦傳上的次序。
卦名下的頁數爲快速索引頁碼。

易經周易中階晉級　序言

在教授了易經課程十幾年來，第一次真正實在地感受到被學員和讀者的肯定！肯定什麼呢？肯定自己在「易經」文化學問傳承上的努力和方向是正確的，還有對易經卜卦的精神宗旨認知，也是正確的！

因爲在「易經入門初階講義」正式自九二年十二月結集出版後，短短二個月內就接獲了四五十位讀者、同修的回函，甚至幾近有二十幾位的同修，親自來到新設立的「易學佛堂台中講堂」拜訪筆者，使筆者心中感到非常的欣慰和感動。

一方面是對於筆者在易經研習見解上的肯定，一方面更是對於筆者想要以平民、平實、平易的角度和教學方法，來弘揚推廣「易經文化」，給予了相當大的鼓勵和支持！因此這二、三個月來，來台中講堂上課的學員也越來越多，甚至更有數位師兄，已經是對易經有很深入的瞭解和修持，也非常地認同筆者的理念和作法，也發心加入了「易學佛堂」成爲我們的一員，這些都是令人振奮的大喜悅！

其實筆者在面對這麼樣的一個文化時，只是用一個比較「務實」的角度來看待他罷了！所以才會有以下幾點不同於其他研習易經先進先賢的粗淺看法：

一、易經卦象只是一個「語言工具」，是無形的先佛菩薩透過這個語言，和卜卦的儀軌方法，來和卜求的人對談的一種模式。

二、易經卦象既然是個「語言符號工具」，當然就會產生出數種不同的「語法和文法」的模式來，甚至也可以用來作為「數學」的運算符號。

三、易經文化最基本的精神宗旨是在「求卜、對談」，所以研習者必須熟練卦意解卦的語法，才是最為重要，因此要常「卜卦」、「解卦」來練習，而不是只單純地在做學術文章上的論述研究。

四、卦象、卦意的批論、瞭解，是在於事情「相對性」的吉凶判斷，而不是「絕對性」的鐵口直斷去批斷吉凶好壞，應該是要藉著卦意的指示，來提醒自己趕緊反省懺悔改進錯誤，自然就能改變未來的壞運險事。

五、既然是「相對性」的批論，與我們所習習相關的「五常」事物，如：人、事、地、物、時，甚至無形虛空的「鬼靈」、「神靈」、「祖先」、「地靈」、、等諸界磁場、靈氣的互動關係，甚至是「三世因果」的業識關連，也同樣都是會在卦象、卦爻中，一一顯現出來的。

所以，有了以上幾點筆者個人粗淺的看法，也因此對於「易經」的學習角度方向，就漸漸不再著重於「經典、學術」的研究探討，而是較偏重於務實層面的實例運用，尤其在與佛法修持互相配合應證下，這幾年來也得到了許多的「感應」和心得。

尤其是在研習「地藏王菩薩」所傳「占察善惡業報經」的木輪相法中，更加是應證了筆者的想法和作法是正確的，不論是「卜卦」還是「占察」，應該都只是在「檢查」這一個人的意識、心念、想法、作法和行爲等，是否正確？有無偏差？會不會因此而造成未來的吉凶變化？

那既然是要以「檢查」事情心念、行爲的角度來學習「易經」，個人就覺得要學會如何來解讀，這個卜出的卦意是要來告訴我們「什麼意思？」才是重要的，所以就要不斷地多卜、多練習！

譬如有高血壓的人，是要用「血壓計」，每天不斷地來量測自己的「血壓值」，好來預防控制血壓的高低！哪裡是要去研究這一台「血壓計」是如何來「製造」的呢？不是覺得很好笑嗎！但是有許多人在學習「易經」時的態度，就像是在研究這一部「易經」是如何被「製造」出來的？而不是在學習要如何使用這一部「易經」，來幫助我們量測未來的吉凶好壞，提醒我們事先去預防注意呢！

因此諸位讀者同修，若是也能認同筆者的想法，相信一定很快就可以確定，自己在學習「易經」上的明確方向，是要學會如何來使用「易經」的卦象卦意，才不會給歷代以來諸多雜亂不明的易經論述文化，給攪在其中而混沌不清了。

除了筆者對於「易經」有很清楚明白的學習目標和方向評述外，也有非常多的學員也很認同筆者，將「易經」許多雜亂的學習階段內容，做了非常完整有系統的分階段整理，如以下的四個大階段，而本講義是屬於「易經周易中階段晉級」的學習內容，主要是來針對「周易經傳」和

「十翼傳」的白話解說作講解，其中也會介紹歷代以來最有趣的易經註釋書籍，就是宋朝邵康節所著寫的「梅花易數」，和中國的命理主軸「陰陽五行配合六爻、六親」的基本運用觀念，因此請剛入門的「初階段」的易經學員，切勿來研讀，以避免造成不必要的困擾和學習上的挫折。

【學易四部曲】

通常在剛上第一節課時，老師常會叫學生將他們所買來的易經書籍，帶過來給我看看，因爲有相當多的易經書籍寫得很糟糕，剪貼也就算了，還根本就是亂貼一通，一本書中常夾雜著六十四卦的白話解釋和繫辭傳、十翼傳，最糟該的是還會又有「黃金策」內的八宮世應表和六親、六獸的資料，這根本就是將不管三七二十一的易經資料，通通亂塞在一起，完全根本就是在混淆了學生的學習階段，和增加學習上的困難嘛！

所有學問的學習都是有階段性的，如同數學就要從加減乘除和九九乘法表背起，而不是將加減乘除、函數、微積分、、、通通塞在一本書裡，那你數學能學的好才怪呢？所以易經同樣是有分階段程度的，筆者將它稱爲「學易四部曲」！

第一階段（初階入門）：一、瞭解易經源由。二、易經和心理學的關係。三、八卦象徵代表的意義運算和運用。四、六十四卦卦意的白話解釋。

第二階段（中階晉級）：一、周易經傳和「爻辭」的研習。二、「繫辭傳」和「十翼傳」的瞭解，和其白話解釋。二、河圖、洛書和五行干支的進一步瞭解。

第三階段（中高階晉級）：一、陰陽五行配合六爻、六親的運用。。二、「黃金策」（卜筮正宗）的深入研讀。三、「野鶴老人占卜全書」的深入研讀。四、中國命理文化的主要精神瞭解。

第四階段（高階晉級）：一、實際的卦例演練和應用。二、多參考其他相關應用類的書籍，如「梅花易數」等書。三、相關性佛學經典的研習，和法門的修持。

所以目前市面上的許多書，我幾乎都是建議初學的學生還不要去看，免得內容太深難懂或是章節不連貫，大大影響了學習易經的信心和興趣。所以若是六十四卦的白話卦意還沒熟記瞭解，就要去看「卜筮正宗」、「黃金策」或是「周易經傳」和爻辭的解說運用，怕只是會給自己的意念更加模糊、錯亂，增加學習上的困難度，尤其是打擊自己的學習信心！

若是對「繫辭傳」有興趣深入研究者，建議可以來看「南懷瑾」大師的「繫辭別傳」一書。

另外有些卜卦應用實例的書，如直接講解卜求「財運」、「感情」、「健康」、、等甚至是「命名」應用的書籍，筆者建議只是參考的看，卻勿者迷太深，因爲對於陰陽五行配合六爻、六親的運用，仍應是以「卜筮正宗」的黃金策和「野鶴老人占卜全書」的著作爲主，其他這一些著作的運用，一般都是從中延伸出來的而已，其實此時學員的易經層次，也應該已經進階到中高階的學習層次了。市面上有部分的古文版翻印書，建議已經是程度很高的讀者，才買來參考看看，可千萬不要著迷書中會藏有啥密笈的！那是不可能的，只是會看壞自己的眼睛罷了！

請看以下的易經學習階段和課程表（本學習階段是筆者本人的學習心得和教學經驗所規劃出來的）「附表」

初階入門	易經的基本語法意義，卦意的演化瞭解，八卦百象所表達的卦意運用，卜卦的方法，六十四卦所表達的卦意，熟悉運用成卦、變卦之間的語法運用。
中階晉級	周易經傳原文和爻辭、白話的研讀，十翼傳、繫辭傳的研讀，易經相關神話傳述的瞭解，河圖、洛書，卦象中六爻爻意和專有名詞的瞭解。 備註：這是本階段講義的主題內容，若是初階入門者，請另行購買「易經入門初階講義」一書來看。
中高階晉級	陰陽五行配合六爻、六親的運用。「（卜筮正宗）黃金策」，「野鶴老人占卜全書」的深入研讀。陰陽五行相生剋的瞭解，和佛法禪座的修習。
高階晉級	實際的卦例演練和應用，其他相關應用類的書籍，如「梅花易數」等書。研習，佛學、佛法法門的修持。

易經本來就是一套很大的經典學問，就是要有系統、有階段的去學習，哪裡只是一、二本書就可以涵蓋的了呢？這也是本書要以「階段講義」的形式來編排寫作的最大原因，而不是只有單純的一本書而已，因此請諸位學員務必，一定要按步就班地循序漸進地來研習，切不可躁進，將可漸漸學會易經，並可體悟出它的精義和道理來，進而幫助自己也能幫助別人，來解決現世生活中的各種問題和困難。

易經周易中階晉級講義 目錄

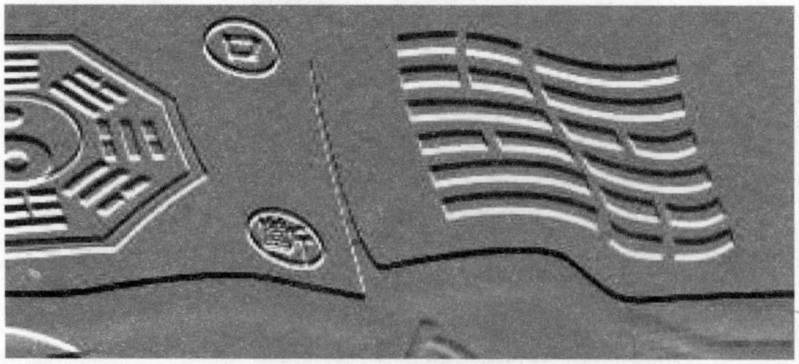

口
斷

目錄

貝葉經(唐/西藏羅布林卡藏)

第一講 易經周易中階晉級 導讀

【易經周易中階的學習次第】

很高興各位讀者、學員，已經可以晉級到這一個易經的學習階段層次來了！這個學習的層次在以前歷代幾乎是高級知識份子，或是高官貴人的上階級層次的人士，才能夠來學習的學問，如果有流傳到民間，就又會轉變成「傳子不傳女」、「江湖秘訣」的神秘術數學習領域，使得一般的平民百姓是很難來接觸學習到的。

幸好因爲現在資訊的發達，許多古文書籍不斷地被翻譯出來流傳，才使得這些學問的神秘面紗，也一一給顯現出來，也將易經它本來的學術文化傳承給弘揚開來。

尤其是像筆者這樣稟持著，弘揚推廣易經文化理念的同修、作者也越來越多，不斷地將自己對易經的研究心得給發佈出來，也直接、間接地促使對於「易經」的學習，不再那樣的困難和艱深，可以說是生在眼前當代文化、時代的我們，最幸運和最有福氣的學習者，因此希望各位讀者、同修，能好好珍惜這樣的好因緣，好好的來研習這部經典，期待不但能提昇自己的智慧，更加可以用學習到的「智慧」和「能力」，多多爲這個社會來服務，多多來做利益眾生的菩薩道，才不枉費先佛菩薩、先賢聖哲，傳賜給我們如此珍貴的學問知識。

在進入易經「周易」中階的學習層次，我們到底是要來學習些什麼「東西」呢？而所謂的「河圖、洛書」、「周易經傳」、「十翼傳」，甚至是「梅花易數」，以致於到「陰陽五行」、「六親五行」、「黃金策」、「卜筮正宗」，到底又是在說些什麼呢？

筆者大概可以先行簡略的說明如下：

一、先由「陰陽五行」的瞭解運用，來全面建立起，中國命理文化的精神主軸。

山、醫、命、相、卜，是中國命理中的五大項目和學習階段，來貫通這五大項目的主軸論述，其中有一個很偉大的學術發明，就是「陰陽五行、磁場生剋」的運用，這也是中國命理學與其他西方命理學最大的不同點，所以如果能領悟瞭解到「陰陽五行」的變化運用，其實對於今後，想要再來進一步研習其他的命理學術，根本就是觸類旁通、如魚得水了。

筆者常會說，「陰陽五行」就像是，要來學會「醫學」的共通基礎科目一樣，要先將基礎給建立好了，此時再來分「專科」的學習，如「易經卜卦」、「四柱八字命理」、「姓名學」、「陽宅風水」、、、，以上都只是其中某一個小部分領域而已，它們的根本都是完全包含在五行之中的。

二、再來清楚瞭解「易經」歷代以來，所演化出來的三大解卦語法系統。

這個「易經」文化最令人討厭的地方，就是它太「活」了，任誰都可以用這個卦象的「語法」系統，將自己的論述和心得來表達，搞得後代的這些學子，捧著同樣是寫著「易經XXX」的書，卻是完全看不懂裡面到底是在寫些啥東西！

所以對「易經」一定要作一個全盤概念的「分類」瞭解，因此知道了它的演化過程，和不同解卦語法之間的邏輯運用，才不會把很多觀念夾雜混在一起，越學越糊塗！

尤其是各語法間的解卦方法，有些是不能互通的，免得卜出一個卦象來，這樣來看是「吉象」，那樣去看又是「凶象」，這不是自己在給自己找麻煩嗎？

三、進入本中階晉級講義的主題內容，好好的來「欣賞」如何讓易經，變成為「經典」之說的「周易經傳」和「十翼傳」的精采內容。

在面對所謂的中國悠久文化時，對於這一些「古言古語」，實在讓我們這一些後代的學子很受不了，尤其又是看到某些作者又再很八股的「歌功頌德」易經的「偉大」時，可能又要讓一些有興趣於「易經」學習的讀者，齜牙裂嘴地在心裡「幹譙」個老半天，至少筆者就是這樣一面「幹譙」、一面學上來的。

所以以筆者慘痛的經驗，當然是要教導提醒各位讀者學員，絕對不能一要入門就從「周易經傳」來學起，起碼要先將易經的卦象、卦意的白話意思，先給瞭解搞懂了，甚至還會解卦運用了，這時再以「欣賞」的角度來學習「周易經傳」的優美文辭，保證你一定可以學的輕鬆愉快、又很有「深度」的了！

四、此時另外再來「欣賞」瞭解，易經這個學問歷代來的一些有趣的演化學說。

易經這一套屬於中國的文化精粹，有許多作學問的人還是很以它爲傲的，所以在歷代以來對於它的心得論述、寫的註解特別的多，而其中最有想像空間、最靈活有趣的，當屬宋朝邵康節所寫的「梅花易數」這一本書了。雖然一般的易經老師並不常來介紹這一本書，但是筆者還是特別建議讀者，能夠以幽默、輕鬆的心情，在「梅花易數」的另一種角度中，好好的來欣賞「易經」這一個滿嚴肅無聊的學問吧！

五、最後還是要為中高階晉級的課程，作一些「銜接式」的預習功課，進一步簡單說明「陰陽五行」如何來和「六爻、六親」的結合運用。

就是要由卦意事象的表面吉凶，再更深入瞭解到事象內部「五行」的氣運旺衰影響。因爲天下萬物的演變生化，幾乎都是離不開「五行、磁場」的「生、剋、旺、衰」，所以在下一個中高階段中，對於「陰陽五行」整個關係到與「人」之間的變化影響，就是我們需要去研究瞭解的重點！

如何將卦象中的六爻，搭配上「五行」的運用。

如果「五行、磁場」對於一個人的影響真是如此的重要，所以此時將卦象中的「六爻」，如何給安配上「陰陽五行」，進一步來推算一個人的未來吉凶變化，也就是我們今後在此一易經中高階的學習重點了！

所以，以上的五個重點，就是在這一階段中我們所要來學習的主要課程目標，當然筆者會在後面的內容中一一詳細說明，請各位讀者學員不要過於心急。

其實，筆者除了寫書論述之外，還是比較喜歡真正的面對學員來上課解說，畢竟文字的表達還是有它不足的地方，尤其是在研讀像易經這樣複雜多變的學問時，更是需要上課時實際口語的卦例解說，才能有更深入的瞭解和體悟。

像爻象中五行變化的真正內涵，就有些學員甚至已經來上課聽講了四、五次，筆者對於五行生剋旺衰的解說，才能稍有領會的瞭解，所以一般讀者想要藉由書中的解說，就要來深入瞭解整個中高階的內涵，筆者還是認爲將會是一個很辛苦的學習過程。

因此，筆者還是很誠摯地歡迎，有興趣於深入學習易經的讀者和學員，能來「易學佛堂」和諸位同修、學員共參學習，或許將會對你的學習之路有相當大的幫助，筆者仍然稟持著個人不收「學費」的理念下，來和諸位學員同修，來共同弘揚、推動易經文化的這個使命，希望在大家的努力之下，能來利益更多的眾生，爲這個社會稍盡一點綿薄的力量。

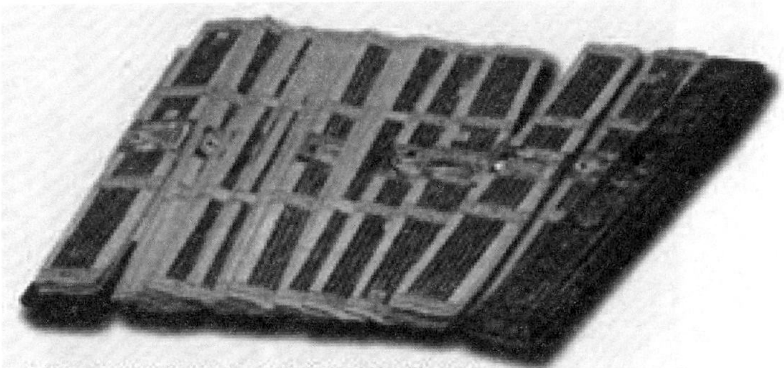

貝葉經(唐/西藏羅布林卡藏)

第二講　易經三大解卦語法系統的說明

【易經各階段的解法介紹】

「易經」如果是從一個「語言、文法」的角度來研究看它時，那對於爲何在歷代以來，會產生那麼多不同的卦象解讀和用法，我們此時就可以來釋懷理解的了。

因爲本來「文字、語言」就是會有隨著時代環境的變遷，而有著不同新的「語法」和「用詞」來演變，因此這是一種自然的演變趨勢，所以我們只要瞭解了這種演變的模式，對於「易經」卦象、卦意的解釋，自然也就能夠掌握住它的變化性了。

對於「易經」的學習階段，筆者雖然已經將他分爲

「初階的：八卦和六十四卦的卦意瞭解和運用」。

「中階的：易經周易經傳、爻辭、和十翼傳的進一步研習和運用」。

「中高階的：六爻安上六親五行、六獸，用神、日辰、月建五行旺衰的判斷運用」。

但是仍然還是有許多初入門的初學者，無法來瞭解這其中的階段差別在哪裡？

因此筆者特別在此以很實際的卦例，先行用以下的卦例來作比較說明：

例如：卜問這個月的財運如何？

卜卦的日期為（國曆）九十三年四月十日。

月建為：戊辰。日辰為：己未。空亡為：子、丑。

以米卦的卜卦方式求出：

成卦為：風天小畜。動爻為：第二爻。

故變卦為：風火家人。

內卦「天」變為「火」，故內情卦為：天火同人。

一、若以「初階的：八卦和六十四卦的卦意瞭解和運用」來批解以上的卦意。

就不需來推究日辰、月建的影響，可直接以「卦意」的意思來論斷吉凶，就可以很清楚的來瞭解未來的財運狀況了！以下面的卦例來批解，即可得出爲：

卜求財運

巽宮一世卦

成卦

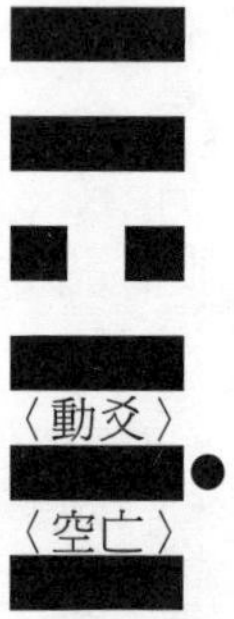

風天小畜

變卦

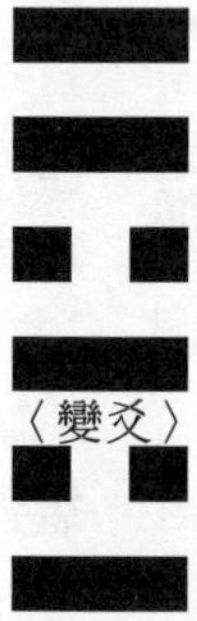

風火家人

卜出成卦卦意爲：「小畜」，即表示「小有積蓄、小有所收穫」是個小吉卦。

「成卦」卦意判斷參考：

此卦乃巽風在乾天之上，以六四之陰畜五陽，故曰小畜。得此卦者，將是會小有積畜的時候，但是雖然有向前進的計畫，但小有障礙，不能大進，若強進難免有所受限。所以應當等待時機，以防不測的災難。求財望事有反覆不穩定的現象，有口舌障礙，難以在短時間內調和，對於居處有辛苦的現象，宜改變之。氣運稍遲滯不發，欲速則不達。

斷之婚姻，此婚事爲再三推託之後，或其女是再嫁。男人占得此卦，有爭風吃醋的過錯，女人占得，可知爲曉風殘月的現象，又有相親相疏、自暴自棄、墮落的現象。占者若爲女性，可能是風月場所的人。

「變卦」卦意判斷參考：

此卦長女在上，中女在下，婦女有序能整理家道，故名家人。然而得此卦者，雖然家內安寧，但需注意小心當今守此家人之義者少，故需防家內有人爭論口舌、憂苦不絕。故治家之事必須嚴正謹慎。

年輕人占得，有色情之難，凡事以婦人的意見爲之即有吉象。可照顧家事，又有立身處事的希望。開始恐會小有困難，但可得親人的幫助漸漸轉佳。

斷之婚姻，和合之，且由地方人士爲媒，主可順不可逆。然此卦婦女在內有權，且有婦人因得勢而大多妒淫，需審慎批斷之。

家人：表同爲一家人。主小吉之象。事事以家人爲重之意，如事業投資均需一家人合作共事爲佳。感情，爲成家的吉象。

【總結批論】

小畜：表小有積蓄。是個小吉卦，但事事不可貪大，投資理財均須保守爲佳。健康無礙平順。畜又爲畜養，小規模的養牧之意，論錢財爲小有的意思。

而變卦卦意爲：「家人」，即表示未來還是需要跟自己的家人、親人、兄弟、姊妹等親屬來共同工作較爲有利，切勿與外人有較大的合夥投資計畫和行爲，否則可能會有破財的凶運發生。

而「內情卦」卦意爲：「同人」卦。更是進一步的表示，往後在與家人親屬間的互動和合作的關係，將會更加的親近和被支持認同。

整體綜合結論而言「小畜」變「家人」的卦意是個不錯的財運卦象。

【此一初階階段的易經解法概要】

一般以筆者的卦意文法定義，以米卦來卜求事情時，六爻中一定會有「一個爻」來變動，因此可以由「成卦」再推演出「變卦」和「內情卦」來，此時再以此「成卦」、「變卦」和「內情卦」這三個卦象和卦意的吉凶，來綜合判斷所卜求事情的吉凶變化。

所以在易經初階的學習中，筆者所強調的重點是單純以「卦意」，也就是三個「成卦」、「變卦」、「內情卦」的卦意來綜合判斷批解吉凶的，而沒有去論及「動爻的爻辭」或是「爻相的六親五行」，因此只要熟記六十四卦的卦意，就能夠很準確地來論斷事情的吉凶，而不需要再去瞭解背誦三百八十四爻的爻辭爻意了。

二、若是以「中階的：易經周易經傳、爻辭、和十翼傳的進一步研習」的解卦方式。

就是以周易經傳中的卦意，和「彖曰」、「象曰」、「繫辭曰」等解釋來批解所卜求出的卦象，而對於「動爻」的批解，就會與初階所謂的「變卦」和「內情卦」的卦意解釋方法，而有很大的不同，此時是直接以「動爻」的「爻辭」來給予批解事情的吉凶變化。

因此筆者這近十年來的教學大都是以第一種的解卦方法來批解卦象，讓學生只要熟記六十四卦卦意，就可以來靈活運用，論解吉凶了，而不需要再去瞭解死記三百八十四爻的「爻辭」、「爻意」了！

例如以上的卦例，以第二種批解方式即為，

卜求財運，

卜出成卦卦意為：「小畜」，動爻在「第二爻」即表示：

成卦

風天小畜

「小畜卦」　乾下巽上　畜小而未見大用

《雜卦傳》：「小畜，寡也。」小畜，以小育大，其力寡也。卦中上巽下乾，以陰畜陽，以小育大，故名爲小畜。

卦辭曰：「小畜，亨，密雲不雨，自我西郊。」小畜卦亨通，然因以陰畜陽，所畜僅積成密雲而未雨，僅自西郊開始，未及於全面。

《象》曰：「風行天上，小畜。君子以懿文德。」雲氣充滿天空，天氣將變。推論君子必須未雨綢繆，預作準備，自求充實，蓄積文化，涵養德行。一旦雨來了，立刻滋長生命，一點也不浪費時間。

【爻辭的變爻吉凶判斷】動爻在「第二爻」

《初爻》動爻在此爻表示有了希望的吉兆，還不能放心。如果乘機猛進將後悔莫及，現在是培養良運的時期。結婚、開業、轉業等人生大事都很吉利，只是病患的暗示稍強，健康保養不可荒廢。

《二爻》動爻在此爻表示前路有被別人阻塞、阻擋的感覺，而且對方就是你的上司，而令你苦悶不已。爲今最好的對策，就是積極利用部下的力量，來鞏固自己的基礎以供將來的發展。眼前是必需要忍耐的時期。

（註：此卦為二爻有動，所以爻意請以此爻的解釋批解為主，其餘爻辭可以忽略不看）

《三爻》動爻在此爻表示對自己的遭遇和現狀容易感到不平和不滿，而有強烈反抗的情緒。但是如果你就這樣如此做，只是會更把自己陷入更深一層的苦境裡。弄得辭去工作或是事業從此一蹶不振的命運。家裡面中的爭吵、爭論也常發生。凡事要自重、理性節制爲宜。

《四爻》動爻在此爻顯示即將邁向好運，不過尚未稱得上安定。與人相處的關係尚須表示自己的誠意。同時要小心預防交通車禍。女性來卜求婚姻、感情，動在此爻表示戀愛已開花即將結婚的結果。

《五爻》動爻在此爻表示積極性和活力。凡事一出手便能奏效，是在吉運期的人。物質上和精神上都受惠充實，對自已的行動有充分的信心可以勝過別人。但是容易偏寵那些聽從你的人，請務必要多注意。

《上爻》動爻在此爻表示現在有如走到山的頂峰一樣的運氣。所以因爲被順風揚帆而來事事如意的人，該知道看風轉舵的時機了。運氣正在逐漸下降中，凡事要有應變的處置準備。新的計畫、事業的擴張都要更加審慎、不慌不忙進行才好。

【此一中階階段的易經解法概要】

這就是一般最傳統的以周易經傳來批解卦象、卦意的定義和方法，以往在大專學校和傳統學派中，所學的「易經、周易」大都是以此爲教學的主流學派，只是要來學習此種解卦方式，除了要詳記熟悉六十四卦的卦意外，還要將「十翼傳」如「繫辭傳」、「雜卦」、「序卦」和「象傳」、「彖傳」等的所代表含意也要一一瞭解熟悉。

而其中更還要進一步來瞭解每一卦中，六爻的每一「爻辭」的「爻意」，才能來靈活的批解所卜出卦象的吉凶變化，所以才會造成以前易經在學習上比較艱深、困難的地方，也因爲如此「易經」才會搞得變成爲不容易懂的「難經」，讓許多有心想學習「易經」的學生，無法入門來深入瞭解。

三、若是以「中高階的：六爻安上六親五行、六獸，用神、日辰、月建五行旺衰的判斷運用」的解卦方式來批斷。

筆者是認爲這種以「六爻安上六親五行干支」的解卦方式，和以周易經傳中以「成卦六爻中變爻的爻辭」來解卦的方式，是完全不同的兩大解卦系統，這其中是並不能夠來互相參雜運用的。

所以才會形成市面上許多關於易經書籍的內容夾雜錯亂，也因而造成許多有心要來學習易經的人，在解卦的方向思緒上，也錯亂混雜在一起，因此想要進階學習者必須先認識清楚，往後要來批解卦象時，是要以「周易經傳爻辭」爲主，還是要以「六爻六親五行」爲主，筆者並不建議混雜在一起用的。

通常筆者這近十年的習慣，對所卜求的事情，是較著重於以「六爻六親五行」來做進階批解的瞭解，因爲這其中與「四柱八字命理」、「陰陽五行、干支的運用」，有非常重要的直接連帶關係，也可以同時配合八字命理來批論。

而且目前此種解卦的系統學派，似乎也非常迅速的在形成另一股易經文化的主流，只是目前這種學派的主要教材書籍，還是主要以清朝王洪緒所著的「卜筮正宗」，和清康熙野鶴老人所著的「野鶴老人占卜全書」爲主。但這兩本書籍的內容都非常地艱深難懂，幾乎可以稱爲「天書」了，所以一般學生想要來自行完全領悟是很困難的，甚至想要在一般民間學習上課，許多老師學費也都收的很高，二、三十萬元通常是算很正常的現象。

筆者也有看到目前市面上有許多關於易經卦例實例批解的書，有許多都是以此「六爻的六親五行」來論述的，但是書的內容只是過於著重卦例的解說，而對於基本的基礎說明運用，也都不是講解的很清楚詳細，這對於一般讀者想要從卦例解說中，就想來瞭解整個卦意的吉凶論述，也是會很迷惘、困惑、搞不清楚的，甚至不知道這個老師作者到底是在寫些什麼呢？

例如以上的卦例，以第三種批解方式即為，

卜求財運，

卜出成卦卦意為：「小畜」，動爻在「第二爻」。即表示「小有積蓄、小有所收穫」是個小吉卦、、、

（備註：基本上卦意的吉凶批解，是可以延續第一種解卦的批解方式，然後再以六爻的六親五行的用神旺衰，來做更進一步深入的批斷。）

一般來說，卦意的吉凶才是我們所卜求事情的重點所在，而六爻的五行旺衰，只是幫助我們更加進一步來瞭解，所卜求事情的氣運旺衰、強弱程度吧了！和加以「干支、空亡、月建」來精確的推斷未來吉凶變化的「時間發生點」。

以上卦例安上六親五行後，此時「日辰」、「月建」和「空亡」就需要一起來判斷運用了！

月建為：戊辰。日辰為：己未。空亡為：子、丑。

成卦 ⟶ 變卦

〈六獸〉	〈六親〉	成卦		〈五行〉		變卦	
勾陳	兄弟	⚊		卯木		⚊	
朱雀	子孫	⚊		巳火		⚊	
青龍	妻財	⚋	應	未土		⚋	
玄武	妻財	⚊		辰土	伏藏酉金官鬼	⚊	
白虎	兄弟	⚊〈動爻〉	●	寅木		⚋〈變爻〉	丑土
騰蛇	父母	⚊〈空亡〉	世	子水		⚊	

風天小畜　巽宮一世卦

風火家人

（備註：六親為父母、官鬼、兄弟、妻財、子孫和自已，初階讀者請不要過於急於想要來學習瞭解此一階段的課程，先將初階的卦意學好最重要，請千萬記住學習是要循序漸進的！）

此卦所卜求的是「財運」，因此很明顯的「用神」是取「妻財、未土」，有落在第四爻「應爻」上，且受日辰「未土」來相助，月建「辰土」也來相助，可見目前的「財氣」是屬於很旺的氣勢，當然會財運亨通、財源有入，完全符合「小畜」的卦意。

但是需要注意的是「動爻」是在第二爻，動爻爲「兄弟、寅木」，木動會來沖剋未土的「財氣」，就有所謂的「破財」的現象，因此恐怕在未來，要非常注意與其他朋友的投資合夥，或是與家人間的借貸關係，而且變爻又是爲「丑土、妻財」，直接被動爻所剋到，因此破財的現象可能將難以避免，幸好財氣很旺，應該只是一點小損失吧了！

卦爻中，「世」表自己的氣運或情況，落在六親是爲「父母、子水」被很旺的「應爻、財氣」所剋，表示卜卦之人其實工作賺錢是很「辛苦」的，應該幾乎都是靠勞力在努力賺錢的，尤其「父母、子水」又入「空亡」中，顯示出目前正在「避空」休息中，沒被旺盛的「財氣」所剋中，但是可能只要一出空亡，就會被「財氣、未土」所剋中，以此卦氣來判斷可能會有身體病痛上的發生，幸好第二爻「兄弟、寅木」有動來稍微制住「妻財、未土」，所以應該是沒有大礙的！

而且「官鬼、酉金」代表著「事業」的氣運卻是伏藏不出，表示此人根本眼前就沒有創業投資的氣運，能夠守成應該就很不錯的了，所以變卦才會顯示出「家人」的卦意來表示要和家人一起來守成吧！

【此一中高階階段的易經解法概要】

這一階段是可以延續著第一種解卦的批解方式，先將所卜求問的事情，以基本的三個卦意吉凶來綜合批解判斷後，如果需要更進一步來瞭解更精細的變化，是在何「時間點？」或是來影響吉凶的「是何人？」或者「是何事？」，此時就可再以六爻的六親五行的干支來加以批斷。

但是一般來說，卦意的基本吉凶才是我們所要卜求事情的重點所在，而六爻的五行旺衰，只是幫助我們更加進一步來瞭解，所卜求事情的氣運旺衰、強弱程度吧了！絕對不可以只注意到爻相、用神的旺衰程度，而完全忽略了卦意吉凶意義的存在，這是許多學員在此一階段學習中，常會犯上的瓶頸和毛病！

【易經的三大解卦語法系統總結】

看完了以上筆者對於易經解卦的階段性說明，讀者是否能夠稍微瞭解解易經語法文化的玄妙和複雜之處了！

其實筆者常在上課中對學員說，「易經」只是一種「語言的工具」所以才會衍生出這樣多種不同的「表達」系統來，當然這樣的「語法」運用也就會隨著各個不同的時代背景來有所轉變，這也就是「易經」中的「變易」最佳表現特色。

歷代以來對易經的批解方法，有著許多次的演變，從最基本的「周易經傳、爻辭」，到鬼谷子的「六爻配安上六親陰陽干支五行」，其中歷經漢朝的「京房」、「東方朔」，到宋朝的朱熹和邵康節的「梅花易數」，到明朝的來之德「縱、錯、互約卦的解卦方式」，和明初劉伯溫所著的「黃

金策」、「千金賦」，及至清初將「六爻六親五行」集結完成的「野鶴老人占卜全書」和「卜筮正宗」等相關著作，都是一再地將易經的解卦系統給於不同的變化面貌。

當然這也是造成我們現代後學者，在學習易經時最感到困惑、矛盾的地方，總是搞不清楚，通通都是在講解「易經、卦象」的書籍，爲何每一本書中的內容都很難給於連慣起來，甚至內容都還相差很大。

筆者有幸在經過了近三十年統籌性的、全面性的研讀易經後，和結合筆者十餘年的教學、卜卦服務的經驗，總算將各種不同的解卦系統，給予初步的分別清楚，不會再將所有的解卦方法，通通給夾雜混亂在一起，故將此一心得特別分享給所有讀者來瞭解，希望對於諸位讀者、學員往後在易經的學習中，不會再感到困惑和迷惘，不用像筆者要再花二、三十年，才能完全來了解這其中的奧妙分別所在。

最後還是再提醒一個基本又重要的觀念，「易經」的學習一定要按步就班的來，從基本卦意的瞭解，再到卦象中所引伸的「象曰」含意的運用，然後再來決定要來學習周易經傳中「爻辭、爻意」的研究運用，還是選擇卜筮正宗「陰陽五行」、「六爻六親五行」的氣運旺衰研究批解，當然就可以慢慢完全一窺易經的全部風貌了！

四明 不才　於易學佛堂 九十三年四月二十日

易經各學習階段的相關書籍參考

【易經初階入門的基本卦意書籍】

易經入門初階講義——黃四明
易卜神卦——林永昌
易學六爻卦——唐山逸士
怎樣學卜卦——鄭景峰
輕輕鬆鬆學易卦——陳勝雄 錢思吾
易經占卜大全——張哲鳴

【易經中階的周易經傳讀本】

易經周易中階晉級講義——黃四明
周易今註今譯——徐芹庭 南懷瑾〈推薦〉
易經白話例解——朱高正
周易大義——吳汝綸
周易與預測學——邵偉華
周易預測例題解——邵偉華
周易譯註——黃壽棋 張善文
周易讀本——黃慶宣
六十四卦經解——朱駿聲
周易探源——鄭衍通

周易理解——傅隸樸
易鑰——陳炳元
白話易經——孫振聲
應用易經——吳森原
焦氏易詁——尚秉和
周易尚氏學——尚秉和
周易古筮考——尚秉和

【易經中高階的陰陽五行與六親，黃金策等讀本】

易經中高階晉級講義——黃四明
天下第一卜書——清、野鶴老人〈推薦〉
增刪卜易——清、野鶴老人〈推薦〉
卜筮正宗——清、王洪緒〈推薦〉
最新標點卜筮正宗——鄭景峰

【易經高階的相關性古本讀本】

斷易天機(上)(下)——徐紹錦
易冒——程元如
易隱——曹九錫
靈龜卜筮祕訣
京房易卦 手抄本——邵崇齡講 侯玉松整理

【梅花心易為主】

皇極經世心易發微——楊體仁

梅花易數入門——宋、邵康節〈推薦〉

皇極經世——宋、邵康節

【古籍與義理】

善本易經

京房易傳

易緯略義

【其他相關性的應用，專屬討論書籍和心得論述讀本】

易經繫辭別傳——南懷瑾〈推薦〉

易經雜說——南懷瑾〈推薦〉

六爻卦下看愛情——黃傑 非靖

易學六爻卦——唐山逸士

卦理特論——天智生

斷易新論——天智生

商業預言學——君紫星

現代卦例集釋——戴訓揚

現代卦例判斷——戴訓揚

下海算命記——戴訓揚

少年子弟江湖老——戴訓揚
神驗易占——易照峰
喬氏易傳——喬一凡
天書——雷峰
潛在意識與易占的祕密——Joseph Murphy
生活易——劉君祖
決策易——劉君祖
性情易——劉君祖
組織易——劉君祖
治平易——劉君祖

【其他易學參考書籍】

易學十講（醫學與易學）——鄒學熹
周易與中醫學——黃紹祖〈推薦〉
未來預知術——諸葛武侯

心·得·筆·記

第三講 中國命理文化的重要精神主軸 陰陽五行

記得筆者在十餘歲剛遇到「青雲師父」時，印象最深刻的事，就是師父說：「命理，可是要來瞭解一個人的生命，是如何的來？又該如何的去？這個才是我們要去研究命理的一個很重要的道理和目標，並不是只有很單純的要來推算未來吉凶而已！」

所以中國的文字，其實已經是很直接的將「命理」的意思，給清楚明白的說明，不就是要來探討、研究一個人「生命中的道理」嗎？

可是不知爲何流傳到了民間，卻是給一般人民的感覺，竟然將「命理」都變成了是迷信鬼神、符咒，或只是推算未來吉凶的江湖術士之說了！可能這也是大家對這種「命理」的學問，都不普遍的瞭解，所以才會演變成今天這樣的錯誤認知吧！

既然筆者會將「命理」當成是一種「生命的道理」來研究，這樣的論點是否有任何的科學邏輯根據呢？其實以中國文化中的「易經」、和「命理」的學術觀點來看，當然是有非常強烈的科學邏輯論點，而絕不是如同一般人所想的那樣「神秘」、「迷信」的！

【五千年前的超科學觀點：陰陽五行磁場之說！】

近代有名的科學家（牛頓）提出了包括「萬有引力」三大物理定律學說，進而改變促進了所有物理學、動力學的發展，而「萬有引力」就是直接證實了**【磁場存在】**的理論學說。

而且這種磁場更是存在於天下各種萬物之中，從大範圍來看，當然遠至銀河宇宙、太陽系、地球與月亮的每一個星球中，從小範圍來看，甚至小至包含地球上的每一草、每一木、每一石、細菌、空氣和光線中、、，而其中最重要的是，磁場當然也存在包含於「每一個人」之中的！

所以「萬有引力」成為近代科學的偉大發現之一，可是這樣的科學觀點，其實早在中國五千年前，就已經被我們先賢聖哲給提出來了，還記得中國最偉大的三大發明嗎？不就是「指南針、火藥和印刷術」嗎？

「指南針」據說是黃帝大戰蚩尤時裝設在指南車上的裝置，進而發展出羅盤，來幫助船隻、飛機的航行，難道這還有什麼重要性呢？所以我們是要將它當成一個神話故事來看，還是要認真的來思考這個「指南針」，背後所代表的深刻的科學含意呢？

以科學性的角度來說，我們幾乎是可以肯定地認為，當時「指南針」的出現，已經是很清楚地告訴我們「磁場」存在的事實！甚至是遠在當時的五千年以前，就已經算是被發現的科學現象了。只可惜的是！中國人並沒有進一步地發揚運用在科學上，而是轉用在命理、風水和星相學上，最後卻又只是淪為一般算命的，江湖術士命理之說，甚至是更離譜的鬼神、符咒之說！

只是這個陰陽五行磁場，到底對一個個人、甚至人類、社會、國家，到底會產生什樣的影響呢？認真的來推論研究，天下萬物包括可見的、不可見的，大至氣候變化，自然萬物界的生長環境，小至一個個人的情緒好壞、浮躁或不安穩，你說哪一件事情不是都受到「磁場」的變化而來影響改變的嗎？

地球有海洋的潮汐變化，四季的氣候轉換，颱風的形成、西北寒流的南下、赤道熱浪的北上、、，甚至地球溫室效應提升個0 .5度的氣溫，幾乎都會變成整個地球的大災難，難道這些不都是跟整個的「磁場」變化有著直接的大關係嗎？

而電力是哪裡來的呢？打雷閃電又是如何產生的呢？這些帶來生命起源的能量，和開啓人類現代文明的發展，幾乎都離不開「電能」。而「電能」不也是因爲「磁場」的陰陽變化所來產生的嗎？所以我們幾乎可以說「磁場」，就是一切生命的起源根始，深入密切的在影響著天下萬物間的互動關係。

現代的科學將「磁場」分爲南北兩極，當然物理科學是可以更加深入的分析到，電子的陰離子和陽離子，或是更加精細的電子團、原子能的分佈，當然那不是筆者所專精的科學領域。只是筆者在此要告訴各位的是一個重要的概念，中國的命理文化，絕對不是迷信和鬼神之說的，而是有著非常強烈的科學邏輯基礎的。

◎中國的五行磁場之說◎

如果我們來看中國命理對於「磁場」的定義和分類，其實早就已經超越現代科學的研究領域了！因爲根據遠史所記載，黃帝發現了「五行磁場」，甚至於五行的由來還是不可考證之中，但是在中國的命理科學中，卻已經而將它分爲五種「磁性」各爲「金、木、水、火、土」，甚至闡明說天下萬物都是由此五種物質來產生的，這與佛陀所說的「人之於萬物，皆由地、水、火、風所生」幾乎是完全一樣的道理！

此時又更一步將此五種磁場，再細分為「陰、陽」，形成了「十種」不同的磁場和「磁性」，為了方便來說明表達，這十種磁場的運用和計算，於是乎黃帝又創下了「十個天干和十二個地支」，就是為了來演算這十個「五行」的旺衰變化。

當然最有名的幾個運算規則，也隨後一一地給制訂了出來，就是五行之間的「相生、相剋」互動關係，和「貪生忘剋」，以及「會、合、刑、沖」等運算的公式和規則，也因此形成了中國命理文化中，可以依據每個人的「磁場」，和萬物間的「磁場」變化關係，來精細推算吉凶禍福的重要科學論述，而這也是一般西方命理學，或是「星座學」所無法比擬的地方。

因此筆者才會一再地強調「陰陽五行」，就是中國命理科學的中心砥柱和精神主軸，也是這個命理科學的「基礎通論」，如果將這個「陰陽五行」給領悟瞭解了，那所有的中國命理你就能通曉無礙了，什麼「易經卜卦」、「四柱八字命理」、「陰陽宅風水」、「姓名學」、「奇門遁甲」、「紫薇命理」，所謂五術之學的「山、醫、命、相、卜」，通通都是包含在「陰陽五行」的運算之下來分門別類產生的。

就有如筆者常在說的比喻，好像現代醫學一樣，所有的醫生當然絕對是要先來修學，所謂的「醫學共通」科目，然後再來分科專精「內科」、「外科」、「婦科」、「小兒科」、、、等科別的，而「陰陽五行」就是所有「五術之學」和「生命科學」的共通科目。

為何要稱為「生命科學」呢？因為它本來就是一切生命的起源，甚至可以追溯到人類生命中生生世世的「根源」，所以哪裡只是拿它來推算個未來的吉凶禍福呢？或許每個人都會對他自己的未來吉凶，很有興趣和在意，只是以筆者的觀點來看「陰陽五行」，以這個來推算一個人的吉凶禍福，實在真的是太「大材小用、牛刀小試」了！

不過既然本講義的重點，是在談論易經卜卦的命理內容，所以還是要回到講義課程的重點中，慢慢地來說明，如何以「陰陽五行」來配合卦象六爻的變化，進而來推算所卜求事項的未來吉凶變化吧！

◎每個人都是帶有磁場、磁性的！◎

在「陰陽五行」中，所表示的就是這種「磁場」中，所帶有各種不同的「磁性」，共有「木、火、土、金、水」，再分為陰陽，所以共有（十種）不同的磁性。此時再配合「十個天干」的符號運算，而所給它們的取用的名稱就是：

甲木、乙木、丙火、丁火、戊土、己土、庚金、辛金、壬水、癸水。

當然我們在討論著天下萬物都有「磁場、磁性」時，可千萬不要又遺忘了我們自己的「這個人」，所以當然每個人，也是都會有著不同的「磁場」，所以又將這些十種不同的「磁場」稱為「本命元神」，於是乎每個人就會帶有不同的「磁性」、或是「本命元神」了！

而每個人都會有著不同的「元神」，當然不同的元神間就會帶有著不同的「磁性」了！而不同的磁性就會產生各種「相生、相斥、相剋」的現象，於是乎由人與人間、或人與物之間、或人與所處的地方之間、甚至人與時間的變化之間、、、，就是以這種磁性間的各種相生或相斥的現象，由此來推算這樣的磁性強弱變化，對一個人的好壞影響。

因此，所有命理中的「八字」、「風水」、「流年吉凶」、「命名改運」、「卦氣好壞」、、、全部都是以此原理來推算的！

【☆☆你知道，你的元神本命的磁場磁性嗎？☆☆】

知道一個人的元神本命磁性，是非常非常重要的！甚至比知道你的（星座是啥？）還要重要100倍！可惜的是！易經八字命理的學問一直被藏私、不推廣，以至於很少有人能清楚知道自己元神是什麼的？

例如：你的元神是【甲木】帶的是【木氣】磁性，偏旺，所以要洩！因此，需要找金氣、土氣磁性的「五常：人、事、地、物、時」的「人」、「方位」或「時間」、、、就是對你有利的，因為這樣就能產生對你有吉運、吉氣的磁場！

所以，我們就會常聽到，住那個方位適合？做什麼工作適合？交什麼朋友適合？與男朋友合不合適？會不會相沖剋？、、、穿什麼會帶來好運？、、、取什麼名字可以來補運？、、、原來，都是由陰陽五行的磁氣旺衰變化來推算的！

那要如何推算呢？、、、在不同命理項目中，都會有著屬於它們不同的推算方式，因為「易經周易中階晉級」講義，是以易經的經傳六爻卦理為主，在此筆者只能以此重點的課程，來講解基本的概念和運用，若讀者想要更詳細瞭解其他命理項目的運用，可以來參加佛堂的上課課程，或有空來佛堂一起參詳、研究也是很歡迎的。

【☆☆連「時間」也有它的五行磁性變化嗎？☆☆】

許多書籍和老師、作者，幾乎是不講解這方面的道理的，因爲在命理中推算「流年吉凶」是最高的層次，也是最隱私不傳的密秘！但是，老師認爲這是我們先人的智慧，根本就不能有藏私、自私的心態，所以還是要將它給說明一下。

論「流年吉凶」，它最基本的理念仍是在「五行磁場」的氣運變化，是否會來對這個人的元神磁性產生好或壞的影響，那麼「時間、流年」怎麼會有「磁性轉變」的變化呢？、、

時間的確是看不到、摸不到，但是！別忘了！當「時間」在改變的時後，什麼也跟著改變了？、、或者說，當什麼有形的狀態改變時，我們將它也視爲是「時間」的改變，這個答案就是：

地球的軌道和位置方位改變了！

如此一來，豈不是在所有的時間點上，地球也都會有著不同的軌道方位，當然也就會產生不同的磁場、磁性的變化了！因此，不管在過去的、未來的、或任何的一個「時間」點上，都可以來推算出它的五行磁性旺衰，進而來算出一個人在那一個時刻、時間點下的吉凶好壞了！

◎陰陽五行的基本象徵規則◎

既然陰陽五行是這麼的重要，那又是如何可以來建立起基本的運算呢？

第一、運算符號文字的建立，就是「十天干和十二地支」。

第二、沿用配合天下萬物的擬像法使用。

在古文中說：「天下萬物、四時八方皆有五行。」

這一句話幾乎可以涵蓋了，所有我們已知的和未知的，可見和不可見到所有事物了！那要如何來顯現表達呢？當然就要借用、使用一種有形的運算符號文字來表示的了，就是以下的：

十個天干：「甲木、乙木、丙火、丁火、戊土、己土、庚金、辛金、壬水、癸水」

十二個地支：「子水、丑土、寅木、卯木、辰土、巳火、午火、未土、申金、酉金、戌土、亥水」

這些文字很討厭喔！其實，它們也就像x，y，z，、一樣，都只是個運算符號代名詞，只是需要我們慢慢去熟悉它們吧了！

因此，「干、支」都是有代表著不同的「五行磁氣」，而且所有的天下萬物，也都全部能使用干支來表示所有的「五常：人、事、地、物、時」的！再告訴你！甚至連看不見的鬼神靈氣，也都有不同的五行之氣呢！

也可以進一步來配合八個卦象，也都是有五行磁場的：

「乾金、兌金、離火、震木、巽木、坎水、艮土、坤土」。

甚至衍伸出來的六十四卦象，也都是有著不同的五行磁場呢！都是可以含括陰陽五行，而用陰陽五行來運算表達的。

舉個最普遍卻又是個最深入的例子來說明，無形的「時間」是否有存在著「陰陽五行」、「磁場」的變化呢？

我們會說今天是例如：九一年七月七日早上七點這個時間點上，哪有啥「磁場」呢？

但是以「陰陽五行」的記載是，干支可以寫成：『壬午年 戊申月 乙卯日 庚辰時。』不就共有八個「干、支」，而干支都有個別的五行磁場，所以就有「八個」五行磁場在這一個時間點上了。其中有：「壬水、一個水。午火、一個火。戊土、辰土，二個土。申金、庚金，二個金。乙木、卯木，兩個木。」

若以日辰（日子）來論看，五行磁場就是屬於「乙木」的「陰木」之氣了。

那「方位、方向」的五行磁場又是什麼呢？

「東方」是「甲乙、寅卯屬木」。「西方」是「庚辛、申酉屬金」。「南方」是「丙丁、巳午屬火」。「北方」是「壬癸、亥子屬水」。

仔細推論起來，當然所有的事物都是可以用五行，或是天干、地支來帶入應用的。所以才有所謂「八卦百象圖表」的象徵運用，或是「干支百象圖表」的象徵運用，都是我們要來配合五行運用的實際事物。

這其中當然也包含著「文字」和「數字」，這也是「姓名學」的演算根本道理，每一個中文字它的「字形」、「聲韻」和筆畫數字，也都會有著特定的五行，然後再依據文字間的五行互動關係，再來配合取名人的本命元神五行旺衰，來選取出最適合的名字來，這也就是「姓名學」的基本運用道理。

◎五行的基本運算規則◎

五行的基本運算規則其實是很簡單的，從小我們幾乎都有接觸過，只是沒有人來教我們如何使用吧了！

「五行相生」

木生火，火生土，土生金，金生水，水生木，木又來生火、、、，於是產生相生循環。

「五行相剋」

木剋土，土剋水，水剋火，火剋金，金剋木，木又來剋土、、、，於是產生相剋循環。

這樣的相生、相剋循環似乎看起來很簡單，其實運用起來的學問可是非常的大呢！因爲既然萬物都有著五行的磁場，所以產生這種相生、相剋的互動變化，就會時時在我們的生活中發生著，甚至包括著人與人之間的互動關係，還有人和「五常」間的吉凶好壞互動關係。

「五常就是：人、事、地、物、時。」五大類的人物和事物，也包括著時間。

例如：屬金很旺的人，可能對於屬木很弱的人，就會產生一種「相剋」的關係，而使的這一個「屬木」的人，莫明產生不舒服的情緒來！

例如：屬水很弱的人，在於夏天屬火的季節裡一定會諸事不順，情緒不佳，因爲他的本命元神是水，被夏天的火所來剋傷，而造成氣運低落、情緒不佳，當然就是事事走壞運了！

◎所要取用五行的特定對象，叫它為「用神」◎

在五行運用的「專有名詞」中，除了天干、地支運算符號之外，還有一個很重要的特定專有名詞叫做「用神」。

這個「用神」的「神」！可不是我們在拜拜的那個「神」，命理書中有許多「神」啊！請注意這不是要來拜拜的，那只是一個「專用名詞」吧了！請不要混淆了！

「用神」是表示，對我們有用的，或是我們所要求取的「五行」、或是「六親」、或是「星宿」。

例如：在卦象，我們要來卜求「財運」，此時「用神」就是爲「妻財爻」，然後再來看此一「用神」的「妻財爻五行是屬哪一個？」」。

在八字中，批論命局吉凶，「用神」就是對於我們八字四柱命局中，最有幫助的是哪一個「五行」和「星宿」。

當然由「用神」再衍生出「喜神」、「閒神」、「仇神」和「忌神」。其實說穿了都是跟五行的相生、相剋有關係的。

例如：如果「用神」是屬「金」。
「喜神」是來生「用神」的，屬「土」。
「忌神」是來剋「用神」的，屬「火」。
「仇神」是來生「忌神」的，屬「木」。
「閒神」是消洩「用神」的，屬「水」。

【擬像法的運用】

古今中外中國和西方的命理學，都普遍的在運用著這種「擬像法」，所以想要學會命理學的人，絕對是要體會領悟什麼叫做「擬像法」的，否則你在那邊死背透了，書本所解釋描述的，種種對於個性、品德、功名、財富、事業、健康、感情、婚姻、、、等等，吉凶判斷的規則說明，保證你還是搞不懂如何來批論一張攤平在你眼前的命盤或是卦象的！

什麼是「擬像法」呢？就是擬用、借用自然界裡的各種「有形」的事物、動物、天象、人物、文字、、，來描述一件比較「無形」的情緒或感覺，或是對於未來會發生的一些事情說明。

例如：爲了表達一個人的「個性」、或是「性情」。在星座裡的「獅子座」，八字裡的「命格：劫財」或是「命主：壬水」，卦象裡的「乾爲天」，都是在說明如下的運用解說：

☆「獅子座」個性：有王者之尊、有領導性、好面子、喜歡別人來逢迎奉承，不容有人來侵犯、威脅等個性。

☆「命格：劫財」個性：顧名思義「財」就是跟財富、名利有關係，所以爲人會很重視錢財的取得，因此所有的思緒、行爲都會以賺取財富爲重，而較不重義理和信用。爲人機巧善變、狡猾，不會輕易相信別人。可是又會因爲想要賺取財利，而失去了客觀理性的判斷，遭受到破財失敗的厄運。

☆「命主：壬水」個性：壬水所代表的就是「江洋、大河」，因此可以想像這樣個性的人，豈不是像「大河」一般奔流不定性，而豪放不駒！其實跟星座裡的「射手座」也是滿相像的，包容性很大、對許多事情都會有興趣，可是穩定性很差，道德性更是非常不好的。

☆「乾爲天」個性：「天」在自然界是高高在上不可侵犯的，代表著是「神」，而在人物界則是代表「父親」，所以是有著一種象徵「權威」、「道德」、「禮法」的意義。因此這樣個性的人一定是很「古板」但又有「權勢」，會很負責盡職的照顧家庭，和維護社會正義，可是像浪漫、情趣就可能很難出現在這樣人的身上了。

所以，以上的「擬像法」的說明運用，各位讀者是否稍微有一點概念了呢？

在中國命理文化的「擬像法」運用中，筆者對於先賢的智慧運用，真是佩服到心坎裡去，因爲所有取用的「擬像物」都是非常的簡單易懂，與我們一般的平常生活息息相關，甚至都是可以看得到、摸得到。

例如：易經卦象所取用的「天象」，不就是「乾爲天」、「兌爲澤」、「離爲火」、「震爲雷」、「巽爲風」、「坎爲水」、「艮爲山」、「坤爲地」。八個大自然界裡的現象，「天、澤、火、雷、風、水、山、地」，有哪一個是你看不到的呢？

例如：陰陽五行所取用的「六親」，不就是「我」、「父母」、「兄弟」、「子孫」、「官鬼（先生）」和「妻財（妻子）」。不都是我們周遭中的親人嗎？

例如：八字命主所取用的「十個天干、命主本性」，不就是「甲爲陽木，大樹」、「乙爲陰木，小草」、「丙爲陽火，太陽」、「丁爲陰火，燈火」、「戊爲陽土、石頭」、「己爲陰土、田土」、「庚爲陽金，刀劍」、「辛爲陰金、珠寶」、「壬爲陽水、大河」、「癸爲陰水、雨露」。幾乎都是日常生活中，隨處可見的東西。

各位讀者學員，請仔細看看，有哪一樣所使用擬像的物品，不都是身處在我們的身旁周遭嗎？因此對於這種擬像的觀念建立後，讀者在學習的過程中，請千萬不要去「死記」書中所有解釋吉凶的「詞句」，而是要用瞭解、理解、擬像的、想像的觀念來學習，也就說要盡量的發揮自己的想像空間，去想像、去擬像、去描述一件事情，藉由「擬像物」的引導，來瞭解它的發展狀況。

試著自己來想像描述一下，以下的案例說明：

例如：描述一個人的個性，命主是「丙火、太陽」，那你該如何來發揮一下自己的想像力呢！

或是說卜求事業，結果出現「離爲火」卦象來，該如何來批解這個卦象，也是請多多用些「想像力」來解釋吧！

如果以上的觀念各位讀者都一一瞭解以後，筆者保證你在學習命理學的過程中，絕對會非常的簡單輕鬆愉快，不必多久就可以將那些囉哩叭嗦、咬文嚼字的命理書通通都給丟掉了！

【☆擬像法的進階運用　分類擬像☆】

但是在採用了「擬像法」之後，我們又發現天下萬物之間的事物，實在太複雜多樣化了，所以儘管如何來擬像形容還是不夠用的，所以此時只好將所要批論的事物，事先將他們給分門別類好來區隔，如此一來在使用擬像法說明時，才不會將不同的事物給混淆在一起了。

例如：以易經卦象來卜問事情時，一定要先將所求問的「事情」說清楚，爲的就是要來做「分類」的說明。

所以卜出「乾為天」時：

若是求問天氣，就表示為：晴天。

若是求問升官，就表示為：主管，會升官。

若是求問健康，就表示為：頭部、腦神經有病變。

若是批論婚姻感情，「正官」表示「先生」，為姻緣運有出現。

若是批論事業功名，「正官」表示「事業運」，為事業功名可成。

若是批論身體健康，「正官」表示剋傷命主之象，健康有受損跡象。

所以一般的學員讀者，在其他書中幾乎只要一遇到，類似以上的運用解說時，包準馬上會頭昏眼花，不知道書中到底在說一些什麼了？

其實說穿了，只不過就是以上的「擬像法」和「分類擬像」分類運用吧了！因此不論在解卦或是在批論命理八字時，除了「陰陽五行」的旺衰運算外，更要注意瞭解的就是這種「分類擬像」的批解運用了，這也是筆者一再地強調，在卜卦前一定要將所卜問的事情，給說清楚、講明白，才能夠將這個問題，給歸類到哪一個範圍裡面去，如此才能夠來批解論斷的。

【五行與六親的運算規則】

五行相生、相剋的運算規則，大家應該很容易就可以瞭解的，可是如果一把五行的運算，又和「擬像法」的互動關係，給配合一起來使用時，保證又會有很多人暈頭轉向的了！

畢竟五行的運算只是求出一個「旺衰」的判斷關係，但是如何把這「旺衰」的現象，給進一步運用到現實生活中來，清楚明白的來描述一件事情的好壞變化，就必須將「五行」配合上「擬像法」來使用的。

第一個「五行」與「擬像」的配合關係，就是「五行與六親的運算規則」了。

陰陽五行所擬像取用的人物、人倫「六親」，就是從我們生活周遭的親人來取用。分為「我」、「父母」、「兄弟」、「子孫（子女）」、「官鬼（先生）」和「妻財（妻子）」。

而這個「六親」其實也是來代表著「六大類」的事項，至於如何運用？就是在下一個中高階晉級講義中所要學習的課程重點了，而其基本概念也是與在「分類擬像」的運用中是相同的。

這「六親」如何配上「五行」呢？說穿了又是簡單到令人訝異的程度！

「父母」是來生「我」，
「我」和「兄弟」是「比和」站在一起同磁性的，
「我」來生「子孫（子女）」，
「我」被「官鬼（先生、長官）」所剋，
「我」又來剋「妻財（妻子、錢財）」。

因此當這個「我」的五行是屬「木」時，我們就可以推算出：

「父母」是生「我」，所以五行是屬「水」。
「兄弟」與「我」同屬性，所以五行是屬「木」。
「子孫」是被「我」所生，所以五行是屬「火」。
「官鬼」是來剋「我」的，所以五行是屬「金」。

「妻財」是被「我」所來剋的，所以五行是屬「土」。

如此，這「六親」、「六大類」的事物，就會隨著「我」這個「五行」的變化，也會帶動其他「六親」的五行來產生變化，同時也可以將其他六親的五行，給清楚的推算出來。

「六親」在四柱八字中，又更進一步衍生爲「十個神」或是稱爲「十個星宿」。（「十個神」這是一般命理書中的名稱，筆者將它改稱爲「十個星宿」，以符合現代星座學較常用的名稱，也較能清楚的來表達！）

「父母」化為「正印」、「偏印」。
「官鬼」化為「正官」、「偏官」（又稱「七殺」）。
「妻財」化為「正財」、「偏財」。
「兄弟」化為「比肩」、「劫財」。
「子孫」化為「傷官」、「食神」。

在四柱八字命理中當然也是以這「十個星宿」，來擬像批論一個人在今世中的一切事情的吉凶好壞，而這「十個星宿」與「五行旺衰」的配合運算，當然就是我們要來學習的重要內容了！

這個「六親與五行」運用，將會在「易經」卦象的六爻運算中，和八字命理的運算中，和姓名學天地人三才的運算中，以及往後各種風水、面相的運算中，都是非常重要的被運用著！請諸位讀者學員千萬要多用心來學習瞭解。

【六親五行的相生、相剋關係】

相信大家幾乎都是非常熟悉五行的相生、剋關係的，如木生火，火生土、、、，可是對於六親的相生、相剋的關係卻是很陌生，其實這根本就是與五行的相生相剋完全一樣的，因爲六親的產生不就是由五行生剋而來的嗎？

所以：

父母生兄弟，兄弟生子孫，子孫生妻財，妻財生官鬼，官鬼生父母、、、

父母剋子孫，子孫剋官鬼，官鬼剋兄弟，兄弟剋妻財，妻財剋父母、、、

（以上是卦象中的六爻六親的生剋關係）

也可以同樣的轉用於八字命理中的十神「十個星宿」的生剋關係

印生比、劫，比、劫生食傷，食傷生財，財生官，官生印、、、

印剋食、傷，食、傷剋官，官剋比、劫，比、劫剋財，財剋印、、、

以上六親的生剋關係請學員讀者務必要練習的熟練，在未來的學習中才會順手，因爲實在是太重要了！

【結論】

在這一講義中此章節是將基本的陰陽五行，作一個入門簡單的說明介紹，或許對於本講義的「周易經傳」內容，並沒有太直接的相關性，只是筆者一直希望在易經八字命理的學習中，千萬不要再陷入本位主義，什麼「義理」和「象數」學派的爭執之中，那是一點意義都沒有的。

學習的最重要目標，是要提昇自己的智慧，培養出解決問題的能力，所以能夠解決「問題」，才是我們最務實的學習方向目標，而不是還在那裡「製造」問題、鑽牛角尖！

該值得我們來學的學問，就好好的給他用功學下去，畢竟這一些學問凝聚了多少先賢聖人的智慧在裡面，不是我們這一些平常的凡夫，可以來批評毀謗的，相對的有實用的智慧和能力，才以可能延續傳承到我們現代來，否則以「人」如此現實的眼光和心態，老早就被淘汰、丟棄了！

期待有心想學習推廣易經八字命理的人，能夠彼此來共同鼓勵、分享和扶持吧！

「圖例解說」

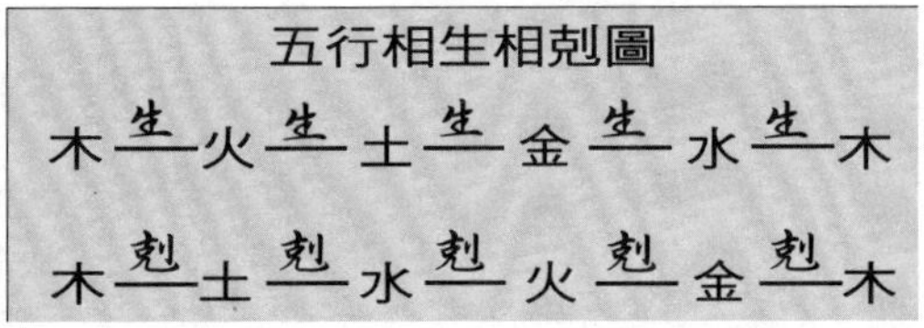

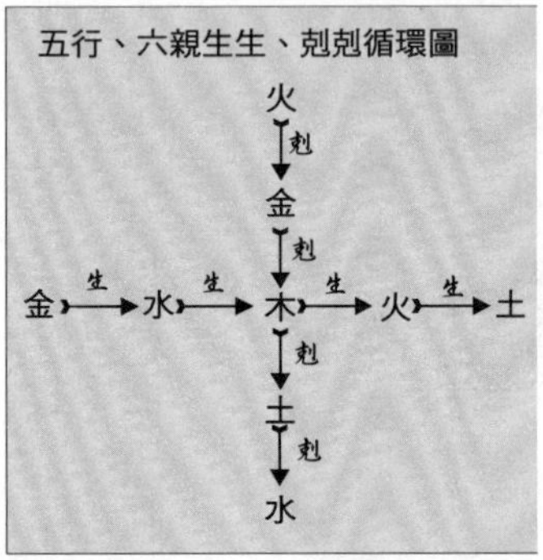

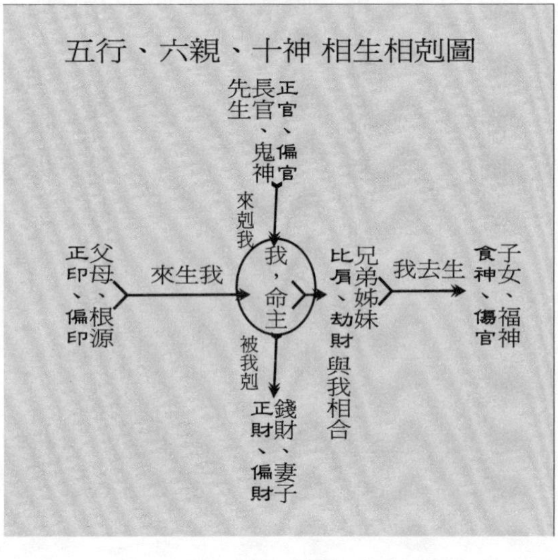

增補第四講周易學習次第「周易經傳」古文字詞 唸音和注譯

古字	唸音	字詞意義	古字	唸音	字詞意義
陂	波	同坡，地勢傾斜不平的樣子。	胏	子	帶有骨頭的肉乾。
祉	只	福祉，幸福的意思。	皤	婆	素白的顏色，表示乾淨之意。
裒	婆	減去的意思，如裒餘。	戔	間	很小、很少的意思。
撝	灰	古揮字，也有謙虛的意思。	蔑	滅	欺侮、輕視的意思。
邑	易	指城、鎮的意思。	盥	慣	洗手、洗臉的動作。
忒	特	太、超過的意思。	眚	省	通省，也有眼睛長翳不明之意
盱	需	表示張開眼睛來看。	簋	鬼	古時祭祀裝盛祭物的禮器。
簪	ㄗㄢ	束髮著冠戴帽子的飾物。	遄	傳	迅速地動作。
說	月	喜歡、高興的意思。	圭	歸	古時貴人所持的一種玉器。
攸	幽	通悠，遙遠的意思。	馗	揆	擅於捉鬼的陰神、差官。
顒	傭	大的樣子。	莧	現	一種蔬菜類植物。
闚	虧	通窺，偷看的意思。	柅	你	一種樹名。
勑	斥	謹慎、小心之意。	躑	敵	猶豫徘徊的樣子。
腊	席	乾肉，乾枯的意思。	覿	敵	相見的意思。
躅	竹	足跡，踐踏。	繻	需	一種布帛，也有沾濕的意思。
杞	起	一種落葉木，果實可吃。	袽	如	破舊的衣服，粗糙的棉絮。
禴	月	祭拜神明的一種儀式。	鮒	付	鯽魚的別稱，一種魚類。
賫	機	給予的意思。	渫	謝	污濁的樣子。
揜	演	奪走、搶奪的意思。	甃	咒	以磚圍建的井壁。
紼	福	牽引棺材的繩索。	冽	列	寒冷清澈的清水。
刖	月	古時斬斷犯人雙腳的刑罰。	餗	素	在鼎中烹食的食物。
畾	雷	築土作爲城牆來自衛的意思。	虩	系	驚恐的樣子。
卼	物	不安穩的樣子。	啞	惡	嗓子乾澀發不聲來的樣子。
燏	欲	光亮的意思。	鬯	唱	古時祭祀用的酒。
汔	器	幾乎、接近的意思。	匕	比	古時看取飯食的杓子。
袂	妹	衣袖的意思。	矍	決	驚恐而向四方觀看的樣子。
刲	窺	刺殺的一種行爲。	夤	銀	攀附而上的意思。

昃	仄	太陽西下的意思。	衎	看	快樂、和樂的樣子。
肱	工	指下手臂的意思。	桷	決	屋樑，一種屋頂上的方木。
闃	去	靜寂無聲的意思。	畬	於	已開發墾殖的田地。
机	擠	通几，木製的小桌。	豶	焚	閹割過的豬。
逖	替	使遠離，或是遙遠的意思。	豕	使	通豬，古名稱。
攣	巒	捲曲不能伸直的意思。	衢	渠	一個地方的名，城鎮。
戕	強	傷害、殺害的意思。	悖	被	違背、不和情理的意思。
菑	資	正在開墾的荒地。	稊	提	一種穀物，像小米可食用。
洊	見	一再地的意思。	宥	又	原諒的意思。
牝	聘	雌性、母性的動物。	坼	澈	分裂的意思。
饋	愧	贈送，或準備食物給長者用。	掣	澈	抽取的意思。
缶	否	肚大口小的陶製酒器。	嗃	賀	通哮，大聲梟叫的意思。
耋	跌	年紀很大的老人家。	鼫	石	在田中的一種老鼠。
嗟	接	比喻十分迅速的樣子。	狩	受	打獵的意思。
涕	替	眼淚。	箕	基	掃地盛灰塵、垃圾的容器。
沱	陀	雨勢很大的樣子。	滕	疼	春秋時的一個地名。
腓	肥	古時砍斷犯人腳的刑罰。	羝	低	公羊的意思。
脢	梅	指背脊肉的意思。	羸	雷	瘦弱不堪的樣子。
杵	處	舂米的工具。	藟	壘	一種草名可食，也有纏繞的意思。

備註：本增補表中的古文字意，若有與73、74頁中的字意不同時，請參考比較使用，應是同字而有兩種不同意思的用法。

第四講　學習易經周易的次第順序

【前言】

筆者在九二年底的寫作計畫，是要將「周易經傳」和「十翼傳」，訂在易經中階晉級的學習層次，其實這個學習層次的安排是正確的，只是筆者在完成「易經入門初階講義」，準備著手來整理「易經中階晉級講義」相關的寫作資料時，發現有關於「周易經傳」的著作書籍，實在是太多、太多了！

不僅有現代的著作，也有歷代如明代、清代的相關著作，而且筆者再詳細參閱之後，更發現要以不同的角度來重新詮釋這部「經典」，實在是有一些困難，而且也似乎有一點不尊重，所以仔細思索之後，決定不再來重新編譯「周易經傳」的白話內容，而只是來做部分相關性的導讀說明，和「十翼傳」的白話解說，關於本講義中經傳內容，就以「原文」的方式來編排，讓讀者自行來「欣賞」和解讀了。

建議讀者可以自行再去書局選購，如徐芹庭教授所著「周易今註今譯」或是朱高正先生所著的「易經白話例解」，或是「周易百科全書」等書，都是滿不錯的書籍，對於經傳內容的白話解說，都非常的詳細。

或是自行來參閱筆者所著的「易經入門初階講義」中的卦意白話解說，因為其中的解說，也都是由經傳卦意和翼傳的註解中，給予白話翻譯解說出來的。因為我們一般接觸到的《易經周易》的經文，都是古時候的人用易學知識，在生活中紀錄被印証了的事實狀況。由於中國文字有很強烈的多個意思的廣範含意特性，如一字多音、一字多義，也就會造成學習起周易經文來，是比較困難難瞭解的地方。

所以爲了能讓大家較快的掌握到《易經周易》的卦理內容，從孔子時期就將其經文內容，給不斷的歸納整理和註解。所以，孔子及其學生在六十四卦經文的後面又加上了「十傳（又稱：十翼）」的註解說明，將其親身用《易》、研《易》的體會附註於經文之後，告訴後人學《易》和效法《易》的方法。

因此要想學好《易經周易》，要先能掌握瞭解「十翼傳」所告訴我們的道理。這些基礎知識掌握了，《易經周易》的經文就容易理解了，所以學《易經》不能一開始就讀經文的，否則是會越讀越糊塗。

【周易經傳的基本介紹導讀】

「經傳的全文內容包含」

一般分爲經文卦意本文，爻辭本文。和所謂的「十翼傳」註解傳文。

上經經文、爻辭，下經經文、爻辭，彖傳、大象傳、小象傳、繫辭上傳，繫辭下傳，序卦傳，文言傳，說卦傳，雜卦傳。

【經傳基本名辭解釋】

經傳，十翼，彖傳，象傳，文言，繫辭，說卦，序卦，雜卦。

經傳：是易經周易的主要內容，分爲「經」和「傳」兩部分。經就是卦畫〈卦爻〉、卦名、卦意與爻辭，傳是最早解釋經文的，有十翼之稱。

十翼：所謂十翼，實質上祇有七，即彖傳、象傳、文言、繫辭、說卦、序卦、雜卦，依經文分上下而有上下篇。繫辭傳則有上傳和下傳，故得其十傳，稱爲十翼。

「翼」就是翅膀的意思，是來輔助解釋註解經文卦意的，可以說是最早用來論述輔助解釋易經經文的著作，當然歷代以來這樣的註解論述，可說是難以數盡，但是仍舊以此「十翼傳」爲易經經文最基本主要的註解。

【彖辭上下傳】

彖傳：是來解釋卦辭、卦意的。

彖，據說是古代一種牙齒犀利的獸類，能夠咬斷堅硬之物，所以孔子假借爲其斷語之辭，可以斷定一卦之義，知道一卦陰陽消息，剛柔變化的不同，及其生成原理，從卦德、卦義、卦情，一一作了解釋與說明，等於是一卦的總論，先解釋卦名，後解釋卦辭、卦意。

簡單的說，彖辭就是直接來說明一個卦象卦意的表面字意的意思。

例如：乾卦卦辭是元亨利貞。彖曰：「大哉乾元，萬物資始，乃統、．．．．．．首出庶物，萬國咸寧。」就是解釋元亨利貞的彖傳，前面會以彖曰標明，彖有斷言的意思，依此來論斷一卦的直接意義。

【象辭上下傳】

「象」是表示「象徵、代表」的意思，也可以說是以卦象來取象，與自然界中的各種變化象徵代表的意義，解釋卦象稱大象，解釋爻相稱小象。

大象會分列於每卦在彖傳之後，小象會分列於每一爻辭之後。「象」即爲象徵、代表的意思。象辭通常會有正面與反面的象徵敘述，

例如：比卦「地上有水」、蒙卦「山下出泉」、師卦「地中有水」，是正面的比喻。而訟卦「天與水違行」、謙卦「地中有山」、賁卦「山下有火」，則是反面的比喻。以自然界各種現象的不同，所來比喻的人生意義也會不一樣。

象傳又分爲大象傳和小象傳。大象傳仍就全卦卦象來引伸，例如：乾卦大象傳曰：「天行健，君子以自強不息。」坤卦大象傳曰：「地勢坤，君子以厚德載物。」

小象傳解釋每卦的爻辭，例如：乾卦初九，爻辭爲潛龍勿用，「象曰：潛龍勿用，陽在下也。」

【繫辭上下傳】

《繫辭傳》是《易經》最全面性的註解，爲孔子研究《周易》的通論，它有總綱，有細目，其內容論及《周易》作者，成書年代，觀物取象的方法，易學的重要作用，並解釋八卦，並展示易經卜筮的方法，還穿插解說了多則爻辭等意義，泛論作易的本旨及舖述易道的廣大，並指陳卦爻數象義理的精華，是初學易經周易必須先研讀的文獻。

繫辭傳：上下傳各十二章，爲通論易經的文字，學習易經時，一般是應先由繫辭傳和說卦傳入手，以知易經經文的全體大概和明白易學的指歸，繫辭傳在中國思想史上的價值很高，行文簡贍，音韻鏗鏘，也是極好的文章。

【文言傳】

因爲「乾坤是易經的門戶」，乾坤兩卦是產生《易經》六十四卦的基礎。此傳主要就是來解釋乾坤兩卦的主要含義。

文言傳只有乾坤兩卦才有，是對乾坤兩卦的卦爻辭作更深一層的闡釋與發揮。

例如：元者，善之長也者。嘉之會也。利者，義之和也．．．．．．，「故曰：乾，元亨利貞」。

【說卦傳】

闡明易經卦象的根本原理，解釋八卦的卦象與卦義，從體、相、用三方面總說八卦的形成與性質，及所代表的物象與陰陽三才六位之說，進而由八卦相重相錯，成生生不已的次序，而有《易經》六十四卦生成變化的軌跡，也是在解卦時不可或缺的重要依據。

例如：乾爲天，爲圓，爲君，爲父，爲玉，爲金，爲寒，爲冰……。示範廣象、廣義的法則，以求變通活用，其所象徵代表的事物，或許不必完全合於經文的道理，主要是來表示來代表天下百象的一種運用，也是八卦百象圖的依據。

【序卦傳】

孔子以六十四卦排列先後的次序來演述說明，一個人的從出生、學習、成長、成家、立業、老死等現象，分爲上下兩篇。

上篇由乾坤至坎離，共三十卦，言宇宙自然及社會現象，含有宇宙論及人類進化等諸哲理。

下篇由咸恆二卦至既濟、未濟卦，共三十四卦，言人事現象、家庭人倫及處世之，由天地萬世始，在《序卦傳》中，可以知道天人相應，本末終始之義，尤其在《易經》的六十四卦以「未濟」爲終點最後一卦，更明白指出，易的生生之德，生命永不停留，永遠有新的開始出發。

例如：屯者，盈也；屯者，物之始生也，物生必蒙，故受之以蒙。蒙者，蒙也，物之稚也，物稚不可不養也，故受之以需，需者，飲食之道也。

「上下經卦名次序歌」

乾坤屯蒙需訟師，比小畜兮履泰否
同人大有謙豫隨，蠱臨觀兮噬嗑賁
剝復無妄大畜頤，大過坎離三十備
咸恆遯兮及大壯，晉與明夷家人睽
蹇解損益夬姤萃，升困井革鼎震繼
艮漸歸妹豐旅巽，兌渙節兮中孚至
小過既濟兼未濟，是為下經三十四。

【雜卦傳】

雜卦傳很短，才二百五十字，綜合比較六十四的特性，言簡意賅。是取兩兩相錯或兩兩相綜的兩個卦，以一字或兩字畫龍點睛，勾勒出易卦中的重點要義，對此一解說之，使每一卦活靈活現更加的簡單扼要，不失《易經》「簡易」運用的要義。

如「乾剛坤柔」、「比樂師憂」、「咸，速也。恆，久也。」

筆者非常建議要將「雜卦傳」多看幾遍，很快就可以抓住每一個卦意的基本意思了。

我們學習《易經》不是爲了死背死記卦辭、爻辭及其經文，而是爲了要熟悉瞭解這些經文內容，才能深刻地學習《易經周易》中每個單卦卦象，及六十四卦的思維邏輯過程，用現代的術語來說，就是要掌握研究分析，認識事物的規律方式和方法。

所以學易經主要是來學習《易經》的世界觀、方法論，而各種推算的方法（在古時統稱爲"射覆"），只是爲了熟習及記憶卦象，同時也是爲了通過實踐達到加深對易理的進一步了解之目的。

所謂的易經，是將宇宙天地萬物的自然法則，與人類生活行爲合爲一體。解釋萬物無窮變化的哲理。而通常一般人看到易經，卻總以爲只是一種占卜的方法而已。

事實上，易經博大經深，在古代「易經」便已被奉爲「群經之首」，而占卜不過是其中的應用之一罷了。

由其六十四卦所推演的種種道理，尚可運用於許多的學術中。諸如：命理學、天文學、相學、醫學、堪輿學、倫理學、兵法、仙學．．．等，並不只是限於占卜而已。

我國上古時代文明進化的歷史，與八卦易學的源流有莫大關係。在還未有文字之前，結繩爲治，至伏羲始用符號邏輯，始作八卦（稱爲先天八卦），這是先民經由游牧進入農商的關鍵；殆至文王時，則又作後天八卦，兩者之原則雖略有所差異，但是其道理實際是一樣相通的。

在一個大成卦中，我們可以看到六個爻（實線代表陽爻，虛線代表陰爻）。而爻的順序是由下往上數的，分別爲：初爻、二爻、三爻、四爻、五爻、上爻。

又將陽爻稱作「九」，陰爻稱作「六」。所以我們如果以「天火同人」卦爲例。便可發現此卦的六個爻分別可以稱作：初九（初爻爲陽）、二六（二爻爲陰）、三九（三爻爲陽）、四九（四爻爲陽）、五九（五爻爲陽）、上九（上爻爲陽）。

因爲易經是以奇數爲陽，偶數爲陰．所以從爻位來看（初爻，三爻，五爻）爲陽位，（二爻，四爻，上爻）爲陰位，在陽位之爻若爲陽，以及在陰位之爻爲陰，則可判定爲吉，這種以陰陽是否定位來判定吉凶的方式，稱爲正位。

不過這還必需要和**「比，應，乘，承」**的爻位關係，作綜合的研判才能斷定吉凶。

在易經中，若內卦和外卦互爲陰陽相應的情況下，可視爲吉。內卦和外卦若每隔二爻（初爻和四爻，二爻和五爻，三爻和上爻）陰陽相應的話，則可視爲吉，而相應者可稱之爲「應爻」，反之則稱爲「不應」。

大成卦中的二爻、三爻、四爻稱為互卦，三爻、四爻、五爻稱為約象。

我們可以把本卦的互卦當作下卦，把約象當作上卦，即成爲一個新的卦象。

此時我們把大成卦的上卦視爲對方，下卦視爲己方，就是來看彼此的相對態度。再從彼此的內在心性來看，也可說是由內外交錯的角度，判斷這種由互卦、約象（二個和稱爲互卦也可以）組成的另一個新的卦象，也是解決所求問題的一種參考方法。

此外，把互卦配合卜出的成卦對照來看，將可以更具体的批斷隱藏在問題內部的事情，互卦、約象可以說是論斷卦象的關鍵，所以觀察互卦、約象，有時會成爲解決問題的線索重點。

【周易經傳卦意和卦爻基本名辭解釋】

一般讀者對於在研讀「周易經傳」的時候，可真是痛苦、困難到極點！其中最大的原因，就是面對這一大堆的「古言、古語」，想要從這一些古字中，完全來瞭解經傳裡對卦意的解釋意思，幾乎跟讀那厚厚一本的「資治通鑑」是沒啥分別的！

所以想要來瞭解最基本的卦意意思，都已經是那麼地困難了，更何況還要如筆者所要求的多卜、多練習，才能將「易經」的卦象、卦理給熟悉，並且還要來熟悉運用呢？

因此，筆者特別花了一點心思和時間，將「周易經傳」中會看到的一些「名詞」和「古字」，給事先列表整理出來，希望對於往後在「欣賞」！「周易經傳」和「十翼傳」那一些優美的文章詞句時，一方面能體會古時聖人，對每一個卦象意思的描述說明；另一方面也來讚嘆他們文筆功力和智慧，把我們這些後代的學子，每個都搞的七葷八素的！

◎經文中常見名詞的註解◎

字詞	字詞的意義
經	是不變的真理。指聖賢所著的書。
吉	吉祥，得福。
凶	凶險、失去、有禍端。
厲	很危險的。
悔	悔恨、後悔、煩惱。
吝	困難、艱險、阻礙、吝嗇。
元	始也，開始，生命之源。

字詞	字詞的意義
匪人	行爲不當的人。
小人	道德低劣的人，社會中卑微的人。
	常患得患失的人。暗中行事的人。
	遇事緊張、或囂張的人。
	一般平民，或是小孩。
交易	陰陽交互變動之意。
來復	反復其道，即歸復之意。

亨	亨暢通達，吉象的聚集。
利	適宜和諧，各安其份。
貞	端正而穩固，中正堅忍。 免於遭受禍害。 沒有愧對、對不起的事。 沒有後悔、悔恨之意。
吉凶	禍福得失的現象。
悔吝	憂慮的現象。
元吉	大吉大利，好運來臨。
元亨	非常利於發展。
利貞	有利於固守正道和理念。
罔孚	是不見信於人之意。
六虛	指六爻所處的位置
涉大川	比喻爲帝王統治人民之意。
介	頂天立地之意。
舟	比喻爲政權。
水	比喻爲人民。
丈夫	指聖名而德備的人
周匝	週而復始之意。 陰虛爲消：表陰爻漸長。 陽盈爲息：表陽爻漸長。
八卦	又稱爲小成卦、八單卦。是以八個符號，來象徵 代表天下間萬物的分類意思，以來作爲一種溝通文字的運用，和數學運算的代號。
六十四卦	又稱爲大成卦、重卦、六爻卦。是以八卦上下相配而成，同樣以六十四個卦意意思，來作爲一種溝通文字的運用，表達未來吉凶善惡的變化。
大成卦	在每一次卜卦中，所卜求出的六十四卦中的其中一卦，表示所求事情現在的吉凶狀況。
變卦	在大成卦的六爻之中，會有「動爻」的產生，而再變化出另外一個卦象來，就稱爲「變卦」，表示未來可能的吉凶發展。
彖辭	說明每一卦意簡單扼要的意思。
大象	說明每一卦意來象徵代表的含意，可能會含有多種不同的意思。
小象	說明每一爻辭象徵代表的含意。
爻辭	大成卦的卦象中六爻，每一爻（動爻）所代表的意思。

翼傳	用來註釋說明每一卦象卦意的基本意思，和象徵代表的含意，或是加強深入的註解，計有十傳，稱爲「十翼傳」。
互卦	於大成卦中，取二、三、四爻爲內卦，三、四、五爻外卦，另成一卦，來表示所求事情內在的隱情變化。
錯卦	將大成卦中的六爻陰陽爻互變，如陰爻變爲陽爻、陽變陰，如「山澤損」陰陽爻相錯爲「澤山咸」，就稱爲「錯卦」。來表示所求事情陰陽相對存在的狀況
綜卦	將大成卦整個上下顛倒，使上卦翻倒爲下卦，下卦翻上爲上卦，如「山澤損」倒翻爲「風山漸」，就稱爲「綜卦」或「反卦」。來表示所求事情反面的看法
易位卦	將大成卦中的上卦和下卦，互相調換易位，如「山雷頤」上下易位變爲「雷山小過」，就稱爲「易位卦」或「倒體卦」。來表示所求事情雙方立場對調時的看法

◎周易經傳中古文字詞的註解◎

依字的下筆書寫的第一畫分類索引，計分爲：五類。

第一類：

字詞	字音	字詞的意義	字詞	字音	字詞的意義
梏	故	拘束之意。	柅	你	車閘門。
棳	濁	收拾修理之意。	桷	決	平斜不正的枝枋。
懿	易	美、善之意。	蔀	不	遮光物。
繫	系	紮、綑、牽引、連結之意。	闃	去	寂靜之意。
盍	合	聚集之意。	覿	敵	二人相互見面之意。
揜	演	奪去、奪人之意。	賾	則	幽深難見之意。
菑	資	首墾之地、開發之意。	柝	拓	木梆子、木魚。
豶	墳	閹豬之意。	慙	殘	羞愧之意。

豕	使	豬。	晢	折	明白、星光。
忒	特	錯誤、過份。	卼	物	恍動不安之意。
勑	斥	謹慎、小心之意。	刲	虧	切割之意
耋	跌	老者、八十歲老翁之意。	圻	其	破裂之意。
蓍	師	編織草席的竹枝。	艮	亙	山。停止、穩重之意。
巽	訓	風。和順而入、不定之意。	坎	砍	水。陷溺、凶險之意。
屯	囤	初生的小草之意。	兌	對	澤。喜悅、任性之意。
夬	怪	決定、抉擇之意。	蹇	減	寒足，困苦難行之意。
睽	揆	乖違、叛逆、任性之意。	遯	頓	退守也，保守不冒進之意。
頤	宜	養育、飲食、修心養性之意。	賁	必	掩飾、修飾、華而不實之意。
嗑	課	牙齒咬住、卡住之意。			

第二類：

字詞	字音	字詞的意義	字詞	字音	字詞的意義
咥	跌	咬住之意。	斲	濁	刀砍下之意。
盱	需	張眼向上望視之意。	矍	決	因恐懼而四周環視 之意。
虩	系	恐懼之意。	疇	仇	田產、田地之意。
悖	被	不合情理之意。	眇	秒	一隻眼睛失明之意。
嗃	賀	表情嚴厲之意。	戕	強	殺害、殘害之意
遄	傳	急速、迅速之意。	罟	古	漁網、網子之意。
莧	現	蔬菜類植物。	憧	沖	心思不定、不安之意。

第三類：

字詞	字音	字詞的意義	字詞	字音	字詞的意義
鞶	盤	大寬帶子。	腓	肥	小腿肚。

缶	否	裝酒的磁瓶。	脢	沒	脊背肉。
胏	子	連著骨頭的肉。	隼	准	猛禽、鳥名，形似老鷹。
皤	婆	鬚髮白潔之意。	頄	求	急速之意。
畬	於	已經開墾過的田地。	假	格	至、到之意。
稊	提	剛初生的幼芽。	蹢	局	汲水的器物、桶子。
簋	鬼	古時祭祀的用具。	甃	咒	以磚來修水井的四周之牆。
牖	有	旁邊的小窗，有啓示之意。	翕	細	相合之意。
纆	莫	合成的粗繩子。	餗	素	放於鼎內的食物。
寘	至	置放之意。	絪	因	煙霧瀰漫、視線不明。
縕	運	淡黃紅色之意。	刖	月	割腳挑斷腳筋的一種刑罰。
牝	聘	雌性的動物。	鼿	鎳	不安的心思。
牡	畝	雄性的動物。	夤	銀	鑽營趨附之意。
衎	看	和樂之意。			

第四類：

字詞	字音	字詞的意義	字詞	字音	字詞的意義
亢	抗	極高之意。	渫	洩	除去髒污。
瀆	讀	不敬、大水之意。	洌	列	乾淨的清水。
邅	沾	窒礙難行之意。	亹	偉	勤勉、至大之意。
馮	平	快走之意。	剡	演	斬殺之意。
禴	月	夏天的祭典。	瀆	堵	不敬之意。
祇	其	大也，大地之神。	諂	產	以言論使人喜悅。
洊	見	水流不斷之意。	汔	器	水乾涸。
窞	但	深坑之意。	濡	如	浸濕之意。
浚	俊	疏通水道之意。			

第五類：

字詞	字音	字詞的意義
屨	具	麻革所編制的鞋子。

字詞	字音	字詞的意義
履	呂	步行、禮敬、鞋子之意。

六十四卦的大成卦，又稱六畫卦、六爻卦、重卦。

上爻 - 天 - 究
五爻 - 天 - 壯
四爻 - 人 - 始
三爻 - 人 - 究
二爻 - 地 - 壯
初爻 - 地 - 始

上三爻 合稱上卦或外卦
下三爻 合稱下卦或內卦

◎爻的陽位、陰位◎

大成卦中六爻由下往上數，第初、三、五爻屬奇數爲陽位。第二、四、上屬偶數爲陰位。

◎卦象中的陰陽消息◎

卦爻是由天地間最基本的「陰、陽」現象來組成的，所以也表示著卦象和卦意，所以來代表、象徵天下萬物間的各種事項，也都會有著「陰、陽」、「吉、凶」和「動、靜」的轉變。

陽的屬性：向上的、雄性、剛強、積極、光明、主動、急躁、炎熱、、、的。

陰的屬性：向下的、雌性、柔弱、消極、冷漠、黑暗、保守、被動、、、的。

消卦：表示陰勝陽，此一卦象的陽能、陽氣，正在逐漸減弱當中，比喻困難、黑暗的勢力正在加強當中。

息卦：表示陽勝陰，此一卦象的陰能、陰氣，正在逐漸減弱當中，比喻好運、光明的勢力正在加強當中。

◎當位和得中◎

當位：陽爻位居於陽位「一、三、五」時，或陰爻居於陰位「二、四、六」時，就是稱爲當位。相反之就是不當位。

得中：二、五兩爻分居下卦和上卦之中位，是爲得中。

◎承乘、應與和相比◎

承乘：上下鄰近兩爻，稱爲是承乘的關係。下爻對於上爻，是爲下承上；上爻對於下爻，爲上乘下。

相比：卦象六爻中，性質相同陰或陽的兩爻相連在一起，就稱爲相比的關係。表示爲同類的現象，當事情有變化產生時，會相連的來繼續發生影響。

應與：大成卦中的上下兩卦裡，初爻對四爻、二爻對五爻、三爻對上爻，爻與爻相對，則稱爲「應與」的關係。如果上下兩卦的各爻位兩兩相應，相應兩爻爲一陰一陽，則稱爲「相與」。若對應的兩爻爲同性，則稱爲「應而不與」。

所要來運用的意思，如果一個大成卦中，上下兩卦的爻相能互相「陰對應陽」爲「相與」，表示「陰陽調和」爲吉象，如「泰」卦、或是「咸」卦。

「註解」筆者以為以上這一些爻位吉凶的判斷，只是來說明一個卦意吉凶意思，是許多種象徵取用的方法的其中之一種方法，並不是絕對的，可不要過於拘泥執著，請參考就好！

◎互卦◎

又稱爲「互約卦」，於大成卦中，取二、三、四爻爲內卦，三、四、五爻外卦，另成一卦，是這個卦象的內涵意義，來表示所求事情內在的隱情變化。

如「山風蠱」卦，取二、三、四爻爲內卦「兌澤」，三、四、五爻爲外卦「震雷」，而另成一新卦爲「雷澤歸妹」卦。

◎錯卦◎

又稱正對卦、旁通、伏卦或變卦，就是大成卦中的六爻陰陽全變，陰爻變爲陽爻，陽爻變陰爻，所得出的另一個新的卦象來。如，乾坤兩卦就是互爲錯卦，坎和離卦也是。

表示一種陰陽相對的互動關係，可以幫助我們思考所卜求的事情，在矛盾、衝突下的另一種意義。

◎綜卦◎

又稱反對卦或覆卦，就是一個卦象六爻整個上下翻轉倒置，所成立的另一個新卦。例如，屯卦和蒙卦互爲綜卦。損卦和益卦互爲綜卦。

表示一種正反觀念轉換的互動關係，可以幫助我們思考所卜求的事情，在以不同的反面角度去思索它的意義。

◎易位卦◎

將大成卦中的上卦和下卦，互相調換易位的互動關係。

如「山雷頤」上下易位變爲「雷山小過」，就稱爲「易位卦」或「倒體卦」。來表示所求事情雙方立場對調時的看法。

「註解」以筆者的實務解卦經驗，建議以上除了「互卦」可以在批論所卜出的卦象中，來給予實際的應用，其餘的變化卦象意義，只能僅供參考，幫助你的想像和思考的發揮，請千萬不要拘泥和執著。

第五講　易經卜卦的方法和理念

【卜卦的因緣和理念】

其實學易經就是首重在卜卦、求卦、解卦，若是學易經不懂如何解答卦意、如何卜出卦象，和瞭解卜卦的源由，那豈不猶如像是在岸邊學游泳，或是一個要來學會英語的人，卻是不知該如何用英文來和外國人對談溝通，那他來學英文又有何用呢？

語言永遠是用來溝通的，英文是如此，易經也是如此，而要學會語言的最佳方法，就是多講、多用、多練習，否則你是永遠也學不會易經的！所以在第一、二堂課時，老師就非常鼓勵學生要開始先學會如何卜卦，並且要多卜、多練習，自然就能體會出每個卦意的意思和運用了。

用一種最口語、最簡單的介紹易經，其實它就是先佛菩薩神明和人溝通的一種工具方法和語法，自遠古時代「卜筮」就是與神溝通，請求神靈指示的一項儀式，而後歷經許多先賢的整理，才漸漸形成一套完整的文字記載和方法。

在現今中，其實與神靈溝通的方法有非常多，最普遍的有：

*易經卜卦　　*擲筊抽籤

*乩童附身　　*通靈法師

*扶鑾降靈　　*神明托夢

當然以易經卜卦來求問事情的解決方法，更是最最直接和神靈溝通的最佳方法，爲什麼呢？因爲在所有的方式中只有透過卦象、卦意，才能明確的用文字來表示，而非如通靈那般，只是靠著無形的感覺去揣摩、去感覺，神靈所要表達出來的意思。

而且通靈或乩童附身，也常會加入通靈者的個人情緒和想法，甚至被有心人假借神意來斂財騙色，完全欠缺客觀邏輯的推斷，更是沒有任何的文字依據。

所以老師常說，若有人卜出個好卦，難道解卦的人，敢硬要矇著眼說瞎話，亂說該人快大禍臨頭了，需要改運啦、制煞啦、作法啦！、、、大概是想騙財、賺紅包吧！所以等你們上了我的易經課，可能老師以後都沒機會騙你們的紅包了！（學生一陣大笑、、、、！）

既然卜卦是和神明、菩薩溝通的儀式，那需不需要很誠心、誠意呢？當然要囉！試想會有人滿手髒污，衣衫不整就去廟寺裏拜拜嗎？就去看醫生或上課嗎？因此卜卦時，就要冥想著好像是在和神明說話一般，或是也可以當作好像是在跟一位德高望重的長者請示事情一般，當這位長者能被你的誠心、誠意感動時，自然就會給你很好的意見，而來幫你解決問題的囉！

【卜卦的方法】

既然卦象是和先佛、神靈溝通的方法，那卜卦的方式，有一定的方式或儀式嗎？其實就老師的體悟而言，卜卦以心誠最爲重要，至於用何種方式和用何種法器，就不是很重要的了！

所以用何種方式來卜卦，完全是以個人的習慣爲主，可是一般初學者，對於這種卜卦的方法，可能就會在市面上一些書籍或是老師的說法中，而被搞得莫名其妙、不知該以哪種方式來卜卦，有人說用龜殼裝三個銅板來卜卦，才是最準的「文王卦」！有人說撿米，叫做「米卦」，不叫做「文王卦」！也有人說抽竹籤的，叫做「易經卦」，也不是「文王卦」！、、、這些都是錯誤不正確的觀念！

【梅花易數的卜卦方法大革命】

其實易經的卜卦方式，從最早期夏、商朝的龜甲、牛骨，以很繁複的儀式來卜卦，再以「甲骨文」來記載。而傳到了周文王的「蓍竹卦」，算是有了第一次的大改革。

但是到了戰國時的鬼谷子「王禪祖師」，又有了第二次的大革命，不但加進了陰陽五行，也將卜卦的方法更加的簡單化，將複雜的數「蓍竹」（大衍之數）的卜卦方式，改爲「金錢」用正反、陰陽的方式來求卜卦象。

只是這一些各種卜卦的方法，到了宋朝的「邵康節」，更是像一位老頑童般，將生活中各種好玩的方法，像看到的花、動物、聽到的聲音、日期時辰、寫的字數、字形、、、，幾乎通通可以取用來卜卦了！

在「梅花易數」中詳列了有「數字卦」、「文字卦」、「聲音卦」、「動物卦」、「時間卦」、「人物卦」、、、，甚至「文字卦」還詳細可分爲一字卦、二字卦、三字卦、、、，幾乎眼睛可見的花草、樹木、蟲魚、鳥獸，可聽的音樂曲音、蟲鳴、鳥叫、獸吼，可寫的文字、書畫、測字、、等，通通可以用來取爲一個「卦象」，作爲批論吉凶的依據。

或許讀者會覺得很神奇，其實只要懂得排列取卦的道理，根本就是在所謂「事先的定義」的「定義」上吧了！就能夠瞭解要以何種方式來卜求出卦象。所以卜卦的方式，根本就不是很重要的一件事情，重點是卜求的人，要與先佛菩薩、神明事先說明的「約定」、「定義」，彼此之間是要以何種方式來求出卦象來，就可以順利來卜卦的了！

【一般有以下的卜卦方式】

卜卦的種類，通常可以分為以下三大類：

一、抽取固定籤詩或籤卦：如竹籤卦、文鳥紙卦、．．．．．．．．等。

二、以數目變化來論卦：如文字卦、數字卦、米卦、紙牌卦、花瓣．．等。

三、以金錢或骰子之陰陽變化來論卦：如金錢卦、骰子．．．等。

所以這麼多方式，是不是令人很撩亂呢？其實所有方式只不過是求出卦的一種媒介方法吧！千萬不要被某一些人的花招給矇騙了！等你學會精通了，也是可以自創屬於你的卜卦方式來的。

因此重點仍是在誠心地與菩薩做好溝通才重要吧！

曾經有學生拿著說，這個是某年代的靈龜龜殼，珍藏的清朝銅錢，卜出來的卦有多準、多準、、、！甚至也有人說金錢卦才是易經的文王卦，米卦就不是文王卦、、、

老師笑著說：那漢朝人、明朝人沒有你這珍藏的清朝通寶，那豈不就不用卜卦了！（又引來了學生一陣笑聲、、、、！）再強調一次，易經只是一種溝通的語法，就有如

英文也是一種語言，可以用寫的、說的、畫的、、可以用任何的方式來表達，只要能達到溝通瞭解的目的最重要。

因此所有用米粒、銅板、骰子、測字、翻書頁、抽竹籤、數花瓣、、、，都是爲了求得卦象的方法之一，全部都是以易經、周文王所修訂的「周易」版本來批論的，都是稱爲「文王卦」的，可千萬不要再被其他花俏的外物形式給迷惑了！

好了！一般筆者比較建議初學者用的方式是「米卦」和「文字卦」。因爲這樣卦象中的爻相變化比較單純，對於初學者來說較容易講解，等到熟練以後進入中高階，再來學習以金錢或骰子來卜卦，甚至目前筆者在中高階的六親五行中，仍然還是習慣以「米卦」來卜求事情，因爲任何一種卜卦的方法，都是很準確的，熟悉順手和誠心才是最重要的關鍵。

現在就來講解、示範如何以米卦來卜卦，而以下的方法都是老師來訂定、定義的，請注意！是老師自行訂定的，並不是一定絕對就是這樣的。當然只是你若用習慣了，也就不要隨便再去改變了！

【米卦的卜卦方法和定義】

將白米粒以紅布袋，或碗、盤裝好

一、只以右手拇指和食指（注意只要兩隻手指頭就可以了），捻出三把米。再將每一把米的顆粒數出。

二、第一把的數目除八，記住八卦的卦序嗎?1、乾，2、兌，3離、、、餘數爲下卦，若是整除餘數爲0，仍取八爲坤卦，如十六、二十四等。

三、第一把加第二把合計的數目除八，餘數則爲上卦。上下兩卦相疊組，即得出一個卦象來。（若數目除八爲整除餘數爲0，即爲第八個卦，爲坤卦。如二十四等。）

四、第三把之數除六，因一個卦有六爻，第三數的餘數即爲第幾爻有變，就是爲變爻。（若數目除六爲整除餘數爲0，即爲第六個爻有變。如十八。）

五、將有變化的爻，陰變陽爻或陽變爻，再畫出一新卦，即爲變卦。因此以米卦來卜卦，一定會有兩個卦，一爲成卦，一爲變卦。

例：捻出有三組米粒數字爲：12、9、16

12爲內卦（12÷8餘數4）卦序4爲震（雷）卦

12+9=21爲外卦（21÷8餘數5）卦序5爲巽（風）卦

故上下相疊組成爲：成卦「風雷益」卦

而16爲變爻（16÷6餘數4）第4爻變（陰變陽爻）故爲：變卦「天雷無妄」

「成卦表：目前所求問之事的現狀。」

「變卦表：所求問之事未來可能的變化。」

【周易經傳的動爻爻辭】

在以上的卜卦定義中，我們是將第三把米數當成取決「動爻」的標準，而由動爻的變化再取出另一個新的「變卦」卦象來。所以我們稱之爲「成卦」和「變卦」的解法系統。

但是在「周易經傳」中的解法系統，請注意！就不是這樣來取決的了，仍然還是將第三把米數當成爲取決「動爻」的標準，只是單純的再來看這個成卦中，動爻是在第幾爻的爻辭解釋，以此來論斷所卜求事情的吉凶。所以我們稱之爲「成卦」和「爻辭」的解法系統。

當然在此一解法中，筆者建議也是可以再以「互卦」的卦意，來作爲進一步批論事情吉凶的參考，至於那一些「綜卦」、「錯卦」、「易位卦」，筆者就不建議在加進來批斷了，免的卜求一件事情，搞了那麼多的「卦象」出來，保證會把你弄得更加迷糊難解的，千萬不要把自己越搞越複雜，找自己的麻煩！

【數字卦或文字卦】

若是以數字卦或文字卦來卜求，也是在冥思、默禱後，寫出三組數字或三個文字即可。文字另需要將它的「筆畫數」算出，仍然也是爲三組數字。以文字求卜，切記不可寫的是一個名詞或人名，要以三個不相關連的「單字」來求，才會準確。

老師還是建議儘量以米卦來卜求，若是臨時不方便準備米粒，也可以用「翻書頁」的方式來求得三組（頁數）數字，然後同樣也是以米卦的定義，排組出成卦和變卦來，或是成卦和動爻爻辭來。

【金錢卦的卜卦定義】

有許多人會覺得以三個銅板來卜卦會最爲準確，這應該是跟卦象配上六親五行的複雜變化性有關吧！

的確在所有的卜卦方法中，以這種方式來卜卦的排列組合數最高、最複雜，米卦約是四千零九六種，而以此種方式來卜卦，約是米卦的六倍數，所以才會被認定爲是最準的卜卦方式。因爲以米卦來卜求卦象，只會有一個「動爻」出現；而以三個金錢或骰子來卜求，可能會有「零個、一個到甚至六個」的「動爻」來出現。

要如何來定義卜求「金錢卦」呢?請先準備三個「銅板」，不論是清朝的通寶，或是現代的硬幣都可以的。

我們先將有「字」的一面，定義爲「正面」爲「陽」。⚊

將另一面有「花」或「圖案」的一面，定義爲「背面」爲「陰」。⚋

依卜卦的儀式祝禱完後，將三個銅板同時以「龜殼」、或「碗」、或「竹筒」、或是兩手捧起，輕輕搖晃，然後占擲在桌面上。

總共要六次，第一次記爲初爻，第二次爲二爻，直至第六爻記完。爻象要由下往上記，因爲第一爻是在最下面。

若是三個銅板出現以下情形，爻象即可記爲以下情形：

正面 正面 背面　記爲　陽爻（表示沒有動爻的產生，又稱爲少陽）⚊

正面 正面 正面　記爲　陽爻（加註一。號，表示有動爻的產生，又稱爲老陽）

正面 背面 背面　記爲　陰爻（表示沒有動爻的產生，又稱爲少陰）

背面 背面 背面　記爲　陰爻（加註一。號，表示有動爻的產生，又稱爲老陰）

這是以易經「物極必反」的道理來取卦象的，所以出現三個正面或是反面，就會有「變動」，而來產生「動爻」，所以在卦爻的旁邊劃上一個小記號。

因此以米卦來卜卦，一定會有一個「動爻」產生。但是以金錢卦來卜卦，可就不一定了！可能會沒有動爻，也可能六個爻都是有動爻，這也就是說明了，爲何金錢卦的卦象會比米卦，來得更加的複雜多變了！

例如：占擲三個銅板

第一次得，正面 正面 背面　記爲　陽爻

第二次得，背面 背面 背面　記爲　陰爻。（老陰）

第三次得，正面 正面 正面　記爲　陽爻。（老陽）

第四次得，正面 背面 背面　記爲　陰爻

第五次得，正面 正面 背面　記爲　陽爻

第六次得，背面 背面 背面　記爲　陰爻。（老陰）

故卜求出：成卦為「水火既濟」卦，

第二、三、六爻有動爻產生，陰變陽、陽變陰。

所以得出：變卦為「風澤中孚」卦來。

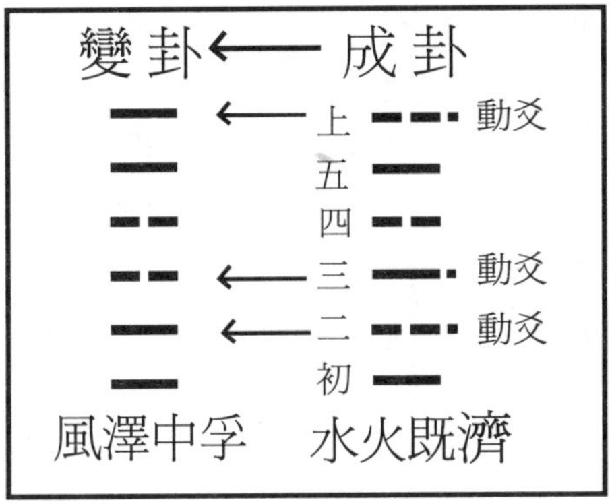

【卜卦的儀式和觀念】

卜卦的儀式和觀念：首重心誠和無雜思，只有心亂不信之人，從未有不準的卦象。

一、地點：尋一乾淨、安靜無人吵雜的場所，客廳、辦公室、臥房、佛堂……均可。

二、淨身：即先上廁所洗手臉、漱口，整理儀容。在自家中可點一爐檀香更好。

三、準備好法器，例如：米粒、銅錢、木龜、紙、筆。（若是米粒，請以碗裝好半滿即可。）

四、在紙上清楚寫下日期、時間，問卜之人，和所要卜問的事情，寫的越清楚明白越好，也可以同時寫上幾個不同的問題。例如：卜問感情時，1、與A如何？2、與B如何？3、與C如何？

五、靜思：備好清水一杯，將此水小口緩緩喝下，以靜心思。

六、雙手合掌，閉目冥思禱求，先迎請我們已經事先皈依祝禱的神明或是菩薩，不斷地在心中默唸其名號一百零八遍，甚至五百遍以上。直到感覺心中已經很沈靜無雜亂了。

（備註：所迎請祈求的神明或菩薩，應該是要已經有事先皈依、祝禱、迎請的先佛菩薩或神明。筆者認為一定要有一個特定來迎請的菩薩、神明，以免造成外靈

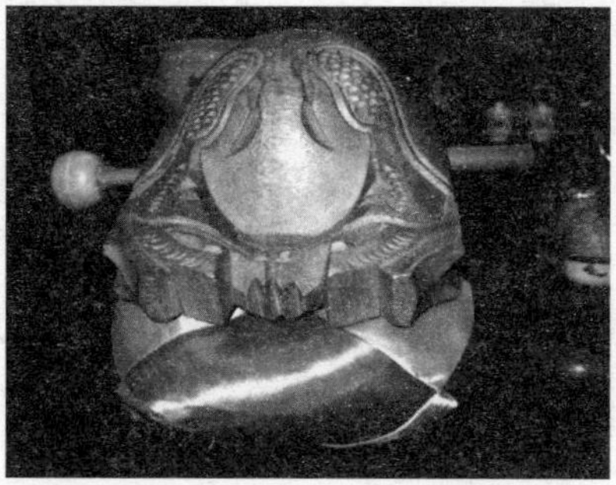

來干擾、依附的現象，不但卜出的卦會不準，甚至還會有更不好的沖煞情形產生！）

七、然後再將所求卜的事情在心中默想七遍。例如：觀音菩薩在上，弟子□□□，今天心中有疑惑困難爲・・・請菩薩慈悲爲弟子以易經卦象，來指示未來的一個吉凶方向。

八、然後以右手拇指和食指，將米捻起三把，分開放在紙上，並時時仍冥想所求卜之事。

九、將三把米粒分別數好記下，再以老師的定義，將卦象劃出寫下，寫爲一個成卦，表現在所卜問事情的狀況。再有一個變爻，即有一個變卦，即表示事情未來可能的發展。

十、將此成卦和變卦，詳查六十四卦的卦意吉凶來批解之。若是中高階的讀者學員，此時也可以將六爻的六親、五行、六獸，一一給抄寫上卦爻中。

若是對於卜出的卦象還想要更進一步的瞭解，當然還是可以繼續再求卜下去，例如：卜求與朋友合夥，得卦象爲凶。可以再卜求到底是何原因？或是與該朋友不利？或是目前時機不妥當？或是本身的財運不佳？、、都是可以不斷地卜問下去的！

【卜卦的求卦精要】

在繫辭傳中，曾寫明同一件事情，是不可以重複求卜的！否則是褻瀆神明的一種行爲！

這個觀念是正確的！老師不斷強調，原本卜卦就是請求神靈、菩薩指示事情的一種儀式或方法，若是已經得到了回答，怎可以再不斷地懷疑，而再三的質問同樣一個問題呢？

可是，一般人卻忽略了既然是向菩薩「請教」，當然就要「不恥下問」、「虛心求教」了！

並非一卜到凶卦，就萬念具灰宣告放棄了！

老師常笑說：當有醫生說你得病了！難道你就是放著病痛不管，回家等死嗎？

當然不是囉！一定會緊問著醫生：有沒有藥醫、、？怎麼醫才會好、、？多久可醫好、？要不要住院呢？、、爲何會得病呢？、、以後要如何來預防呢？、、

卜卦不該也是要如此嗎？向菩薩請卦，就像是在跟醫生請問病情一樣的情形嘛！而不是死板板的，看到凶卦，或解不出來的卦，就無可奈何、不知所措了！應該緊接著換個不同的問法，再求卜下去的！

例：求卜運勢，為「澤風大過」是凶卦喔！

再卜求，是會破財嗎？、、、得「天雷無妄」！菩薩說：不是啦！

再卜求，是會意外嗎？、、、得「地火明夷」！果真沒錯！

再卜求，那該如何化解呢？、、、得「火風鼎」！告訴你，趕快到廟寺裡拜拜，求菩薩保佑了！

所以卜卦所求出來的卦意，就是如此的直接、明瞭！只要有心、誠敬，菩薩絕不會嫌你煩的！

而且，也不會像通靈那般，不是語帶玄機、模稜不明！就是心理懷疑著，到底是神意？還是人意呢？

第六講　八卦百象和八卦基本認識

在學習易經的過程中，如何來瞭解掌握易經的「語法架構」，一直是很多後代學子的大煩惱，尤其又是看到經傳古文中，許多在描述易經陰陽取象的「偉大性」，更是讓人搞不清楚，說的那麼神奇、不可思議，到底是真的那麼「神」嗎？

事實上易經卦象根本就不是那樣的複雜的，以務實的角度來看，不過就是來取用了「八個符號」，而來應用代表我們天下萬物的一個「分類擬像」運用吧了！其實與一般的語言文字的學習和應用是沒兩樣的，簡單的一個英文單字ＢＯＯＫ不也是代表著好多的意思來應用呢？

所以這時候來看「說卦傳」中，這一些八卦的象徵運用，是不是就覺得容易懂多了呢！因此「分類」的觀念在易經的學習中是很重要的。

舉例，在卜卦前一定要分別清楚，是要卜問天氣、身體健康、事業、考試、婚姻、感情、、、。因爲同樣一個「乾卦」，針對你要問的不同問題，就會有著不同的答案呢！

「乾卦」依卜問問題的分類運用：

卜問，天氣：表示晴天，天氣很好。

卜問，健康：表示頭部或是腦部會有病變的情形。

卜問，事業：表示爲主管級之人，目前氣運正處於旺盛吉象之中，但不適合擴張、守成可。

卜問，考試：表示氣運很旺，榜上有名不成問題。

卜問，婚姻：表示陽氣過旺，家中男人很霸道，有女人受到欺壓的現象，不是吉象。

卜問，感情：若是女人來卜，表示對於男方的負責任態度很肯定欣賞，是一個好的依靠對象。

【八卦百象圖　八卦代表各種不同分類的基本意思〈取自說卦傳〉】

乾—爲天、剛健、爲首、爲父、爲頭、男性、男子、年長者、老人、首長、主管、領導著。

兌—爲澤、折損、喜悅、爲口、爲少女、呼吸系統、口肺、乳、女外性器官、女星。

離—爲火、亮麗、爲中女、眼睛、心臟、血壓、中年女性、美人。

震—爲雷、行動、爲雙腳、足、爲長男、肝、四肢、腳、長男、兒子、兄弟。

巽—爲風、進入、爲股、爲長女、肝膽、四肢、太太、商人、風邪、筋骨、皮膚、傳染病。

坎—爲水、陷落、爲耳、爲中男、血、腦、泌尿、男性生殖系統、腎、遺精、膀胱、中男、盜賊、勞碌命、子宮、卵巢。

艮—爲山、停頓、爲手、爲少男、鼻、脊椎、消化系統、脾、膽、青年。

坤—爲柔順、平地、爲母、爲腹、消化系統、下腹、婦科、老師、老女人、妻、部屬、人民。

《八卦百象表圖》

☷ 地	☶ 山	☵ 水	☴ 風	☳ 雷	☲ 火	☱ 澤	☰ 天	卦象
坤	艮	坎	巽	震	離	兌	乾	卦名
地	山	水	風	雷	火	澤	天	象名
8	7	6	5	4	3	2	1	卦序
1	6	7	2	8	3	4	9	先天卦數
洛書數								
2	8	1	4	3	9	7	6	後天卦數
土	土	水	木	木	火	金	金	五行
西南	東北	北	東南	東	南	西	西北	方位
夏末	冬末	冬	春末	春	夏	秋	秋末	季節
母	少男	中男	長女	長男	中女	少女	父	人物
陰	陽	陽	陰	陽	陰	陰	陽	陰陽
順 逆	止 萌	陷 養	和 狂	動 壞	麗 毀	悅 憎	健 衰	屬性
皮膚	鼻	耳	股	四肢	眼	口	頭	身體
胃部	脾膽	腎生殖係	腸	肝中樞神	心	肺	腦	內臟
鬼門	生門	休門	杜門	傷門	景門	驚門	天門	八門方位
二黑	八白	一白	四綠	三碧	九紫	七赤	六白	紫白九星
病符	財帛	文曲	文昌	蚩尤	右弼	破軍	武曲	天運九星
祿存	巨門	文曲	輔弼	貪狼	廉貞	破軍	武曲	宅局九星
禍害	天醫	六煞	伏位	生氣	五鬼	絕命	延年	四吉凶位

註：紫白九星、天運九星、宅局九星、四吉凶位配上方位及卦象，並非固定不變，而會隨著屋宅方位的不同而改變，以上表列僅為其中之一方位參考。

八卦百象，幾乎含括了，自然天象、人物、五行、顏色、方位、風水、義理。

八卦：八個運用的符號。

百：百種不同的事物、道理。

象：象徵、代表的意思。

《十二地支百象表》

十二地支名	生肖	五行	陰陽	月份	時辰	方位	二十四節氣	
亥	豬	水	--	十	9至11	西北北	立冬	小雪
戌	犬	土	+	九	7至9	西北西	寒露	霜降
酉	雞	金	--	八	5至7	西	白露	秋分
申	猴	金	+	七	3至5	西南西	立秋	處暑
未	羊	土	--	六	1至3	西南南	小暑	大暑
午	馬	火	+	五	11至1	南	芒種	夏至
巳	蛇	火	--	四	9至11	東南南	立夏	小滿
辰	龍	土	+	三	7至9	東東南	清明	谷雨
卯	兔	木	--	二	5至7	東	驚蟄	春分
寅	虎	木	+	正月	3至5	東北東	立春	雨水
丑	牛	土	--	十二	1至3	東北北	小寒	大寒
子	鼠	水	+	十一	11至1	北	大雪	冬至

《日主十天干 五行物性 人格分析表》

天干	五行	屬性	物性	優點	缺點
甲	木	仁	大樹	富有向上心、有毅力、正直不馬虎、不輕薄、能助人、能體諒別人、有責任。	頑固不知妥協變通、欠缺敏捷性、會過於主觀，來干涉別人。
乙	木	仁	小草	柔順溫和、有豐富表現能力、靈敏反應快、具有協調性、不會堅持己見、善於管理錢財。	易隨風轉舵非常現實、內心佔有慾強、較有心機、易失自信怯懦、依賴、禁不起誘惑而受騙。
丙	火	禮	太陽	開朗、直爽、慷慨不計較、待人親切、理解力強、精力亦充沛做事積極、易得人好感。	性急易衝動、性情飄忽不定、喜怒無常、有時慈悲有時自大、較善變而三心二意。
丁	火	禮	燈火	溫和有禮而熱情、思慮遠、行事謹慎、能奉獻犧牲自己、不易表達內心感情。	不善拒絕別人、凡事考慮猶豫不決、易猜忌懷疑別人、易聰明而反被聰明誤。
戊	土	信	大石	豁達穩重耿直、樂天不善修飾、對事合情入理而有計劃條理、重感情肯助人。	任性頑固、以自我爲中心、欠缺融通性、無趣不浪漫、喜好奉承、好面子、不主動。
己	土	信	田土	理解吸收快、具有多種才能之人、能深入了解問題、有彈性不固執、喜歡充實學習。	內心較複雜矛盾、心思較不易集中而茫然失措有消極妥協的傾向而被人利用。

庚	金	義	刀劍	剛毅不服輸、積極果斷、富有正義感、不虛僞能表現、口才善辯。	率直易得罪人、衝動易與人衝突、自我表現慾強、對事粗率不細心。
辛	金	義	珠玉	對事敏感細膩、爲人親切有同情心、喜歡創新、人際關係好卻善惡分明、時有獨特想法。	好慕虛榮爭面子、任性、在乎外表、易貪求而失理性、意志薄弱禁不起要求。
壬	水	智	大海	率性自由、悠閒而樂觀、有勇氣智慧聰明、能面對困難不退縮、文武雙全有領導能力。	雖圓融但稍有任性、易有怠惰而生依賴、對事不易堅持而虎頭蛇尾、對異性感情心思過多。
癸	水	智	晨霧	重視規則和道德、有潔僻、內向、具有勤奮努力和耐力、思想很純真、溫和細膩冷靜。	較拘泥、易幻想不切實際、易生悲觀、感情脆弱、有點神經質、重生活情趣。

『批註說明』

由以上圖表中，我們可以清楚明白地來瞭解，「擬像法」和「分類擬像」的重要性了！也可以藉此稍微來知道該如何來運用了吧！

「天干」和「地支」只是一個「代名詞」和「運算符號」，所以學會如何親近它們、使用它們，對於中國易經命理文化，你就不會再那麼陌生、迷惘了！

第七講　河圖、洛書的源流

易經由太極而兩儀，兩儀化四象，四象生八卦、、、，除文字的介紹外，我們常會看到有許多的「圖象」，來描述形容易經的道理，這也是在中國的許多經典中所沒有一大特色，所以從基本的「太極圖」、到「河圖」、「洛書」、「兩儀四象圖」、「伏羲八卦圖」、「文王八卦圖」，都是來幫助我們來瞭解記憶易經的一個方法，也滿符合現代新的圖像記憶學習方法，所以學員不要將這一些圖像看得太嚴肅，或是將它們搞的很神秘。

有一些圖像也會穿鑿附會地加上部分的「神話」典故，弄得好像很不得了的「偉大」，其實易經本身的來源，就是滿「神奇」的，也有人說是「外星人」傳給中國人的智慧，基本上這一些典故，筆者建議都將他當成是一個「神話故事」來看，知道後偶爾來聊一聊天就可以了！千萬不要對它太執迷、掛礙，免得又鑽到牛角尖裡去了！

所以，以下的河圖、洛書，請讀者也是以這樣的心態，來欣賞它們就可以了！

「河圖洛書的相關記載」

一、《繫辭傳》曰：「是故天生神物，聖人則之。天地變化，聖人效之。天垂象，見吉凶，聖人象之。河出圖，洛出書，聖人則之。」此神物所指的即是黃河出現之龍圖，洛水出現之龜書，聖人於是取法於它。

二、《論語・子罕篇》孔子曰：「鳳鳥不至，河不出圖，吾已矣夫！」孔夫子僕僕風塵，周遊列國，講道德，宣仁義。但逢亂世，各國均以利益相交，使大道難行於世，因此感嘆地說鳳凰與龍馬已不再出現了。古代鳳凰河圖乃祥瑞太平的徵兆，相傳古時有道之君王於在位時，常會有此祥瑞之神物出現。

三、《易緯，乾鑿度》、、卦宮自坎宮始，坎居北，從而坤、震、巽，數由二而三而四，所行過半，還息於中央之宮。之後又從乾六始，而兌七，而艮八，而離九。法洛書二八轉位而言，為文王後天八卦。此行起於坎宮，而終於離宮。洛書是由九個小正方形集合而成一個大正方形，好比九間宮室一樣，因此洛書被稱做九宮。

四、紹康成引《春秋緯》云：「河以通乾出天苞，洛以流坤吐地符，河龍圖發，洛龜書成，河圖有九篇，洛書有六篇。」此九六圖書並未流傳後世，僅是相傳上古時代，有龍馬負圖出於黃河，因名河圖。大禹治水，有神龜負文出現於洛水，故名洛書。又因河圖洛書所顯示之圖形及數列與《易經》八卦數理相合，而有八卦從洛書出之說。

「河圖」、「洛書」的記載見於非常多的典籍史記中，不僅僅只是如上面所描述的，然而所記載的，都只是河洛圖書的名稱和由來，至於其術數變化的運用，與先後天八卦的關係，卻都未詳細明載，也因此造成許多後世學人的疑惑。

有人即認為河圖、洛書不足採信，與（易經）八卦根本無關。然而河圖、洛書應為天地自然之數，天地用以來示陰陽，為造化的神物，其象數的玄奧，可得以通會於卦象易理，建諸天地而不違背，質諸鬼神而無疑惑，所以百世後人可以此，來瞭解聖人的思想而不應該有所疑惑的。

不僅大禹以洛書之數來畫制九州，舉凡奇門遁甲、太乙神數、九宮飛星，堪輿占斷等各種術數，也幾乎都是源由於河洛之數，絕非是重訓詁義理的學人可以來否定的。

（以上爲節錄古文典籍對於河圖、洛書的記載和解說）

【河圖、洛書是數學運算的基本定義】

以筆者的見解和看法，其實「河圖」主要應是數學上數字運算規則的一個基本「定義」，在河圖數中所取用的是所謂的「十進位」法，所以數字是從1至10。

或許有人會覺得「十進位」法是什麼啊？或是說1＋1＝2這樣有什麼不對嗎？以數學的角度來看，這可是一件定義運算的「超大事」呢！

有人想過一斤是幾兩嗎？是十兩、還是十六兩呢？、、、是十六兩吧！那又爲什麼不是十兩呢？？？秦始皇爲何在統一六國後，就在全中國嚴格實施「車同軌」、「書同文」、「量同衡」的制度呢？這一些都是要將各地有所不同的制度、度量衡和運算的定義，給做一個很清楚、明確、統一的規定。

可見河圖最主要的功能目的，就是要制訂所有制度、度量衡和數學運算的一個明確定義吧！在整個易經卦象上的運用並沒有特別的含意，所以才會造成許多研習易經的學人，還真搞不清楚河圖是在幹什麼用的？所以大概瞭解了它的意義後，也就不必再去爭議的了！

【河圖】

簡圖

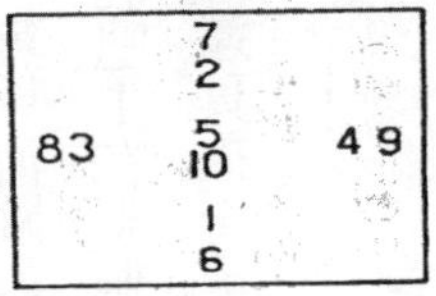

河圖

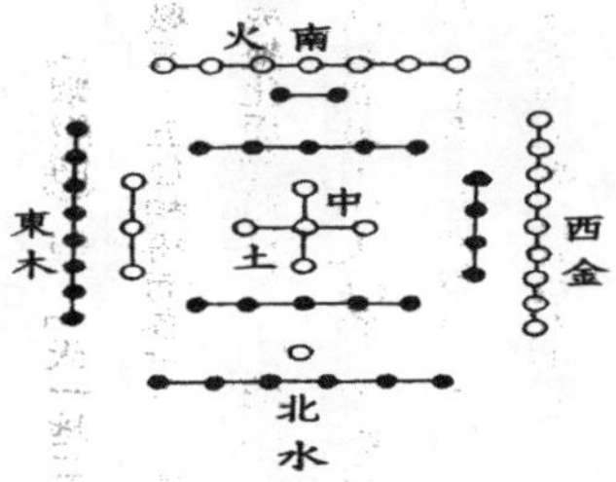

河圖歌訣：

・天一生水，地六成之。
地二生火，天七成之。
天三生木，地八成之。
地四生金，天九成之。
天五生土，地十成之。

・一六在北，二七居南，三八居東，四九居西，五十居中。

・一六共宗，二七為朋，三八成友，四九同道，五十相守。

龍馬負圖（河圖

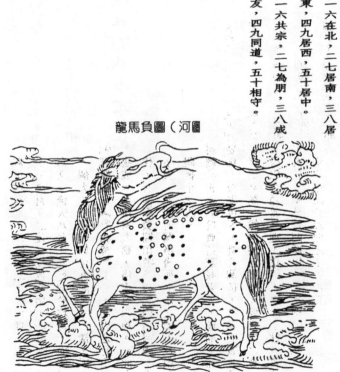

相傳在三皇（伏羲、神農、黃帝）的時代，有龍馬負圖出於孟津，馬高六尺四寸，長七尺二寸，形狀爲龍首、馬身、獅尾、牛蹄、足生飛毛、脅生肉翅，背上毛茲迴旋，馬背上有如星點構成的圖案，所以就被稱之爲「河圖」。

龍馬背上毛旋有一到十之黑白自然數，白點代表奇數爲陽，黑點代表偶數爲陰。一六居北在後，二七居南在前，三八居東在左，四九居西在右，五十居中。

一共有五個方位，象徵陰陽五行，而各有兩數，象徵陰陽。因此河圖又稱爲陰陽二氣圖。伏羲聖人因深悟了河圖的真諦，進而創造八卦圖象，又稱爲「先天八卦圖」。

乾象天，數一，由一五七合成之，五行屬金。

兌象澤，數二，由三五八合成之，五行屬金。

離象火，數三，由三十九合成之，五行屬火。

震象雷，數四，由一十六合成之，五行屬木。

巽象風，數五，由二五七合成之，五行屬木。

坎象水，數六，由四五八合成之，五行屬水。

艮象山，數七，由四十九合成之，五行屬土。

坤象地，數八，由二十六合成之，五行屬土。

以上爲河圖先天八卦，三畫爻卦，亦稱之爲上中下三卦。

【洛書】

洛書

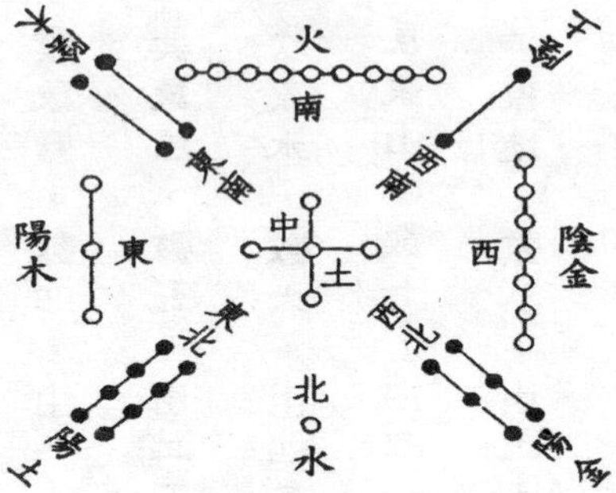

簡圖

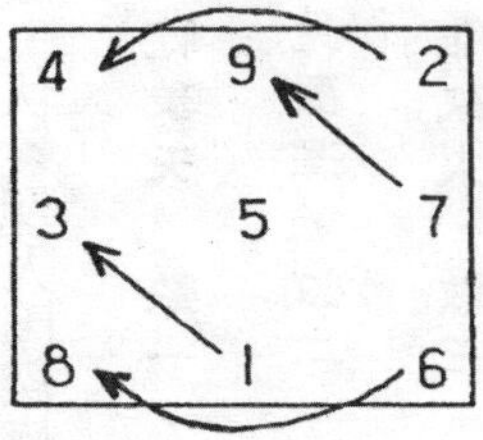

洛書歌訣：

· 戴九履一，左三右七，二四為肩，六八為足，五在其中。

· 奇數居四正和中央，偶數列四隅。奇為陽，偶為陰，陽數統領陰數。

· 河圖為體，洛書為用。河圖為經，洛書為緯。

烏龜背書（洛書）

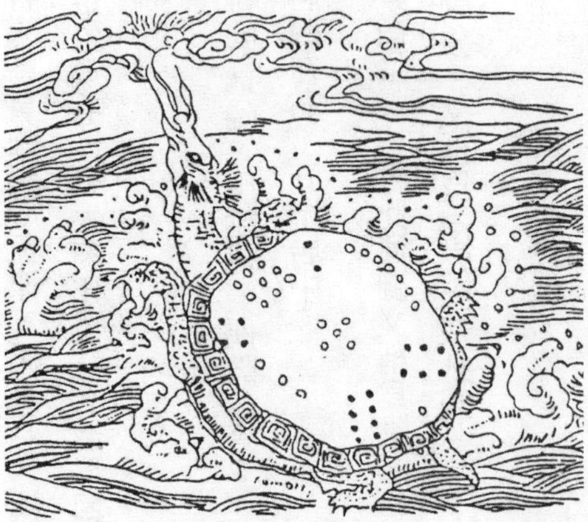

又相傳在堯虞舜時代，黃河洪水氾濫成災，於是舜帝命大禹來治理水患，當洪水治平後，在陝西維南縣之洛水地方發現了一隻神龜，龜背上有刻著黑白九數的幾何圖形。

九個白點靠近頭部，一個白點居尾部，三個白點在左脅，七個白點在右脅，四個黑點靠近左眉，二個黑點靠近右眉，六個黑點靠近右足，八個黑點靠近左足，五個白點在背中央。

九個位置象徵九區、九宮，數字陰陽分列交錯，大禹由此領悟到洛書九宮數字的玄妙，而依九宮將天下劃分成九州。且將一般事物區分爲九類，而著《洪範》九疇爲治國大典，據說至周朝仍保留有河圖洛書之器物，並存放於京府內，至秦才遷至阿房宮，可惜爲楚霸王項羽所焚燬。所以後人就將這九宮之數的運算排列規則，稱爲「洛書數」。

並以此數字來結合易經八卦的卦象，再經由「周文王」重畫定義八卦之數，而成爲「後天八卦」，所以後天的象數、五行、風水等變化就都沿用著九宮之數來運算，因此才稱後天的許多事理，都離不開洛書之數，而有了「河圖爲體、洛書爲用」的說法來。

其實以筆者的見解來看，「洛書九宮數」也可稱爲一種數學上的「公式」定義，河圖是數字運算的「基本定義」，而洛書則是進一步的「公式定義」。

所以九宮數根本就是一種數字的運算「公式」，在這一種九宮公式的數字排列中，任何一條貫穿三個數字的直線、橫線或斜線，合計都是十五。但通常是用在計算「方位上」陰陽五行氣運的旺衰變化，在風水、陰陽宅、星相學上應用的比較廣，而在易經卦象上也是不常用到的，學員也是大概瞭解就可以的啦！等以後有興趣來學風水時，再來詳細研究它們的運算關係。

乾（天）稱父，數六，位西北、時秋冬之交。

坤（地）稱母，數二，位西南、時夏秋之交。

震（雷）長男，數三，位正東、時正春。

坎（水）中男，數一，位正北、時正冬。

艮（山）少男，數八，位東北、時冬春之交。

巽（風）長女，數四，位東南、時春夏之交。

離（火）中女，數九，位正南、時正夏。

兌（澤）少女，數七，位正西、時正秋。

以上為河圖後天八卦三畫卦，所代表是時間的部分。

【雜說易經先天卦演變為後天卦的淵源】

易經是中國的五經之首，以哲學的角度來看，易經的哲理可說是一種「真理」，因爲先佛菩薩對於我們人世間的「指示」，是不會隨便說說而且善變的，所以這個真理的定義是不會依時間而有所改變，是千古不變的道理，所以雖然歷經了近五千年的演變，若不是真理，古人早就推翻它的理論了。

我們翻開「周易」來看，都會說明介紹河圖、洛書、先天卦、後天卦、六十四卦等圖說、卦象，雖然都有一些註解，可是也還是很難理解其中的意義。

筆者依個人淺見，河圖、洛書、先天卦、後天卦、陰陽、五行生剋、六親，應該都是一體而不可分割的，這些都是在中國命理文化五術學說中的基本元素，雖然理論上是可以分開來研究（易學可分象、數、理三個部份分開逐項來說明），但是在運用上則必須是一體來瞭解的，運作邏輯上是很嚴謹的，其理論上是以「人」爲中心點，再來探討人與環境之間的變化互動關係，當然也是不離中庸、平衡、中和之道，因爲這是天地間的一種基本法則。

「繫辭」有云：「古有伏羲氏，仰則觀象於天，俯則觀法於地，始作八卦」。先天八卦的卦象排列位置是怎麼訂出來的，眾說紛紜！但是若以天文來解釋易經哲理，基本假設以地球爲中心（固定不動的），月球繞地球轉，應該就是先天八卦排列的由來，是以天地來做定位，所以才會天在上、地在下。

（圖一）月球繞地球

先天卦的基本假設是以地球爲固定，所以先天卦象是固定不動的，將大自然的現象轉變到一個可表現的符號上，以八個符號（八卦）方式來表現出來，先天卦如圖二（伏羲八卦）。

筆者以先天卦演變成後天卦爲討論閒聊的主題，是以先天卦（如圖二）如何轉後天八卦圖（如圖三），爲說明的重點。

易經八卦的變化無窮，奧妙至微，其中必定有其邏輯可循，變化過程看似複雜，但是應該有其規律性排列及程序，如果未按照其規律變化來瞭解，當然所得的結果誤差會極大，才會使人感覺似是而非，甚至誤認爲是正確的。

先天卦（伏羲八卦）是指地球的地理方位，是不能動，所以先天卦是固定的，而後天卦是指宇宙太空與地球對應的位置。有人覺得很奇怪，爲何這些卦的方向都和我們日常生活的方向正好相反，其卦的方向正好與地球的東、西、南、北均是相反，正如同我們面對鏡子般，上下左右正好相反；若還不清楚，您就將八卦拿到您的頭上往天空看去，這時所有的方向就都是地球實際的方向了。

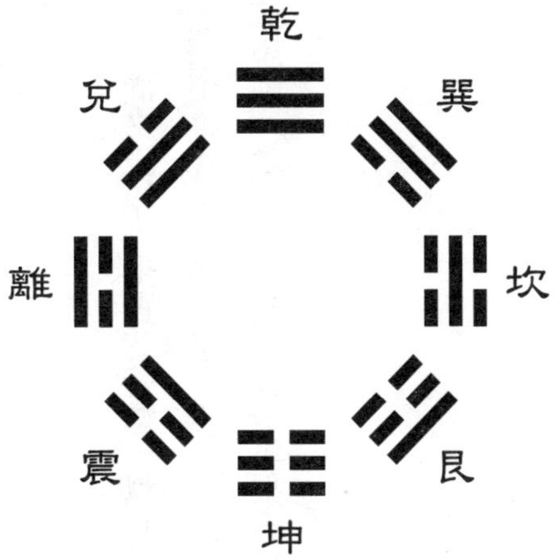

（圖二）伏羲八卦

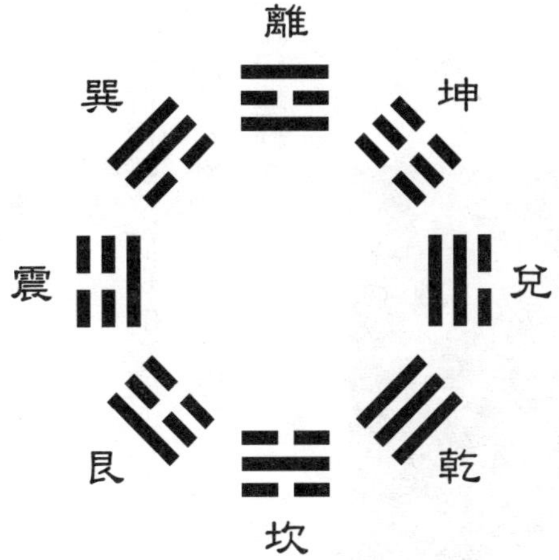

（圖三）文王八卦

易經八卦在變化過程中是不重複的，變化是對乘性、平衡性、協調性的，必須了解易經中各種基本的規律，在周易本義中，其開頭就說明河圖、洛書、八卦及孔子所寫的十翼（象、彖、繫辭上下、說卦、雜卦、文言等）。均明白的說明寫出，要後人細嚼慢嚥的來學習，才能來了解其真正的本義，在運用上才不會有混淆不清的困惑產生。

在雜卦傳中第二章：「天地定位、山澤通氣，雷風相薄，水火不相射」。這裏指乾、坤（天地定位）及坎、離（水火不相射）四卦是不動，震、巽（雷風相薄）。艮、兌（山澤通氣），這四個卦是屬於變動的，相互交融的。

在先天卦中乾、坤、坎、離可指爲陽卦，而巽、兌、艮、震爲陰卦變化之卦，所以陽爲奇數，陰爲偶數。乾、坤、坎、離只有變化一次就可以，而巽、兌、震、艮則要變化二次。

在人事上的表現，如孔子曰：『女子，小人難養也。』就是指，女子及小人說話經常變，這裏指是女人及小人所說的話，反覆無常之意，所以多變爲陰卦；而陽卦只變化一次，有如君子決定就不變，正如君子『一言九鼎』、『一言既出，駟馬難追』，依所決定的事去做，就不會更改，這是陽卦的表現，與陰卦現象是不同的。

筆者認爲若是以卦象，來作爲一個文字字母符號的運用，當然也是要符合一些天地間的運轉規則，尤其是陰陽五行的取算，更是完全依循著大自然的真理來定義，所以如何以八個卦象來配合陰陽五行，甚至是天地萬物的象徵運用，就是需要很有智慧的定義運用了。

周文王以大聖賢的智慧，幫我們完成了這一個複雜又簡單的定義，完成了這一系列的邏輯推算，而制訂了「後天八卦」的百象運用，也密切結合了陰陽五行和洛書數的運算規則，奠定下中國這五千年來最精彩的文化命理經典之學說。

第八講之一 易經繫辭傳 原文和注譯

【繫辭傳導讀說明】

在「十翼傳」之中，對於易經最有時代影響性的註解，莫過於「孔子」所寫的這篇「繫辭傳」了！孔子能成爲中國文化歷史上的「至聖先師」，當然有它的時代環境背景因素，不是我們討論的重點，但是不可否認的「易經」也是因爲孔子的認同，而正式被列入了「經典之學」，成爲科舉殿堂上的重要學說，不再淪爲卜筮算命之說，雖然這仍是易經的最大功能和精神。

所以在詳細研讀「周易經傳」之前，筆者非常建議讀者，必須先來好好的來讀一讀這篇「繫辭傳」，才能對「周易經傳」建立起大概的瞭解和認識，對於「經傳」的學習絕對是有很大的幫助！

【繫辭傳上傳】

第一章

【原文】

天尊地卑，乾坤定○1矣。卑高以陳○2，貴賤位矣。動靜有常○3，剛柔斷○4矣。方○5以類聚，物以群分，吉凶生矣。在天成象，在地成形，變化見○6矣。

【注釋】

01定：確定。相對成立。02陳：陳列。03常：恆常的規律。04斷：分。差別。05方：道，志之所向。06見：現，顯現。

【原文】

是故剛柔相摩01，八卦相盪02，鼓之以雷霆，潤之以風雨，日月運行，一寒一暑，乾道成男，坤道成女。

【注譯】

01摩：摩擦、作用、交感。02盪：推移、鼓動。

【原文】

乾知01大始02，坤作03成物。乾以易04知，坤以簡05能06。易則易知，簡則易從，易知則有親，易從則有功，有親則可久，有功則可大，可久則賢人之德，可大則賢人之業。易簡而天下之理得矣，天下之理得，而成位07乎其中08矣。

【注譯】

01知：主、爲，或爲性體。02大始：猶言「太始」、創始，或解釋成「大明終始」。03作：作用。04易：平易。05簡：容易。06能：實踐、從事。07成位：確定人的地位與功能。08其中：指天地之中。

第二章

【原文】

聖人設○1卦觀象○2，繫辭○3焉而明吉凶；剛柔○4相推而生變化○5。是故吉凶者，失得之象也。悔吝者，憂虞之象也。變化者，進退之象也。剛柔者，晝夜之象也。六爻之動，三極之道也。

【注釋】

01設：畫、創立。02象：物象、天象。03繫辭：連繫於卦爻後的文辭，即是卦辭、爻辭。04剛柔：指陰陽六爻。05變化：指爻位的升降。06三極：指天、地、人三才。

【原文】

是故君子所居而安者，易之序○1也，所樂而玩○2者，爻之辭也。是故君子居，則觀其象而玩其辭，動則觀其變而玩其占○3。是以自天祐之，吉无不利○4。

【注譯】

01序：指易卦的爻位次序。02樂而玩：喜愛而把玩揣摩。03占：卦變。04自天祐之二句，爲大有卦上九爻爻辭。

第三章

【原文】

彖○1者，言乎象者也；爻○2者，言乎變者也。吉凶者，言乎其失得也；悔吝者，言乎其小疵○3也；无咎者，善補過也。是故列貴賤者存乎位○4；齊

5小大者存乎卦；辨吉凶者存乎辭；憂悔吝者存乎介○6；震○7无咎者存乎悔。是故卦有小大，辭有險易○8。辭也者，各指其所之○9。

【注譯】

01象：批斷、說明。02爻：爻辭。03小疵：小毛病。04位：爻位的次序。05齊：比較或排列。06介：細微、剎那間。07震：戒慎恐懼。08險易：險難或平坦。09所之：所應遵行的正路。

第四章

【原文】

易與天地準○1，故能彌綸○2天地之道。仰以觀於天文○3，俯以察於地理○4，是故知幽明之故○5。原○6始反○7終，故知死生之說。精氣為物，游魂為變，是故知鬼神○8之情狀。

【注釋】

01準：等同、齊準。02彌綸：遍及、遍滿。03天文：指日月星辰等天象。04地理：指山川文物的形勢。05故：緣故、原因。06原：推究。07反：反求。08鬼神：指陰陽變化。

【原文】

與天地相似，故不違○1。知周○2乎萬物而道濟天下，故不過○3。旁行○4而不流○5，樂天知命，故不憂。安土○6敦○7乎仁，故能愛。

【注譯】

01不違：不違背天地自然法則。02周：周遍。03不過：中和也，陰陽、剛柔、知行中和。04旁行：普遍地推行。05不流：留戀不返，沉迷不拔。06安土：安於所置身的環境。07敦：敦厚。

【原文】

範圍01天地之化而不過，曲成02萬物而不遺03，通乎晝夜之道而知04，故神无方05而易无體06。

【注譯】

01範圍：規範、涵蓋。02曲成：任其成就，任由發展。03遺：遺漏。04知：知曉。05神無方：神妙而變化莫測，不拘於一方。06無體：沒有固定的形體，沒有不變的原則。

第五章

【原文】

一陰一陽之謂道。繼01之者，善也，成02之者，性也。仁者見之03謂之仁，知04者見之謂之知，百姓日用而不知。故君子之道鮮05矣。

【注譯】

01繼：不中斷。承斷。02成：生成。完成。03之：指陰陽化生萬物之理。04知：通智。05鮮：少。少爲人知。

【原文】

顯諸仁○1，藏諸用○2。鼓○3萬物而不與聖人同憂○4，盛德大業至矣哉。富有○5之謂大業，日新○6之謂盛德。生生○7之謂易。成象○8之謂乾，效法○9之謂坤。極數○10知來○11之謂占，通變之謂事○12，陰陽不測○13之謂神○14。

【注釋】

○1顯諸仁：顯，自內而外；仁，謂生生造化之體。○2藏諸用：藏，自外而內。用，化生萬物的功用。○3鼓：鼓動、催生。○4憂：聖人憂道之不行。○5富有：無所不包，豐富其所有。○6日新：日日開創更新。○7生生：生之又生，永不止息。○8成象：天道的功能，乃生成萬物。○9效法：地道的作用，在於輔助成長萬物。○10極數：窮究爻象的理數。○11知來：預測未來之事。○12事：事象、事態。○13不測：不可測定。○14神：神奇、神妙。

第六章

【原文】

夫○1易，廣矣，大矣！以言乎遠則不禦○2，以言乎邇○3則靜而正○4，以言乎天地之間則備矣。夫乾，其靜也專○5，其動也直○6，是以大○7生焉。夫坤，其靜也翕○8，其動也闢○9，是以廣生焉。廣大配天地，變通配四時，陰陽之義配日月，易簡之善配至德。

【注譯】

01夫：發語詞，無義。02不禦：沒有止境，無遠弗屆。03邇：近處。04靜而正：虛靜無欲，守正不阿。05專：純一不雜。06直：剛正，不止息。07大：生生之德。08合：閉合。收斂、09闢：開，生機展現。

第七章

【原文】

子01曰：「易其至02矣乎！夫易，聖人所以崇德而廣義也。知03崇禮卑04，崇效天，卑法地。天地設位，而易行乎其中05矣。成性06存存07，道義之門。」

【注譯】

01子：指孔子。02至：偉大、高明。03知：知通智，智性也。04禮卑：禮以卑為貴。05其中：天地之中。06成性：保存成就廣大的善性。07存存：指不斷蘊育累積，生生不已。

第八章

【原文】

聖人有以見天下之賾01，而擬02諸其形容03，象其物宜，是故謂之象。聖人有以見天下之動，而觀其會通04，以行其典禮，繫辭05焉以斷其吉凶，是故謂之爻。言天下之至賾而不可惡06也，言天下之至動而不可亂也。擬07之而後言，議08之而後動，擬議以成其變化。

【注譯】

01賾：深奧複雜，幽暗難見。02擬：模擬、比擬。03形容：形態、容貌。04會通：會合變通，相合相宜之理。05繫辭：連繫於卦爻下之文辭，即卦爻辭。06惡：厭惡、厭倦。07擬：比照。08議：評量，計劃周詳。

【原文】

「鳴鶴在陰01，其子和之，我有好爵02，吾與爾靡03之」。子曰：「君子居其室，出其言善，則千里之外應之，況其邇者乎？居其室，出其言不善，則千里之外違之，況其邇者乎？言出乎身，加乎民，行發乎邇，見乎遠。言行，君子之樞機04，樞機之發，榮辱之主05也。言行，君子所以動06天地也，可不慎乎。」

【注譯】

01鳴鶴在陰下四句，是引自中孚卦九二的爻辭。02爵：酒杯，此指酒。03靡：一同、共同。04樞機：關鍵、主導中心。05動：影響、感動。06主：控制、操縱。

【原文】

「同人，先號咷而後笑01」。子曰：「君子之道，或出02或處03，或默或語，二人同心，其利斷金，同心之言，其臭04如蘭。」

【注譯】

01同人二句：是引自同人卦九五的爻辭。02出：對應於塵俗，即出仕為官。03處：遁世隱居。04臭：聞到的氣味。

【原文】

「初六，藉用自茅，無咎○1」。子曰：「苟錯○2諸地而可矣，藉○3之用茅，何咎之有，慎之至也。夫茅之為物薄，而用可重也。慎斯術○4也以往，其无所失矣。」

【注譯】

○1初六三句：此爲大過卦初六爻辭。○2錯：放置。○3藉：墊著。○4斯術：這種方法。

【原文】

「勞謙，君子有終，吉○1」。子曰：「勞而不伐○2，有功而不德○3，厚之至也。語言其功下人者也。德言盛，禮言恭。謙也者，致恭以存其位者也。」

【注譯】

○1勞謙三句：此爲謙卦九三爻辭。○2伐：誇耀。○3不德：不以德自居。

【原文】

「亢龍有悔○1」。子曰：「貴而無位○2，高而无民，賢人在下位而无輔，是以動而有悔也。」

【注譯】

○1亢龍有悔：此爲乾卦上九爻辭。○2貴而無位四句：見於《乾卦文言》。

【原文】

「不出戶庭，無咎○１」。子曰：「亂之所生也，則言語以為階○２。君不密則失臣，臣不密則失身，幾事○３不密則害成，是以君子慎密而不出○４也。」

【注譯】

01不出戶庭二句：此爲節卦初九爻辭。02階：原因、媒介。03幾事：政務之事，事幾也。04出：洩漏。

【原文】

子曰：「作易者其知盜乎？易曰：『負且乘，致寇至』○１。負○２也者，小人之事也；乘也者，君子之器也。小人而乘君子之器○３，盜思奪之矣。上慢○４下暴，盜思伐之矣。慢藏○５誨盜○６，冶容○７誨淫。易曰：『負且乘，致寇至』。盜之招也。」

【注譯】

01負且乘，致寇至：此爲解卦六三爻辭。02負：背著。肩扛著。03器：車具。04慢：輕忽、褻瀆。05慢藏：收藏財物太輕意隨便。06誨盜：引起爭奪。07冶容：指女子打扮妖冶。

第九章

【原文】

天一，地二，天三，地四，天五，地六，天七，地八，天九，地十○1。天數五，地數五，五位相得而各有合。天數二十有五，地數三十，凡天地之數五十有五，此所以成變化而行鬼神○2也。

【注譯】

01天一等十句：爲河圖之十個數。天爲陽數，陽數屬奇。地爲陰數，陰數屬偶。

02鬼神：造化。

【原文】

大衍○1之數五十，其用四十有○2九，分而為二以象兩○3，掛一以象三○4，揲○5之以四以象四時，歸奇○6於扐○7以象閏，五歲再閏，故再扐而後掛。

【注釋】

01衍：演繹。02有：通「又」。03兩：天地兩儀。04三：天、地、人三才。05揲：分數蓍策。06奇：剩餘的蓍策。07扐：夾於手指間。

【原文】

乾之策，二百一十有六○1，坤之策百四十有四○2，凡三百有六十，當期○3之日。二篇之策，萬有一千五百二十○4，當萬物之數也。是故四營○5而成易，十有八變而成卦○6。八卦而小成○7。引而伸之，觸類○8而長之，天下之能事畢矣。

【注譯】

01乾之策二百一十有六：指乾卦由老陽爻組成，凡老陽爻皆從三變揲算過的三十六策而來，故六爻共合二百一十六策。02坤之策百四十有四：指坤卦由老陰爻組成，凡老陰爻皆從三變揲算過的二十四策而來，故六爻共合一百四十四策。03期：一周年。04二篇之策二句：二篇指《周易》上下經。其有六十四卦，陰爻、陽爻各一百九十二，陽爻乘以三十六，陰爻乘以二十四，其和即爲此數。05四營：四次營求。即上文所言分二、卦一、揲四、歸奇這四道揲筮程序。06十有八變而成卦：指四營爲一變，三變得一爻，一卦六爻，故十八變而成一卦。07八卦而小成：指九變可成三爻，得八純卦之一，八卦尚未盡萬物情理，故曰小成。08觸類：遇上類似的事物。

【原文】

顯道01神02德行，是故可與酬酢03，可與佑神04矣。子曰：「知變化之道者，其知神之所為乎？」

【注譯】

01顯道：顯發大道的作用。02神：向上提昇。當作動詞用。03酬酢：應對、周旋。04佑神：輔助神靈。

第十章

【原文】

易有聖人之道四焉○1，以○2言者尚○3其辭，以動○4者尚其變○5，以制器○6者尚其象，以卜○7筮○8者尚其占。

【注譯】

01四焉：即「辭」、「變」、「象」、「占」。02以：用於。03尚：取法。04動：指有所作爲。05變：指卦爻的變化。06器：器物、工具。07卜：指龜甲上的占卜法。08筮：指蓍草的占卜法。

【原文】

是故君子將有為也，將有行也，問焉而以言。其受命如嚮○1，无有遠近幽深，遂知來物○2，非天下之至精○3，其孰能與○4於此？

【注譯】

01嚮：如構之應聲。02來物：未來的事物。03至精：至爲精深。04與：達到。

【原文】

參○1伍○2以變，錯○3綜○4其數。通其變，遂成天地之文○5；極其數，遂定天下之象。非天下之至變，其孰能與於此？

【注譯】

01參：參與、相互。02伍：排列成行。03錯：參雜、相間。04綜：條理一貫。05文：文采、特色。

【原文】

易无思○1也，无為○2也，寂然不動，感○3而遂通天下之故○4，非天下之至神，其孰能與於此。?

【注譯】

01無思：是指無念。02無爲：是指無造作。03感：陰陽互感。04故：原故、事故。

【原文】

夫易，聖人之所以極深而研幾○1也。唯深也，故能通天下之志○2。唯幾也，故能成天下之務。唯神○3也，故不疾而速，不行而至。子曰：「易有聖人之道四焉者。」此之謂也。

【注譯】

01幾：動之微。02志：心意。03神：神妙。

第十一章

【原文】

子曰：「夫易何為者也？夫易，開物○1成務○2，冒○3天下之道，如斯而已者也」。是故聖人以通天下之志，以定天下之業，以斷天下之疑。

是故著○4之德圓而神○5，卦之德方以知○6，六爻之義易以貢○7。聖人以此洗心○8，退藏於密○9，吉凶與民同患，神以知來，知以藏往○10。

其孰能與於此哉？古之聰明睿知，神武而不殺○11者夫！

【注譯】

01開物：開創萬物。02成務：成立政務教化。03冒：包括、涵蓋。04蓍：蓍策之占。05圓而神：圓通而神妙。06方以知：方正而明智。07易以貢：平易而有功用。08洗心：去除心中的執著成見。09密：自性幽隱處。010藏往：包羅過去的經驗。011神武而不殺：仁者無敵之意，大仁的表現。

【原文】

是以明於天之道○1，而察於民之故○2，是與神物○3以前○4民用，聖人以此齋戒○5，以神明○6其德夫。

【注譯】

01天之道：陰陽變化之道。02故：生活事務。03神物：蓍占等神通之物。04前：開發、開創。05齋戒：純淨心靈。06神明：神妙而清明。

【原文】

是故闔戶○1謂之坤，闢戶○2謂之乾，一闔一闢謂之變，往來不窮謂之通○3，見○4乃謂之象，形乃謂之器，制而用之謂之法，利用出入，民咸用之，謂之神。

【注譯】

01闔戶：關閉門戶。喻爲陰、潛藏，是爲坤德。02闢戶：打開門戶。喻爲陽、光明，是爲乾德。03通：感應通達。04見：通「現」。

【原文】

是故易有太極，是01生兩儀，兩儀生四象02，四象生八卦，八卦定吉凶，吉凶生大業03。是故法象04莫大乎天地，變通05莫大乎四時，縣象著明莫大乎日月，崇高莫大乎富貴，備物06致用，立成器以為天下利，莫大乎聖人。探賾07索隱08，鉤深致遠，以定天下之吉凶，成天下之亹亹09者，莫大乎蓍龜。

【注譯】

01是：指太極。02四象：爲太陽、太陰、少陽、少陰。03大業：開創萬事萬物的盛大事業。04法象：觀象取法。05變通：變化會通。06備物：畜養萬物。07探賾：探究複雜的事物。08索隱：索尋內蘊之理。09亹亹：勤勉之狀，指功業。

【原文】

是故天生神物01，聖人則之。天地變化，聖人效之。天垂象，見吉凶，聖人象02之。河出圖、洛出書，聖人則03之。

易有四象，所以示也。繫辭焉，所以告也，定之以吉凶，所以斷也。

【注譯】

01神物：指蓍龜。02象：仿效。03則：效法。

第十二章

【原文】

易曰：「自天祐之，吉无不利。」01子曰：「祐者，助也。天之所助者，順02也。人之所助者，信也。履信03思乎順，又以尚賢也，是以自天祐之，吉无不利也。」

【注譯】

01自天祐之二句：此爲大有卦上九爻辭。02順：順於天理時運。03履信：實踐誠信。

【原文】

子曰：「書01不盡言02，言不盡意。」然則聖人之意，其不可見乎？子曰：「聖人立象以盡意，設卦以盡情僞03，繫辭焉以盡其言，變而通之以盡利，鼓之舞之以盡神04。」

【注譯】

01書：文字。02盡言：完全表達意念。03情僞：情指實質、情態。僞指作爲。

04盡神：完全地發揮天道生生之妙德。

【原文】

乾坤其易之縕01邪？乾坤成列，而易立乎其中矣。乾坤毀則无以見易，易不可見，則乾坤或幾02乎息矣。是故形而上03者謂之道，形而下04者謂之器，化05而裁06之謂之變，推而行之謂之通，舉而錯之天下之民謂之事業。

【注釋】

01縕：通「蘊」，含藏。02幾：接近。03形而上：形的向上提昇。指超出具體形態之能量、道體。04形而下：形的向下落實，指有形物象。05化：化育、運化。06裁：裁製成。

【原文】

是故夫象，聖人有以見天下之賾，而擬諸其形容，象其物宜，是故謂之象。聖人有以見天下之動，而觀其會通，以行其典禮，繫辭焉，以斷其吉凶，是故謂之爻。

極天下之賾者存乎卦，鼓天下之動者存乎辭。化而裁之存乎變，推而行之存乎通，神而明之，存乎其人，默而成之，不言而信，存乎德行。

【注譯】

此段經文與第八章雷同，可參考該章注釋。

【易經繫辭傳 原文和注譯　繫辭下傳】

第一章

【原文】

八卦成列○1，象在其中矣，因而重之○2，爻在其中矣。剛柔○相推，變在其中矣，繫辭焉而命之○4，動在其中矣。吉凶悔吝者，生乎動者也，剛柔者，立本者也！變通者，趣時○5者也。

【注釋】

01成列：排定。02重之：將八個純卦相重疊成爲六十四卦。03剛柔：指剛爻與柔爻。即陽爻與陰爻。04命之：說明其作用功能。05趣時：進退取捨合乎時宜。趣同「趨」。

【原文】

吉凶者，貞勝○1者也，天地之道，貞觀○2者也，日月之道，貞明○3者也，天下之動，貞夫一○4者也。

【注譯】

01貞勝：以至正之理得以無往不利。02貞觀：以至正之理觀照天下。03貞明：以至正之理光被天下。04貞夫一：至正之理在於一。

【原文】

夫乾，確然○1示人易○2矣。夫坤，隤然○3示人簡○4矣。爻也者，效此者也；象也者，像此者也。爻象動乎內○5，吉凶見乎外○6，功業見乎變，聖人之情○7見乎辭。

【注譯】

01確然：剛健、堅固之意。02易：平易。03隤然：安靜、柔順之意。04簡：簡約、簡易。05內：指卦內。06外：指卦外。07情：心志。

【原文】

天地之大德曰生○1，聖人之大寶○2曰位。何以守位○3曰仁，何以聚人曰財。理財正辭○4，禁民為非曰義。

【注譯】

01生：指生化萬物。02大寶：最爲珍貴者。03守位：守住地位。04正辭：端正言語。

第二章

【原文】

古者包犧氏○1之王○2天下也，仰則觀象於天，俯則觀法於地，觀鳥獸之文○3，與地之宜，近取諸身○4，遠取諸物，於是始作八卦，以通神明之德，以類○5萬物之情。

【注譯】

01包犧氏：即伏羲氏。02王：爲王，治理。03文：通「紋」。紋理、紋彩。04身：己之身。05類：按類區分。

【原文】

作結繩而為罔罟01，以佃02以漁，蓋取諸離03。包犧氏沒，神農氏作，斲04木為耜05，揉木為耒06，耒耨07之利，以教天下，蓋取諸益08。日中09為市，致天下之民，聚天下之貨，交易而退，各得其所，蓋取諸噬嗑010。

【注譯】

01罔罟：罔同「網」。罟，網的總稱。02佃：指田。田獵。03離：六十四卦之一，上下皆離，象徵附麗。04斲：砍削。05耜：犁頭。06耒：犁柄。07耨：除草之器。08益：六十四卦之一，象徵增益。益卦下震爲動，上巽爲木，爲人，猶耒耜等木製農具上人下動。09日中：日正當中，即中午。010噬嗑：六十四卦之一，象徵咬合。噬嗑卦上離爲日，下震爲動爲出，猶如日中動出爲市。

【原文】

神農氏沒，黃帝、堯、舜氏作01。通其變，使民不倦，神而化之02，使民宜之。易窮03則變。變則通，通則久，是以自天祐之，吉无不利。黃帝、堯、舜垂衣裳而天下治，蓋取諸乾坤04。

【注譯】

01作：興盛。02神而化之：使器物的動能達於精妙。03窮：極點。04乾坤：爲六十四卦的首兩卦，象徵天地陰陽。

【原文】

刳○1木為舟，○2剡木為楫，舟楫○3之利，以濟不通，致遠以利天下，蓋取諸渙○4。服牛○5乘馬，引重致遠，以利天下，蓋取諸隨○6。重門擊柝○7，以待暴客○8，蓋取諸豫○9。斷木為杵○10，掘地為臼○11，臼杵之利，萬民以濟，蓋取諸小過○12。弦木為弧，剡木為矢，弧矢之利，以威天下，蓋取諸睽○13。

上古穴居而野處，後世聖人易之以宮室，上棟下宇○14，以待風雨，蓋取諸大壯○15。古之葬者，厚衣之以薪，葬之中野，不封不樹，喪期无數○16，後世聖人易之以棺槨○17，蓋取諸大過○18。上古結繩而治，後世聖人易之以書契○19，百官以治，萬民以察，蓋取諸夬○20。

【注譯】

○1刳：剖破、挖空。○2剡：削使薄。○3楫：槳。○4渙：渙卦，上巽爲木，下坎爲水，木行水上，有舟楫之象。○5服牛：用牛駕車。服，駕。○6隨：隨卦，上兌象悅，下震爲動，猶牛馬下行而乘者悅於上。○7柝：古代巡夜報更示警的木梆。○8暴客：指盜寇。○9豫：豫卦，下坤爲闔閉之門戶，重門之象，上震爲動，有擊柝之象。○10杵：搗米的木梓。○11臼：舂米的容器。○小過：小過卦，上震爲動，象杵之動於上，下艮爲止，象臼之止於下，所以有杵臼之象。○13睽：睽卦，上離象甲冑戈兵。下兌有毀折之象，故睽有以弧矢甲兵威天下之象。○14宇：屋簷。○15大壯：大壯卦，上震爲動，象風雨雷霆於上，下乾爲健，象棟宇壯健而禦於下，所以取象大壯。○16數：限期。○17槨：外棺。○18大過：大過卦，下巽爲木，上兌爲澤爲穴，猶棺木在墓穴之中。○19書契：指文字。契，刻。古代用刀將字刻在龜甲、獸骨上。02決：決卦，上兌爲悅，爲言語，可通彼此之情，書之象也。下乾爲健固，可以堅彼此之信，有契書之象。

第三章

【原文】

是故易者，象也，象也者，像01也。彖02者，材03也。爻也者，效天下之動者也。是故吉凶生而悔吝著04也。

【注譯】

01像：藍圖。臨摹。02象：指卦辭。03材：通「裁」，裁斷。04著：顯明。

第四章

【原文】

陽卦01多陰，陰卦02多陽，其故何也？陽卦奇03，陰卦耦04，其德行何也，陽一君而二民05，君子之道也，陰二君而一民06，小人之道也。

【注譯】

01陽卦：指震、坎、艮三卦。02陰卦：指巽、離、兌三卦。03奇：是指陽卦以陽爻爲主，陽爻是一畫，爲奇。04稱：是指陰卦以陰爻爲主，陰爻是一書，爲耦。05一君而二民：陽爻爲君，陰爻爲民，陽卦中一陽爻二陰爻，故一君而二民。06二君而一民：指陰卦二陽爻而一陰爻。

第五章

【原文】

易曰：「憧憧往來，朋從爾思。」01子曰：「天下何思何慮？天下同歸而殊塗02，一致而百慮03。天下何思何慮！日往則月來，月往則日來，日月相推而明生焉。寒往則暑來，暑往則寒來，寒暑相推而歲成焉。往者屈也04，來者信也05，屈信相感而利生焉。尺蠖06之屈，以求信也，龍蛇之蟄07，以存身也。精義入神08，以致用也，利用安身，以崇德也，過此以往，未之或知也，窮神09知化，德之盛也。」

【注譯】

01憧憧往來二句：此爲咸卦九四爻辭。02同歸而殊塗：猶言殊塗而同歸。03一致而百慮：猶言百慮而一致。04往者屈也：屈爲收縮，指陰的潛伏。05來者信也：信即古伸字，指陽的作用。06尺蠖：即毛蟲之類，行走時，肢體一屈一伸。07蟄：藏也。動物冬眠時的狀態。08入神：進入神妙的境地。09窮神：窮極神妙之理。

【原文】

易曰：「困於石，據于蒺藜，入于其宮，不見其妻，凶。」子曰：「非所困而困焉，名必辱，非所據而據焉，身必危。既辱且危，死期將至，妻其可得見邪？」

【注譯】

01困于石五句：此爲困卦六三爻辭。

【原文】

易曰：「公用射隼于高墉之上，獲之，无不利。」０１子曰：「隼者，禽也。弓矢者，器也。射之者，人也。君子藏器于身，待時而動，何不利之有？動而不括０２，是以出而有獲，語成器０３而動者也。」

【注譯】

０1公用射集子高墉之上三句：此爲解卦上六爻辭。０2括：阻塞。０3成器：已成的器物，善於守藏，適時而用。指弓矢之類。

【原文】

子曰：「小人不恥不仁，不畏不義，不見利不勸，不威不懲。小懲而大誡，此小人之福也。易曰：『０１履校滅趾，无咎。』此之謂也。」

【注譯】

０1履校滅趾二句：引自噬瞌卦初九爻辭。

【原文】

「善不積，不足以成名，惡不積，不足以滅身。小人以小善為無益而弗為也，以小惡為無傷而弗去也，故惡積而不可掩０１，罪大而不可解。易曰：『何校滅耳，凶。』０２」

【注譯】

０1掩：掩飾。０2何校滅耳凶：引自噬磕卦上九爻辭。

【原文】

子曰：「危者，安其位者也。亡者，保其存者也。亂者，有其治者也。是故君子安而不忘危，存而不忘亡，治而不忘亂，是以身安而國家可保也。易曰：『其亡其亡，繫于苞桑。』01」

【注譯】

01其亡其亡三句：引自否卦九五爻辭。

【原文】

子曰：「德薄而位尊，知01小而謀大，力小而任重，鮮不及02矣。易曰：『鼎折足，覆公餗，其形渥，凶03。』言不勝其任也。」

【注譯】

01知：通「智」。02不及：指不及於災禍。03鼎折足四句：引自鼎卦九四爻辭。

【原文】

子曰：「知幾01其神乎！君子上交不諂，下交不瀆02，其知幾乎！幾者，動之微，吉之先見03者也。君子見幾而作04，不俟05終日。易曰：『介于石，不俟終日，貞吉。』06介如石焉，寧用終日？斷可識矣。君子知微知彰07，知柔知剛，萬夫之望08。」

【注譯】

01幾：動之微，先機。02瀆：傲慢輕規。03見：同「現」。04作：興起，行動。05俟：等待。06介于石三句：引自豫卦六二爻辭。07彰：顯明。08望：景仰。

【原文】

子曰：「顏氏之子○1，其殆○2庶幾○3乎！有不善，未嘗不知，知之未嘗復行也。易曰：『不遠復，无祇悔，元吉。』」○4

【注譯】

01顏氏之子：指孔子的弟子顏回。02殆：大概，恐怕。03庶幾：接近，此指接近於完美。04不遠復三句：引自復卦初九爻辭。

【原文】

「天地絪縕○1，萬物化醇○2，男女構○3精，萬物化生。易曰：『三人行，則損一人，一人行，則得其友。』○4言致一也。」

【注譯】

01絪縕：又作「氤氳」。此指陰陽二氣之交感。02化醇：指萬物化育成熟。03構：交合。04三人行四句：引自損卦六三爻辭。

【原文】

子曰：「君子安其身○1而後動，易其心○2而後語，定其交○3而後求，君子修此三者，故全○4也。危以動，則民不與也。懼以語，則民不應也。无求而交○5，則民不與也。莫之與，則傷之者至矣。易曰：『莫益之，或擊之，立心勿恆，凶。』○6」

【注釋】01安其身：指先充實自己。02易其心：指平易其心。03定其爻：彼此間的誠信。04全：圓滿不偏失。05無交而求：上與下之觀念情感不能交流溝通。06莫益之四句：引自益卦上九爻辭。

第六章

【原文】

子曰：「乾坤其易之門邪！」乾，陽物也，坤，陰物也。陰陽合德，而剛柔有禮，以禮○1天地之撰○2，以通神明之德。其稱名○3也，雜而不越，於稽○4其類，其衰世之意邪！夫易，彰○6往而察來，而微顯闡幽。開而當名○7辨物，正言斷辭，則備矣。其稱名也小，其取類也大，其旨遠，其辭文○8，其言曲而中○9，其事肆○10而隱。因貳○11以濟民行，以明失得之報。

【注譯】

○1體：體現。○2撰：事理術數、作用。○3稱名：卦名的稱呼。○4不越：不相逾越而紊亂。○5稽：考察。○6彰：明顯。○7當名：名副其實。○8辭文：有優雅的文采。○9曲而中：曲折而切中事理。○10肆：直陳，直接明白。○11貳：指或吉或凶兩方面。

第七章

【原文】

易之興也，其於中古○1乎！作易者，其有憂患乎！是故，履，德之基○2也。謙，德之柄○3也。復，德之本也。恆，德之固○4也。損，德之修○5也。益，德之裕○6也。困，德之辨○7也。井，德之地○8也。巽，德之制○9也。

【注釋】

０１中古：指商末周初文王之時。０２基：起步、根基。０３柄：握柄。柄可執握，故言。０４固：鞏固、堅守。０５修：修養、培養。０６裕：發展、擴大。０７辨：分辨、考驗。０８地：處所。０９制：制宜。

【原文】

履，和而至０１。謙，尊而光０２。復，小０３而辨於物。恆，雜而不厭０４。損，先難而後易。益，長裕而不設０５。困，窮而通。井，居其所而遷。巽，稱而隱０６。

履以和行，謙以制禮０７，復以自知，恆以一德，損以遠害０８，益以興利，困以寡怨，井以辨義０９，巽以行權０１０。

【注譯】

０１和而至：和諧而達到目的。０２尊而光：在尊位者如能行謙，則愈能發露其德光。０３小：指細微的徵兆。０４雜而不厭：指於複雜的情況下恆守正道而不厭倦。０５６長裕而不設：長期的進德修業而無止境。０稱而隱：順天應人而不露鋒芒。０７制禮：制定禮節規範。０８遠害：遠離禍患。０９辨義：辨明道義。０１０行權：行權變之宜。

第八章

【原文】

易之為書也，不可遠０１。為道也屢遷，變動不居０２，周流六虛０３，上下无常，剛柔相易，不可為典要０４，唯變所適０５。其出入以度０６，外內〇7使知懼，又明於憂患與故〇8，无有師保〇9，如臨父母。初率其辭而揆〇10其方，既有典常〇11，苟非其人，道不虛行〇12。

【注釋】

01遠：遠離。02不居：不停止。03六虛：六爻之位。04典要：一定不變的原則。05唯變所適：唯順其適合的方式通變。06度：法則。07外內：指處世的進退或顯隱。08故：原委。09師保：師長。010揆：揆度、思索。011典常：規則。012虛行：虛設。

第九章

【原文】

易之為書也，原始〇1要終〇2，以為質〇3也。六爻相雜〇4，唯其時物也。其初難知，其上易知，本末也。初辭擬〇5之，卒〇6成之終。若夫雜物〇7撰德〇8，辨是與非，則非中爻不備。噫！亦要〇9存亡吉凶，則居可知矣。知〇10者觀其彖辭，則思過半矣！

二與四同功而異位，其善〇11不同，二多譽，四多懼，近〇12也。柔之為道，不利遠者〇13，其要无咎，其用柔中〇14也。

三與五同功而異位，三多凶、五多動，貴賤之等也。其柔危〇15，其剛勝邪！

【注譯】

01原始：推究事物之初始。02要終：探求事物的終結。03質：指卦體。04雜：陳列。05擬：擬議。06卒：最後。07雜物：陳列事物。08撰德：撰述表現陰陽之德性。09要：大要。010知：通「智」。011善：指吉凶得失。012近：指四爻靠近五爻君位。013遠者：指不宜獨自遠行於外或有大的作爲。014柔中：柔順而居中不偏。015柔危：指陰爻處於三或五位爲失位不正，可能有危險。

第十章

【原文】

易之為書也，廣大悉○1備。有天道焉，有人道焉，有地道焉，兼三才而兩之，故六。六者非它也，三才之道也。道有變動，故曰爻，爻有等○2，故曰物，物相雜，故曰文○3，文不當，故吉凶生焉。

【注譯】

01悉：全部。02等：指六爻上下之次序。03文：指事物相雜所構成之文理。

第十一章

【原文】

易之興也，其當殷之末世，周之盛德邪！當文王與紂之事邪！是故其辭危○1，危者使平○2，易○3者使傾○4。其道甚大，百物不廢。懼以終始，其要无咎，此之謂易之道也。

【注譯】

01危：警誡危懼。02平：平安。03易：輕忽簡慢。04傾：傾倒、覆亡。

第十二章

【原文】

夫乾，天下之至健也，德行恆易01以知險；夫坤，天下之至順也，德行恆簡以知阻。能說02諸心，能研諸（侯之）慮03，定天下之吉凶，成天下之亹亹04者。是故變化云為05，吉事有祥06。象事知器07，占事知來。

天地設位，聖人成能08，人謀鬼謀，百姓與能09。八卦以象告，爻彖010以情011言，剛柔雜居012，而吉凶可見矣。變動以利言，吉凶以情遷013，是故愛惡相攻014而吉凶生，遠近相取015而悔吝生，情偽相感而利害生。凡易之情016，近而不相得，則凶，或害之，悔且吝。

將叛者其辭慙017，中心018疑者其辭枝019，吉人之辭寡，躁人之辭多，誣善之人其辭游020，失其守021者其辭屈022。

【注譯】

01恆易：恆久而平易。02說：同「悅」。03諸侯之慮：一般認為「侯之」二字為衍文，當為「諸慮」。「諸侯之慮」即各種思慮。04亹亹：勤勉之狀。05云為：作用。06祥：祥瑞。07知器：知所制器。08成能：參予天地造化之動能。09與能：參與天地之化育。010爻象：爻辭與卦辭。011情：物情。指事物的具體情態。012雜居：爻錯於卦中。013情遷：事物的具體情態與變化。014愛惡相攻：指卦爻，陰遇陰、陽遇陽相惡而敵。陰遇陽、陽遇陰相愛而合。015遠近相取：遠，指上下卦爻位遠應。近，指相鄰近的爻近比。遠而相應或近而相比的取捨不當。016情：感應或情理。017慙：同「慚」。018中心：即心中。019枝：散亂無章。020游：游移不定。021失其守：違背職守。022辭屈：不能理直氣壯。

第八講之二　繫辭傳白話譯文註解

【繫辭上傳】

第一章

【白話譯文】

天在上而尊，地在下而卑，由於天地的分別，乾坤的性質就因此而確定了，天尊地卑的層次確定之後，卦象中的卦爻由下往上的貴賤等次，也就各居其位了。

由於乾動、坤靜，各有其常性和規律，因此在卦爻中，陽爻的剛性和陰爻的柔性，也就判然區分清楚了。剛柔既分，天生的賦性自有分別，於是君子就義，小人背理，各以品性的不同而來相聚合。

就好像牛入牛群、羊入羊群，也各以不同種類而有所分別。因此，就善者得善果；趨向惡者就會得惡報，吉凶之途也各自有所分別了。所以在天上的日月星辰、晦暗清明等一切現象，在地下的山川草木鳥獸等一切自然形態，其變化都會像這種自然的聚合習性，而呈現在眼前，當然也會清楚地顯露在卦象的卦爻之中。

【批註說明】

此段開宗明義就告訴我們，天下萬物各有其本性和層次，有如在八字命理之中所說的「本命元神」一般，所以萬物之間就會因此而產生「物以類聚」的習性來，但是有時這種習性有時自己是很難清楚的知道，所以神明和先佛菩薩才需要透過以卦象和爻相，所表達的義理來明白的指示我們，基本上還是告誡我們「天理昭彰、善惡分明」的真理。

【白語譯文】

所以，陽剛陰柔的相互感應相摩和，八卦天象的相推相盪，許多變化就來產生了。先是由震雷、離電所觸動產生的電能，而開始了萬物的生機，接著是由巽風、坎雨所產生的雨水，來滋潤了萬物的成長，再配以離日、坎月的日夜交替運行，一寒一暑的相消相長，最後再由陽剛的乾道，產生了屬於陽性的生物；陰柔的坤道，產生了屬於陰性的生物，像是男女、雄雌相合，萬物便從此有了生生不息的生育發展了。

【批註說明】

這一段許多人會將「八卦」誤以為是萬物生長的基礎，其實這是錯誤的！正確的觀念應該是陰陽五行，才是萬物生長演化的基礎，但是此時八卦就是代表著萬物的陰陽五行，代表著大自然界中八種自然的天象，所以這樣萬物衍生的道理，也是可以用八卦的互動關係來說明的。

【白語譯文】

乾的智性在於大明終始，坤的作用在於成長萬物。所以乾陽的作用，是以「平易」作為他的知性，而坤陰的作用，則以「簡易」作為他養育萬物的功能。人要效法乾坤這種「易、簡」的功能，行爲要像平易般的平實、明白、不虛僞，方法要像簡易般的簡單、清淡、不虛華。由於平易，才容易爲人所了解；由於簡易，才容易爲人所遵從。

容易被人所知道瞭解，大家彼此才會親和融洽；容易爲人所遵從效法，做事才能有功效。能親和融洽，事業才可能發展遠大，所以能長久的經營，才是賢人的美德；能有遠大寬廣的發展，才是賢人的志業，所以能「平易」和「簡易」，便能夠契合天下萬物的事理法則，能夠把握天下萬物的事理法則，便可以和天地共參造化了。

【批註說明】

乾爲天，在此所說的是一種屬於「天人、神佛」的智慧；坤爲地，就是凡人世間的種種行爲了。孔子告訴我們凡事要能「清心寡欲」、「不貪不著」，能以清楚明白的心思來做事、來和人相處、來規劃自己，就如同佛法中所說的「三業清淨」一般，才能得到可大、可久的天下真理。可是世人的心思早就遭受到「貪、嗔、癡、慢、疑」，諸般邪思雜念的污染和干擾了，要做到以上「簡易」、「平和」的真理法則，可就是很難了。

第二章

【白語譯文】

聖人在觀察宇宙間的各種物象之後，而創設了八卦與六十四卦，用來象徵代表天地之間的各種現象，再根據卦象來寫下文字，說明了事情吉凶發展的道理。再從陰陽的爻相的相互變化、推移、相互感應之中，來觀察事情未來吉凶變化的軌跡。

所以卦爻繫辭上的吉凶，是指人事上好壞得失的現象；悔吝，是指心念上憂慮的現象。卦爻上的變化，象徵陰陽、好壞氣運的前進或後退、或升或降；剛柔之間的變化則象徵了，好像白天、夜晚的交替一般。由此可見六爻之中變動的爻相，也好像是天地人三才致理中和的道理一般。

『批註說明』

聖人以卦象來象徵表達所有自然界中，和人事之間互動中各種吉凶好壞的變動，尤其是在六爻爻相中的變動，更是包含一切有形、無形之中天地人三才的契機和訊息。

【白語譯文】

所以君子能平時安詳地在他的居所來處身者，是在於明瞭了易卦的爻位次序而不心亂；而來品玩揣摩卦象的含意，喜悅快樂充實著他自己的心志，是在於體驗卦中的爻辭變化。因此君子在平時靜居時，應該要深入觀察學習卦象的卦意，進而來品玩爻辭的爻意吉凶變化。

以備未來在準備一些計畫行動時，就可以用占卜的儀軌來求卜出卦象，進一步觀察卦象中的吉凶變化，事先來審思詳細瞭解其中的吉凶。如果都能以這樣的方式來處身行事，便能得到諸天神佛的庇佑，人助天助般的一切順利，事事毫無困難了。

【批註說明】

此段告訴我們，在平常的時間要多來研究瞭解，卦象和卦爻上的各種意思，當有需要來做一些計畫和行動時，自然就可以得到先佛菩薩的事前指示和庇佑，當然就是事事平安、沒有憂患疑慮了。

第三章

【白語譯文】

「彖辭」的作用，是總論來說明一個卦象的直接意思；「爻辭」的性能，則是在表現爻相陰陽五行變化的規律。

卦辭上所謂的「吉凶」，就是指事情好壞的得失；所謂的「悔吝」，就是指我們所犯的過錯與不及的毛病；所謂的「無咎」，就是指我們的能再重新懺悔改過後的自新行為。所以要分判身份的貴賤高低，可以用（動爻）位在於爻位的等次來批斷；而要來知曉事情的大小、好壞，則是看每一個卦象，它所代表的不同卦意吉凶。想要明辨事情吉凶禍福的方法，須要詳細來瞭解，卦象卦爻中的卦辭和爻意。

所以如果擔心憂慮人生中，會有許多後悔、怨恨的事情，就要時時把握在那抉擇上善惡關鍵的一念之間；戒慎恐懼的想要使自己，不會遭受到麻煩和災禍，就須要時時存有自我懺悔的心意。

所以以卦象的卦意和爻辭來說，雖有大小、好壞、平坦、險惡之分，但就聖人論作卦象、爻辭的用心來看，都是為了在指點我們，應該要遵行的正路和真理。

【批註說明】

卦象中的卦意和爻相的辭意，都會各有不同的代表意思，來指示我們的「吉凶」、「悔吝」和「無咎」懺悔改過的方法。除了要瞭解卦意的代表含意外，更是要進一步去體會，先佛菩薩和諸聖人，流傳這一套易經的學問，來教導、引導我們來向善學習的慈悲心意。

第四章

【白語譯文】

易理是效法天地真理的，所以與天地變化的規則是相符合的，所以它的功能作用，在天地之間是無所不在，無所不貫通的。易理之所以能夠如此，是由於傳承下易經的聖人，首先對上能觀察天道間的各種現象，和日月、星辰的變化；對下能細察人文、風情地道的理路，和山川、文物的種種形勢。所以能夠知道宇宙間幽暗，與光明相繼相成的道理；進而能推源於萬物的初生開始，再來反求所有事物的最後結果，所以能夠來明瞭生死交替、存亡相續的生命道理。

例如，知道了無形的精氣，可投生轉化生成爲有形的物象；而散蕩無形的孤魂、靈魄，則可居於有形和無形的空間中來去變換，所以經由易經卦象的指示，甚至也能夠來知曉無形鬼神的各種變化情狀。

【批註說明】

萬物之中的生成變化，本來就有他存在的真理，有許多有形現象或是無形鬼神的存在，更是不容我們去忽視的，當然易經的卦象更是可以幫助我們，如何來瞭解這一些存在於虛空當中的鬼神靈氣，會對我們來產生什麼樣的吉凶影響。

【白語譯文】

易理既然是與天地真理相符合的，因此當我們在使用易卦占卜的方法時，必須一切作爲都不能違背天地的道理。然而要如何才能不違背呢？這就是我們的智慧、想法、心念，要像天道一樣寬廣能貫通萬物；而我們的行爲、生活、待人，更要像大地之母的慈悲心胸一樣能來普濟天下、照顧萬物眾生，這樣才不致於有逾越、自私、悖理的行爲。

而我們的志行雖然是要普濟天下眾生，但智慧卻是要向上提升，而不是要隨順世俗來浮沉，以致沉迷而不知回返自身的靈性清明智慧。

因此在我們的修養功夫上，要樂於天道的健行不息，以來知道自我生命的生生不已，而不爲一時生活中的困窮所擔憂。同時更要安惜於大地的滋養，取法於坤地，以輔助天道的生生之德，使我們的仁心更加厚德而能來兼愛眾生萬物。

「批註說明」

此段是讓我們來明瞭天地間的神明和先佛菩薩透過易卦，來訴說天下間的真理行爲，就是「仁愛、慈悲」的大道，能爲眾生來犧牲著想付出，不爲自己的私慾和私利，就不會做出違反天理的行爲來，而且還可以讓自己的智慧提升，不會再憂慮於人世間的種種困苦、悲傷、艱難的折磨中了。

【白語譯文】

效法天地的變化，做到和天地的變化完全相合，而且沒有絲毫超過的傲慢。使萬物生長，做到使萬物都能盡其本性的發展，而沒有壓抑遺漏的弊端。這些都是在於易理的含意中，使我們能瞭解晝夜等自然變化，背後大道的緣故。所以造物主的神性，是高深莫測、變化不定、不落形跡的，而能知神鬼的易理運用，也是要隨變化而變化，沒有固定的形體、和不變的原則的。

【批註說明】

這是說易理的不執著性，和易卦的通達性，都可以隨順著天地萬物來變化，因此不要過於執著、固執於，某一個卦意的吉凶解釋，要能去瞭解真正背後的因果問題，才是真正深入能解決到問題的癥結裡去的。

第五章

【白語譯文】

一陰一陽相互對待與作用就是爲「道」。承繼著道的真理，而來發展出萬物、眾生的生成根本，乃是生命的至善大德，而生命的完成後，就是該有人性的建立了。由於這個「道」所含括的範圍很廣大，因此仁慈的人只見到「仁」的一面，智慧的人只見到「知」的一面，人民百姓雖然日用生活都不離開這個「道」，卻很少有人能認知「道」的完整體性，因此聖人君子所追求的「道」是很少爲一般人所知道的呀！

【白語譯文】

這個「道」的真理，顯露出仁德養育生命的功能，化身於萬物運化的玄妙中。來造成帶動萬物的生機，都是出於無心而自然生成的，不像聖人那樣爲天下蒼生而有憂患意識的感受。

這個「道」體的盛德和大業，實在是太偉大了。由於它使萬物都能豐富擁有他所要的，所以我們稱它爲有「大業」；由於它使萬物都能每日開始更新延續他的生命，所以我們稱它爲有「盛德」。它之所以能如此，就是因爲它是天地間，很自然生成發展而成的易道啊！

這個來生成萬物、眾生的「道」，在卦象中我們稱之爲「乾」，就是「天」、「神明」、「佛」。這個來效法天道，養育成長萬物、眾生的，在卦象中我們稱之爲「坤」，就是「地」、「母親」、「鬼神」。

由於卦象中的卦爻，就是在描述這個生生不息的易道真理，所以我們從研究爻象的理數變化，來知道未來的變化，這叫做「占變之道」；從通達瞭解經文的理數道理，來知道人事互動間的變化，這叫「通變之事」。但須注意以上這些現像都是有無形的事跡可尋的，不要忘了在陰陽爻象、事理吉凶之上，還有一個陰陽不變的創造主體，那就是我們常說的「神鬼」、「仙佛」。

第六章

【白語譯文】

易理所來含括表達的事理，是非常廣博、偉大的，從遠處來說，它的道理是無遠弗屆，沒有任何阻礙的；從近處來說，它卻又是虛靜無欲、守正不阿的；從天地之間來說，卻是充滿於天地萬物，無所不在萬理具備的。易理之所以廣大，是由於乾道的陽剛健行的本質，在靜態時專一不雜；而在有動變之用時，又能直往無前，使生命得以光大發揚。而坤道的柔順本質，在靜態時深藏不露；在有動變之用時，又能萬機畢現，使生命得以綿延不絕。

所以易理的廣博偉大，有如天地間的變化通達，有如四時陰陽的調和得宜，有如日月的明暗交替；而「易、簡」的善良利益了眾生萬物的真理，更有如天地的慈悲大德。

第七章

【白語譯文】

孔子說：「易理實在是高明到了極點。聖人深研於易理，以來成就崇高的德行，和廣大的事業。」我們的智性要崇高，我們的禮儀要謙卑。崇高處要效法天道，那樣能生成像萬物般廣闊的胸懷；謙卑處要效法地道，那樣能心懷慈悲滋養成長萬物的善良。在天地崇卑之位確定之後，參天地化育的易道，也就能在天地之間發揮作用。所以我們能保存這一點天賦的人性，是人道之門，而能存續這一點人性加以推廣的，就是行義之門。

第八章

【白語譯文】

聖人因爲看出天下萬物的道理深奧複雜難懂，所以來模擬道理的型態，來描繪表達出他們內在所要表現、表達的現象，因此創設了八卦而稱之爲「卦象」。

聖人能看出天下萬物眾生人民的動作、行爲、變化，觀察它們後而有了融會和變通的理念，所以創設出典章禮制，以來使他們能依此典章禮制而有所遵行，這就是以繫辭來判斷人們行爲上吉凶的作法，在卦象中，指的就是爻辭的辭意。

由於聖人所說的，以卦象來描述天下間萬物各種實際的表相、行爲，因爲很清楚、簡要、明白，使百姓人民人不致於，因爲道理艱深難懂而厭倦；由於聖人所說的，是天下間萬物人民各種變化、動作、行爲的道理，從此道理的分辨暢通明白，使人民不會有混亂、是非不明的感覺。所以聖人是參照，萬物的實際真實的現象來說的，是根據萬物變化會通的道理來研擬創設，因此將這各種道理比擬爲「卦象」，定義爲「爻辭」，因此就能從卦爻的變化之中，來通曉瞭解到天下萬物眾生人民的心態、心思、志願和想法了。

【白語譯文】

《易經》中孚卦九二爻辭上說：「鶴在陰暗處長鳴，其子便引聲唱和；我有好酒一壺，願與你一同享受。」這是寫「同聲相應，同氣相求」的道理。孔子發揮說：「君子平日住在家中，如果所言都是合理有智慧的話，那麼在千里之外，都有人會望風來學習請教，更何況是近處呢？如果所言是不合理的話，那麼千里之外都會有人來反對、抗議的，更何況是近處呢？可見言語所能產生影響的道理，是發乎己身，卻能及於萬民；行為是始於近處，卻會影響到遠方。所以言語和道德行為兩項，是君子立身處世的關鍵。這個關鍵的心念一動，便會影響操縱了一個人的榮辱和品行、修為，可見有誠信的言語和行為，是君子所以能來感天動地、影響萬民的法寶，怎麼可以不慎重呢？」

【白語譯文】

《易經》同人卦九五爻辭上說：「以誠心相交於人，剛開始時，也許頗為費事，須有號咷之苦，以明心意，直到相知之後，便能推心置腹，破涕為笑了。」

孔子說：「君子立身處世的道理，無論是生活應對於人世間或是隱居於山林，無論是保持緘默或發表言論，都必須誠意待人。須知兩人同心所發揮的力量，其鋒利可以切斷堅硬的金屬，兩人同心一意所說的話，其氣味有如蘭花的芬芳深入人心，會令人眷戀不已的。」

【白語譯文】

《易經》大過卦初六爻辭上說：「用潔白柔軟的茅草，謹慎小心的墊護著禮器，總不會再有過錯的呀！」孔子說：「平常把東西置放在地上就可以了。現在更用細茅草墊著，還會再有什麼過錯可言呢？因為這樣已經是夠小心的了。茅草這種東西非常柔軟纖細，但卻可以承重，因此如能用像墊茅草一樣的謹慎之心，去做任何事情，必定不會有所過失的。」

【白語譯文】

《易經》謙卦九三爻辭上說：「君子勞苦功高，而又能謙虛自牧，最後一定能有成就，是吉無不利的。」

孔子說：「任勞而不自我標榜，有功而不以虛榮來自居炫耀，這是秉性厚道的最高表現。也就是說他雖有功，卻能把功勞讓給與別人，使自己屈居在於人之下。這樣的德性，才稱得上是完美的上德，這樣的禮儀，才稱得上是虛心的恭敬。所以這個謙字，能使我們因為恭讓的美德，而保有別人對我們應有的尊重和地位。」

【白語譯文】

《易經》乾卦九三爻辭上說：「飛得過高的龍，是會後悔的。」孔子說：「亢龍之所以有悔，是因為他過分地自以為尊貴，而沒有了實權地位；過分的自高傲慢，當然會缺乏百姓的擁戴。使得賢德的人永遠屈居下位，而不能得到他們的輔助，這樣的話，便會動輒造成過錯，而發生了有所後悔的事情啊！」

【白語譯文】

《易經》節卦初九爻辭上說：「不隨意走出家門戶庭外面，自然就不會遭受到災厄了。」孔子說：「許多禍亂發生的原因，大都是由於不當的言語來引發造成的，所以做人君、主管的人如果不謹守話語、口業的話，便無法來使君子、下屬認同仰慕；同樣的，做臣子、人民的人，如果不謹守言語、口業的話，就會使災禍延於自身。因此對於事情的重點如果不機密、慎重的話，便會造成災害，所以君子人民必須慎重、謹密，不可以隨便亂說話的！」

【白語譯文】

孔子說：「《易經》的作者，真是完全能知道，盜賊、禍亂產生的原因啊！」如同《易經》解卦六三爻辭上所謂：「背上肩著貴重的東西物品，而且又高高坐在車騎之上，招搖過市，這樣是很容易，會招惹盜匪來搶奪的啊！」

背上肩著貴重的東西物品，這是百姓人民爲了賺取利益，來謀求生活所作的買賣事情，所騎乘的車騎，這是君子人民爲了工作，來使用運用的名貴器具。而現在虛華的小人不務本業，而來騎乘著主管君子的車騎，用來誇耀於世人、炫耀自己，這樣當然便會引起別人的搶奪之心，災禍自然會臨門了。

所以虛華的小人，在上位而不當使用褻瀆了名貴的器具，而在下位的人又是暴虐無法、私慾深重，這樣當然就會引起爭奪的禍害。所以若不能小心的保藏名器，便會使人生起盜心的！過份的講究外在虛華的裝扮，便會讓人引起淫心！《易經》所謂「負且乘，致寇至」，正是說明本身不夠保守、內斂，是招來盜賊、引來禍亂的主因。

第九章

【白語譯文】

天的數是一、三、五、七、九；地的數是二、四、六、八、十。天數有五個奇數，地數也有五個偶數。天的五奇數，與地的五偶數，它們的位置，應該是要奇偶相得的，而其變化也正合於天地變化的道理。天數一三五七九，相加是二十五，地數合計是三十，所以加起來共有五十五。這些數字便構成了易理的「術數」變化的道裡，其中也有可通行知曉造化鬼神的功用。

【白語譯文】

廣泛推演天地的占筮之數可用五十根蓍策來表示，其中實際祇用四十九根，一根不用，來象徵太極。

將四十九根策任意分為左右兩份，以象徵天地兩儀。從右手中取一根懸掛夾於左手小指與無名指之間，以象徵天地人三才。再以四莖為一組單位來依次數左右手中的蓍草，以象徵四時的交替，並將所屬的蓍草取出。再來把左手的蓍草數剩的餘數（或一或二或三），夾在無名指與中指之間，以象徵三年一閏。再把右手的蓍草所數剩的餘數夾在中指與食指之間，以象徵五年再閏。最後手中所夾的三部分蓍草加起來（或六〈偶數〉：表陰爻，或九〈奇數〉：表陽爻），便可寫成為第一卦爻了，如此再重複五次，將六個爻象依次寫出。

【白語譯文】

乾卦的蓍數，有二百一十六策，坤卦的蓍數，有一百四十四策，合計起來，共有三百六十策，象徵一年的日數。

易經，上下篇六十四卦共有一萬一千五百二十策，象徵了物類的數目。因此按照筮占之法，由「分二」、「卦一」、「揲四」、「歸奇」等四個步驟而成一次變化，經過十八次變化便得到一卦。其實，在第九變時，所得的三爻即是八單卦，已成就了宇宙萬物變化之策。由八個單卦而再引申爲六十四卦、三百八十四爻，再由八卦所代表的天地雷風日月山澤，相感相生，這樣一來，便可盡得易卜能來通曉天下之事的智慧了。

【白語譯文】

如果能了解前面這一套理數方法而來善加運用，便能弘揚大道，使德行智慧來向上提昇，甚至達到於出神入化、通鬼神的層次。這樣不但可用於人世間的處世應對，也可以由此而來贊助天地，替天地神佛來行來教化、養育眾生人民的道理。所以孔子說：「能夠知道這一套卦爻和宇宙變化的理數，一定也能知道天地神佛造化神妙的作爲啊！」

第十章

【白語譯文】

《易經》有聖人作（易）的道理、方法，表現在四個方面，即是「辭」、「變」、「象」、「占」。把《易經》運用於言語教化上的，是取法於繫辭、卦意；把《易經》運用於行爲動作上的，是取法爻辭變爻；把《易經》運用在製作生活器物上的，是取法於卦象中的象徵意義；把《易經》運用在卜筮求卦上的，是取法於占卜求問神佛的方法。

【白語譯文】

所以當君子、人民要有所作爲、有所計畫行動時，必需先占卜來求教神佛於卦象、卦意和爻辭上。而來幫人占卜的蓍占者，有如像接受了天命一樣，不論遠近或有形或無形鬼神的問題，都能馬上來快速反應瞭解，且能有如神通一般的預知未來。易經卦理就是具有如此精深、玄妙的道理，天下間還能有什麼樣學問和方法，能像易經卦理有如此這樣神妙的功效啊！

【白語譯文】

易理的變，是參互相雜的；易理的數，是有分有合的。能通達瞭解其互相參雜的變化，就可以得到它的幫助，來明瞭天下萬物人民的各種性情、能力和特色。如果能完全深入知道，它的有分有合的理數變化，便可以進一步來判定，天下間萬物人民的事象吉凶。所以如果天下間的事理，不是有如此真實的變化，易裡又那會有這樣的功能呢？

【白語譯文】

易理卦象的本身只是一種文字意思的表達，是沒有自己的思慮、思想，沒有自己的行爲，是寂然不動的。可是藉由占卜者由陰陽相感而來產生卦象，能來通達天下萬事萬物發展的原委，所以如果不是易理具有如此的神妙性，又如何能有這樣的功能呢？

【白語譯文】

所以易理，是聖人極盡宇宙的妙道，很仔細瞭解事情變化的玄機所在，而來得到寫著完成的。因爲能夠深入，所以可以通達天下眾人的心思；因爲能夠把握先機，所以可以來幫助圓滿完成天下間的各種事務。因爲它有如此的神妙功能，所以雖然不必有心求快，處理事情卻可以應對神速；雖然不必費盡心力去行，卻能以真理來貫通天下。因此孔子所謂：「《易》有聖人之道四焉者」，就是在講這個道理啊！

第十一章

【白語譯文】

孔子說：易學究竟有什麼用處呢？

其用處有三：

一、就是在於瞭解萬物眾生的生命起始根源，以來創造未來的智慧和生活。

二、協助經營管理人世間的俗雜事務，以來成就教化和養育眾生的慈悲大道。

三、用太極卦象的數理方法，以來研究涵蓋天下間萬物眾生的道理。

所以聖人由此開始用對於萬物的比擬運用，以來貫通天下的人心；由成就人世間的俗務，以來底定天下眾生的大業；由瞭解涵蓋天下間的道裡，以來批斷決定天下眾人間的吉凶、疑惑和困難。

由於蓍占、占卜的方法是圓融、通達而神妙的，卦象卦意本體的性質是客觀、端正、公平而有智慧的，六爻的辭意義理是平實、簡單、易懂而有功用的。因此聖人體察易理，以洗除心中的成見，沒有任何的分別心和掛礙心，如同和光一般平等地普照眾人，所以把自己的一切和人民打成一片，以人民的憂患爲憂患，他的神通能知道包羅過去的種種，以及能來預測未來。究竟有誰能達到這種境地呢？大概只有那具有聰明睿知，而又能神聖英武、仁愛萬物的古代聖王吧！

【白語譯文】

因爲深明天道的陰陽變化，又能細察人民的生活事故，而來弘揚興舉著占、占卜等通神的方法，用來開物成務，安頓人民的生活日用。由於這是神聖的事情，所以聖人爲此必須要齋戒沐浴，以求心思的誠敬無邪，才能使自己的所要作的占卜行爲，德行神妙清明而與神佛有所感應。

【白語譯文】

像關閉門戶一樣的潛藏，叫做坤，像打開門戶一樣的光明，叫做乾。一合一開，便是所謂的陰陽變化；一往一來的變化不停，便是所謂的感應神通。

由陰陽感應神通而外現的，便是爲「卦象」；由陰陽相和而生成爲有形有質的，便是爲「器物」。依據器物的特性而加以裁成比擬的，便是用來製造器物的方法，如果能善加運用其方法，使人民的出入、生活、耕種、進退都能受用不盡的話，就是所謂的神通、神的造化了。

【白語譯文】

易經有最高最深的太極境界，在此一境界中，陰陽不用來判別，是非常單純精粹的至善。由太極演化，便有陰陽兩儀（在卦爲陰陽爻，在現實爲天地），再由陰陽的相互感應，而演化成四象，再由四象的作用，演化成八卦。

八卦形成之後，便可來涵蓋象徵、代表了萬物一切吉凶的道理，依循著吉凶的道理而行，便可以來開始創造生命、成就所有事物的盛大事業。

因此我們可觀察天象來取用的，莫如天地間的自然天象；

我們可來瞭解通達變化之間的道裡，莫如春夏四季的順轉現象；

在天上懸象照明的，莫如日月的光輝；在人世間最被人所尊崇的，沒有比富裕榮貴更重大的；

能畜養萬物以盡其用，建立製造器物的方法，以來利益天下的，莫如聖人的智慧；能探究複雜的事物，尋求幽閉隱藏的情事，能深入詳盡內涵的真理，推求外象包含的廣闊，以來斷定天下吉凶的事理，使天下的人心因此明白吉凶善惡，而能來知道所該遵從、勤勉努力的，則莫如蓍龜占卜義理的靈驗指示了。

【白語譯文】

所以天上給予了像蓍草、龜甲等占卜相通神佛的神物，而聖人再依據它們，而創作了易經占卜的法則。天地運行陰陽變化，所以聖人效法它們，而制定了卦爻變化的原理。天象垂示我們一切現象，表現了吉凶的道理。所以黃河出龍圖，洛水出龜書，這是天象、天意，也是聖人所要效法的！

因此易經有太陽、太陰、少陽、少陰四象，以此天象來昭告明示於我們。在卦爻之下的繫辭，就是要來告訴我們何去何從，決定了未來吉凶的道理，就是要我們知道所該選擇的方向，來趨吉避凶。

第十二章

【白語譯文】

《易經》大有卦上九爻辭上說：「如能得天、神佛的庇佑，便吉無不利了。」孔子說：「祐就是幫助、保佑的意思。天、神佛能來幫助人，在於人能順於天道而行；別人能來幫助自己，在於能重信用守承諾。所以我們如能在踐履上重誠信，思想上順乎天道，而在品行上又能尚賢崇德，這樣便會獲得上天、神佛的保祐相助，吉祥而無所不利了。」

【白語譯文】

孔子說：「文字是不能寫盡心中所要表達的言意，言語也不能道盡心中的意思。雖然這樣說，難道聖人寫下論述、經文道理來教化世人的意義，就晦暗而不明了嗎？」接著又說：「聖人畫立卦象，目的就是要來表達文字語言，所難以完全來表達的用意；創設卦象來定位，就是要規範表達宇宙人生的一切情態和作爲。再根據卦象來繫寫上文字，就是要將聖人繼從天道，教化世人的金玉良言給發表出來。由卦象和爻辭的道理中，來應變求通，以盡到萬物得重於生存的利益；鼓勵眾生推動向上的力量，完全發揮天道來生養、教育眾生的玄妙德行。

【白語譯文】

乾、坤兩道是易理所蘊含的精要義理吧！乾、坤對待成列，易理就存在其中，乾、坤破壞了，就無法表露易理的存在。易理不顯現，乾坤化育萬物的作用也就要毀滅了。所以形而上的叫做大道、真理，形而下的叫作眾生、萬物，陰陽互動而演化成萬物的叫做變，陰陽鼓動而流行的叫做通，興舉陰陽的道理，來安頓人民身心、教化人民的就叫做大道的事業。

【白語譯文】

因此，《易經》所言的卦象，是因爲聖人看到，天下萬物的道理深奧複雜，因而將它比擬成具體的形態，用來象徵事物適宜的意義，所以叫做「象」是象徵、代表的意思。聖人看到天下萬物的運動變化，因而觀察事物的會合變通，用以來推行典章禮儀制度，在六十四卦三百八十四爻之下，繫著寫下文辭來判斷事物的吉祥或凶險，所以叫做「爻」。能完全窮盡表達天下萬事、萬物，那樣深奧複雜的道理，是在於卦象的卦意；

能鼓動天下萬事、萬物的陰陽互動變化的，是在於卦爻的爻辭；

能促使萬物生成變化、養育，並加以制裁、規範的，是在於變動不定的吉凶；

能來推廣陰陽變化的道裡，使它廣行於天下的，是在於通會瞭解之後；

能來知道明瞭易理的神妙，並能夠來彰顯明白它的道理，是在於人如何對它的運用；

所以學易理的人，只要靜默潛修而成就其事業和智慧，根本不須要言語來誇耀，就能使人民來信服跟從，就是在於其美好的德行。

【繫辭傳 白話譯文註解 繫辭下傳】

第一章

【白語譯文】

在八卦制定了之後，所有的萬事、萬物的象徵、代表便都包含在八卦卦象之中了。再由八卦重疊衍生出爲六十四卦，三百八十四爻便包含在其中，由陰陽剛柔兩爻的相感相推，動爻、變爻的道理也就包含在其中。

【白語譯文】

聖人在每個卦爻寫繫上爻辭，使每爻都有它的含意和功能，那麼宇宙人生的一切變動原因，便都包含在其中了。吉凶悔吝的現象，就是由動爻的變動來產生的，陰陽爻和變爻的根本，所以感變而融通，就是爲了要取捨，合於實際變化的情境啊！

【白語譯文】

吉凶的辭意，是以堅定、堅貞、忠實、正道爲主要的道理，也就是告訴我們想要做事，無往不利，是要在於能把握正常規矩的道理。

天地之道，是以堅貞爲觀念的，也就是告訴我們要效法天象，要體認正常的道理。日月的道理，是以堅貞來爲明白事理的，也就是告訴我們要知道周遭萬物的一切變化，要認清處正常的道理。天地一切變化，其正常的道理，就在於這個貫通萬物、守正不變的「一」字上。

【白語譯文】

乾之道，在以剛健的特性，顯示出它那「平易」的性質來；坤之道，是在以柔順地特性，顯示出它那「簡易」的動用來。爻辭是效法乾坤「易、簡」的特性，而卦象則是表現出乾坤「易、簡」的動用。爻象是因爲受到感應，而變化在於卦象之內，吉凶則是直接顯現在卦象之外，一切動變的事情都是在於能應變求通，所以聖人的心思和志向，也都同時寫入了繫辭的爻意之中了。

【白語譯文】

天地最偉大的德性，是在於生成養育又教化了萬物眾生，所以聖人視爲最珍貴者，乃是位乎於天地之間的「位置」、「層次」。聖人所用以來把握得當位置的，乃是「仁」的德性。而能使人民來歸聚的，除了仁德以外，也不能忽視物質的條件就是財富。所以能夠合理的用財後，接著要言論正當，使人民不致於爲非作歹，那就要把握一個「義」字。

第二章

【白語譯文】

上古時候的伏義氏治理天下，向上則觀察天上日月星辰、晝夜四時等種種的自然現象，下則是研究地上，高下卑濕等的種種法則，並來仔細地分析鳥獸身上各種羽革的文采，和山川水土的地利道理。

近則以八卦來取象於自己身上的外表四肢、和內在器官，向遠則是取象於各種萬物，如此歸納而創設了八卦。由這八卦的動變和運用，向上可以融通感應神明創造萬物的動變幻化，往下則可以按分類來區分運用各種萬事、萬物的情形狀況。

【白語譯文】

伏羲氏教人民編繩結網，用來捕獸和撈魚，這是取法於離卦的卦象。伏羲氏死後，神農氏興起，他砍削樹木，做成挖土的犁頭，再就樹木的形狀，彎曲而成犁柄。他之所以能利用耒具犁柄等農具的便利，以來教導天下人農耕，乃是取法於益卦的卦象。在日正當中而為聚集作市場，以來招引天下的人民，聚合天下的貨財，交易買賣之後再回去，大家各得所需，這是取法於噬嗑的卦象。

【白語譯文】

神農氏死後，黃帝、堯舜相繼興起。他們都能通曉器物使用上的變化，所以使人心不感覺厭倦，更能使器物具有神妙的功能，使人民的心意生活能得到適度的滿足。

他們之所以能夠有如此的智慧，就是取法於易理所謂的：「任何事物，發展到了極點，便會有所變化；有變化，便能觸類旁通。能融通變化，便可以恆久。這樣便能得天助，吉無不利了。」所以黃帝和堯舜制定了衣裳文物，使天下安治太平，這是取法於乾坤以定尊卑的道理。

【白語譯文】

挖空樹木做成船身，砍削樹木做成划槳，是為了舟楫航行的便利，是要來打通兩地的阻塞，使物品得以通於遠方，以利天下，這是取法於渙卦的卦象。

驅使牛能來拖物，使馬能來拉車，以達到載負重物，行於遠方，以利天下，這是取法於隨卦的卦象。

設立多重的門戶，用木拆敲鐘來示警，用來對付盜匪，這是取法於豫卦的卦象。

研削木頭做成杵，挖掘泥土作成臼，杵臼的椿米之利，使萬民都能得其所養育，這是取法於小過卦的卦象。

加弦於木做成弓弧，削尖木頭做成箭矢，以弓箭之利，來威服天下造亂的賊人，這是取法於睽卦的卦象。

上古時的人，冬天住在洞穴，夏天睡在原野，後代聖人教人民建造宮室、住宅，上有棟樑，下有簷宇，以來抵禦風雨的打擊，這是取法於大壯卦的卦象。

上古時候的喪葬，只是用厚厚的木板蓋在屍身上，把他們埋在荒野之中，既不以土堆成墳墓，又不植樹以來作為標誌，而且居喪的日子期間又不一定。所以後代的聖人教人民制定喪禮，訂定棺槨的葬儀，這是取法於大過卦的卦象。

上古時代，結繩以記事，後代的聖人發明了以木雕刻寫的書契文字，使百官便於治理政務，使百姓易於彼此了解，這是取法於夬卦的卦象。

第三章

【白語譯文】

由以上可知，「易卦」就是來象徵、代表的意思。象徵，就是臨摹具體的物象用以來明白表達一些道理。彖辭、卦辭，是總括一個卦象的意義，也是對卦象的一種直接意思的裁斷和說明；至於爻相和爻辭，乃是寫天下萬物陰陽的吉凶變化，使我們了解吉凶悔吝的道理。

第四章

【白語譯文】

若是在陽卦之中陰爻居多，或是陰卦之中陽爻居多，爲什麼有這種現象呢？因爲屬於陽卦的，如震、坎、艮等卦象，是以陽爻爲主，兩個陰爻來輔助，所以多陰爻。屬於陰卦的，如巽、離、兌等卦，是以陰爻爲主，兩格陽爻來輔助，所以多陽爻。

那麼這種「陽卦多陰，陰卦多陽」的現象，又代表了什麼德行的意義呢？因爲陽卦一陽二陰，代表一君統率二民，二民即形容民眾很多，正是萬民歸心的意思，所以是君子的正道。陰卦二陽一陰，代表二君爭一民，二君即形容政出多門，互相爭奪，國家大亂，這乃是小人的邪道。

第五章

【白語譯文】

《易經》咸卦九四爻辭上說：「我們心情往來不定，都是爲了期待希望別人能來跟隨、順從自己的想法！」孔子感慨的說：「天下萬物都是順乎於自然於他的本性，又那裡是會來爲自己的得失而苦思、而焦慮呢？因爲天下萬物雖然發展方向不同，都是同歸於一個目標，雖然思慮互相不同，但都離不了一個理字。天下萬物又那裡是會來爲了自己的得失而苦思、而焦慮呢？

譬如日月的往來運轉不息，是由於它們的交感相生，而使宇宙有明暗之分；寒暑的往來，交替不已，由於它們的交感相生，而有四時的變化。日月寒暑的往，是代表陰氣、陰象的潛隱，日月寒暑的來，是代表陽氣、陽象的伸展，由於陰陽動靜的相互感應變化推移，才使得萬物能各得其利，而生生不已。

又像尺蠖在行走的時候，是先彎曲收縮，是爲了求向前伸展；而龍蛇在冬天的蟄居冬眠，是爲了要保存生命和身體。這都說明了自然界的道理，也是先在靜待的時候要有所蓄養，到了有所動作計畫時，才能有所作用發揮。

因此我們在研究義理時，要能夠練習到很純熟的層次，而將這樣的能力，大大地發揮用在於人世間，來利益眾生人民。我們還可以利用厚生，以來保全我們的形軀；除此之外，再向上探索，便可進入不可盡知的另一個境界，就是無形的至上境界了。」

【白話譯文】

《易經》困卦六三爻辭上說：「往前走，將遇到崎嶇的石塊，和多刺的蒺藜。在這進退失據時候，回到了家中，又見不到自己的妻子，是一種凶象。」孔子說：「受困於自己多行不義所形成的困境中，這是自找的恥辱和困難。想來求自保，反而加深了自己的危險。名聲、名譽既然都受辱了，身命又無法保全，表示死期已經不遠了，家中哪裡還見得到他的妻子呢？」

【白語譯文】

《易經》解卦上六爻辭上說：「王公站在高城上射飛鷹，一箭便能命中而手到擒來，這是吉無不利的現象。」孔子說：「隼，是指飛禽，弓矢，是打獵的利器。能執弓而射禽要靠人，所以人才是最重要的關鍵。君子能體認到射飛禽的道理，因此先使自己的涵養豐富、力量充足，才能器具必備，等待時機一到，馬上掌握時機來動作，這樣還會有什麼不利的呢？也因為這樣，他的行動才不會有任何的阻塞，而能一舉而有所得到收穫。這也是所謂，必須先能隱藏器物、保存實力，然後再有所動作的道理。」

【白語譯文】

孔子說：「小人不以自己做不仁義的事情為恥辱，也不以自己做了不合道義的事情而懼怕。他們對任何事情，看到無利益可圖謀時，便不肯奮勉努力來作。如果不用刑罰來威嚇他們，他們便不會有所知道警誡。因此若能給他們小小的懲罰，使他們得到教訓，而不致犯了太大的錯誤，這點小懲罰對他們來說，還算是小福氣呢？

這道理正是《易經》噬嗑卦初九爻辭上所謂的：「初犯刑法的人，雖然腳趾被刑具所夾，有點痛苦，但卻能使他們得到教訓，能改過自新，也就無咎不再重犯過錯了。」

【白語譯文】

善行不累積，就沒有福報來足以成名於天下；惡行不累積，就不致會招惹來殺身的禍端。小人做事，就是看到了小善，以爲無足輕重，便不肯去做；做出了小惡過錯，以爲無傷大體，而不肯悔改，最後弄到惡貫滿盈而無法彌補，罪業滔天而不可救藥時，正如《易經》噬嗑卦上九爻辭所謂：「弄到枷鎖都遮沒了兩耳，真是凶險至極的現象。」

【白語譯文】

孔子說：「凡是會遭遇到危難的人，都是由於以前過分安逸於，他的生活和地位；凡是家破人亡的人，都是由於以前過分只求自己，和一家的長久存在的自私利益；凡是國家昏亂的君王，都是由於過分相信自己，以爲治理國家的方法很高明。

所以君子在安定的時候，不要忘記危難；在圖存的時候，不要忘記敗亡；在治平的時候，不要忘記禍亂。能這樣時時警惕的話，生命便可安全，國家也能夠長存。這正是《易經》否卦九五爻辭上所謂的：「個人與國家的危亡啊！其命運，就像維繫在叢生的苞桑之上，岌岌可危，因此要特別謹慎小心啊！」

【白語譯文】

孔子說：「道德品行不夠，可是卻身居尊位；智慧淺薄，可是卻想圖謀大事；才力弱小，可是卻要擔當重任，這樣的話，很少有不遭受到引來的災禍和非議的。《易經》鼎卦九四爻辭上說：「鼎足斷了一隻，把鼎中的美食都倒了出來，弄得滿身沾溼狼狽，是很凶險的卦象。」這就是形容自己力量不能夠來勝任職位的毛病。」

【白語譯文】

孔子說：「能知道事情變化的先機，可說是已經達到了神仙的境界。君子如果能做到對上位者的態度，是恭敬而不諂媚；對下位者的態度，是謙和而不傲慢，也可說是具有知道未來先機的功夫能力了。什麼是先機呢？就是事件發展的開端和動機，也是我們心念當初剛動的一剎那，這時候正是吉凶變化的先兆。君子的功夫就在於能認清楚先機，把握時候而來趕緊行動，無須等待事件的結果，事相大白的時候再來有所作爲。

《易經》豫卦六二爻辭上說：「要像石塊一樣輪廓分明，看得清清楚楚，把握得篤篤定定，因此在事先便能決定，何須等待日後？這就是立於正道而吉的卦象。」所謂：「介如石」，「就是有見識、有定力，一眼就洞穿真相，那裡還須猶豫不決的去等待呢？像這樣能夠知道事理的精微，也能明白顯明的事理，能夠知道變化的柔弱與剛強，自然就會是萬眾人民所仰望的先知先覺了。」

【白語譯文】

孔子說：「像顏家的這位子弟顏回，要算得上是接近一位完美的人了吧！他一有過失，自己沒有不知道的，知道了之後，就不會再犯同樣的過錯。」《易經》復卦初九爻辭上說：「稍有錯誤，迷途不遠，若能改過自新，就不會再有大過錯的，這乃是大吉的卦象。」

【白語譯文】

天地陰陽的氣運相交相和，使萬物有所感應，來滋長成熟。男女雌雄的性別相交相合，使萬物相互交感，而使生命來延續。《易經》損卦六三爻辭上說：「三人同行，各有意見，勢必要放棄減損去另一人的意見，才能兩相和諧。相反的，一人獨行，因爲精誠所致，卻能各方人民來認同相合，而得到情意投合的朋友。」這就是告訴我們要中和精一的道德。

【白語譯文】

孔子說：『君子應先安定本身之後，然後再來計畫行動；應先心平氣和後，然後再來發表言論；先建立彼此之間的誠信，然後再來向別人提出請求和建議』。

如能有這三方面的基本修養，才能與人相處，沒有偏失。否則，以冒險、衝動的舉動行爲，來施行偏激的政策，人民百姓便不會來跟從；專愛唱高調，以權勢來威嚇人，人民便不會附和認同；自己不講誠信，而要人民信賴你，人民便不會來贊助、支持你。

如果你得不到別人的相應和認同，那麼對你不利的人和事，就將要來降臨了，正如《易經》益卦上九爻辭上說的：「不僅得不到助益，反而會受到別人的攻擊，這是由於他信心不夠堅定恆久，乃是凶險的卦象。」

第六章

【白語譯文】

孔子說：「乾坤可說是易理變化的兩扇大門吧！」乾代表陽，坤代表陰，陰陽相合有天地來生育萬物的德性，陰陽剛柔更同時具有天地的體性。所以乾坤可以體現天地之間的道理和術數的運算，也可以來通曉上天神明、先佛的德性。

六十四卦的卦名雖然複雜，但是井然不亂，可以清楚來考證察明每一卦象所代表的各類事物道理，可以想見編著易經的人，也許正是處在末世衰亂的時代呢！

《易經》的內容，是在於彰顯表明過去的事跡，乾坤這兩扇大門一開，六十四卦的名稱都能名副其實，可以來分辨明白物性，正確的陳述說明吉凶的道理，以及由爻辭的推算，所以能用占卜來判定一件事情的未來吉凶變化。

《易經》的作用，雖然六十四卦只有六十四個簡單的卦名，但卻包括代表了無數的事物種類的意思。它們的意旨深遠，它們的辭采文雅，它所講的話的意思，都是符合萬物，來與萬物的性情狀況完全相合的，它所描述的事理，都是直接陳述現象，而且深入其本源。由吉凶不同的道理來教化、教育人民的行事和行爲，使眾生清楚了解善惡的行爲，所會來產生不同的報應。

第七章

【白語譯文】

易學的產生，大概就在周文王所處的中古時期吧！《易經》的作者，大概是有很深沉的憂患意識吧！因此《易經》中有許多卦意都是就憂患而來立德說明的。

如履卦要我們循禮教，這就是立德的起步。謙卦要我們遜讓，這是行德的品行。復卦要我們知過能改，這是德性的根本。恆卦要我們擇善固執，始終不渝，這是道德的信守。損卦要我們摒除人慾，這是德行的修養。益卦要我們奮發有爲，這是德行的發展。

困卦要我們處困而能激勵向上，這是德行的考驗。井卦教人要自廣德澤，養民不窮，這是推行道德的處所。巽卦要我們順天應人，這是德行的制權作用。

【白語譯文】

履卦貴於知禮和諧，而能使人人各得到他們所需要的。謙卦能使在尊位的人更加德光普照、謙虛爲懷。復卦重在有動機時的細微心思，而能分辨明白是否有私自的物慾。恆卦使我們在複雜的人世現象中，堅守原則不改其樂。損卦要我們去除人的私慾，雖然開始時會有艱難，但功夫成熟後，他的發展道路就會很平坦的。益卦是要先來累積福報和德行，心胸寬廣自然就能發展無窮。困卦要我們處於困厄，而能應變求通。井卦要我們固守崗位，而以誠信感人，使人遷於向善。巽卦要來順從、迎合萬物，而不露鋒芒。

由此可見履卦是以和諧來實踐德行，謙卦是以自節而尊人來制定禮節，復卦是能反省自知其過，恆卦是能堅守一貫的原則，損卦能爲我們遠避禍害，益卦能使我們因積德修業而有利，困卦能使我們經驗豐富而少怨悔，井卦能使我們辨明自守與養人的意義，巽卦能使我們順天應人以行權變之宜。

第八章

【白語譯文】

《易經》一書，不遠離人世間生活的實用範圍。《易經》所談的道，是隨時代遷流變化而不停滯的，它周流分佈在六爻之中，或在上，或在下，沒有一定，陽剛與陰柔相互交替推移，但是切勿拘泥、倔滯、執著於卦象、卦理之中，要能順其通變地去運用。

雖然要順變，但卦象的上下變動，也是有其吉凶悔吝的規則法度，使我們進退出入能知所警惕。同時易理又能深知憂患吉凶，和它的其中原因，雖然沒有老師來親自指導我們，但是卦象它的義理明白，就有如父母的耳提面命一般，是不可稍有疏忽。

在開始時，可以先遵循它的《繫辭》去探索，再去思考、量度它所包含的義理，才知道易理自有它不改變的固定理法，只是這套規則、理法，要是沒有以人的智慧去運用，雖然有創設但也是會形同虛設一般了。

第九章

【白語譯文】

《易經》一書，為卦象和爻辭所組成。就卦象來說，從初爻開始，推究事物的初始，推求到上爻，探求事物的結尾，這就是全卦的體質。

就爻來說，六爻的陰陽相間陳列，再配合時間和事物，便形成了動爻爻變的作用。初爻是開始，其意義還難以一時就來知道，但上爻是終點，已經有既成定局的事象，就很容易來知道的了。初爻的爻辭，須要比擬研議後才能來言說；到了上爻，便自然發展成定局了。而這其中能與事物相互交雜陳述，而能表現事物的特性，辨別其是非得失的，就是在二、三、四、五的中間爻相了。

的確，如能把握中爻，則存亡吉凶的的道理，即使靜處不動，也能瞭如指掌呢！有智慧的人，只要再體認一下卦辭的意義，對於該卦的作用，也就洞悉得差不多了。

至於中爻裡的，二爻與四爻，如果同屬於陰爻爲動爻，而爻位位置的上下不同，因此「二爻」爲可譽之事，「四爻」爲恐懼之感，這是因爲四爻是靠近五爻的君位啊！陰爻的本質是較爲軟弱的，因此不利於獨自遠行在外，或追求遠大的作爲，但如能以其陰柔的個性來處於陰爻動爻的位置的話，便不會有麻煩了。

三爻與五爻如果同於陽爻動爻的話，而爻位位置的上下也不同，因此「三爻」是處於內卦的末位，所以多凶險之事，「五爻」得處於至中正大的位置，所以多會有大的動作、作爲和理想。這是由於兩爻所處貴賤位置的不同啊！雖然這兩爻都屬於陽爻有動，如果是陰爻來位處此位置則必然危險，而陽爻來處之，則是陽爻入陽位稱爲「當位」，而能勝任的了。

第十章

【白語譯文】

《易經》一書，至廣至大，無所不包，有天道的陰陽變化，有人道的仁義道德，有地道的剛柔並存。每個卦象都兼有天地人三才之道，而每一才有二爻，所以共有六爻。所以六爻就是指三才之道。

易道是變動不拘束的，象徵此變化不拘束的現象就叫做「爻相」。六爻有上下一定的次序，每一次序都代表著不同的物象變化。物物互相交雜排列，而反映這種錯雜關係的謂之「爻理」，其所呈現出來的陰陽，如有陰陽位置的「得當」與「不當」，便由此而產生了吉凶的變化現象。

第十一章

【白語譯文】

《易經》的興起，大概是在殷朝末年、周朝初年的盛世吧！它所寫的，大概都是周文王與殷商紂王的事情吧！所以《易經》所寫的卦象、爻辭都是危懼警誡的話言。危言來令人有所警惕，所以反而能使人獲得平安，否則輕忽易生怠慢，反而使人遭致滅亡。可見易道非常廣大，包羅了萬事萬物，其目的在使我們自始至終，都能心存戒懼，避免禍害，這就是《易經》的道理和精神宗旨了。

第十二章

【白語譯文】

乾，是天下最剛健的卦象，它的德行表現，是永遠以平易光明，而來看清楚艱險的路途；坤，是天下最柔順的卦象，它的德行表現，是永遠以簡易清靜，去明察阻礙困塞的原因。所以心情必須寬廣、平常、虛靜、和悅、通暢，然後再以細密的思慮，去瞭解艱險阻塞的原因，便能判定裁決天下萬物吉凶的道理，便能鼓勵驅動天下人民的心思來向善避惡了。

至於萬物的變化作用，都是事情有吉運，才能有祥瑞的徵兆；事物有外象，才能使我們知道來如何製造器物；筮卜蓍龜能用來占卜，才能使我們可以預測未來吉凶。

由天地乾坤定位之後，聖人便能通曉以前變化的道理，以來參詳天地的變化，聖人的這種工夫，是參考於賢哲之人的智慧和思慮，也是體驗了鬼神造化的各種跡象，所以他所繫寫的卦辭意思，可以使普通的一般百姓也能來瞭解運用，以來知曉參與天地的教化、養育的真理。

八卦的作用，是來告訴我們變化的現象，而爻辭卦辭的意思，都是就我們人民生活中的實際情形和行爲來寫的，卦象中陰陽兩爻的上下排列，可以使一切吉凶的現象，得藉爻位陰陽的變化來呈現。爻的變動，就是來告訴人們求取利益的方法，只是事物的情態變化，而有吉凶的不同分別。所以愛惡的相鬥分別，愛勝惡則吉，惡勝愛則凶。遠近的相悅，不得其正位，便會有悔吝的結果產生。真情與人爲的互相感覺比較，相應的是以真情的便會得利，相應是以人爲的便會受害。易理所感應出來的實情，要我們對於近在身旁的鄉親，能比合親切相助，否則便會有凶厄，便會有災害，便會產生過錯、後悔和困窮的凶事。

由這種互相感應、感覺的道理，使我們知道，凡是有叛變之心的人，他的言辭中一定慚愧形於色；凡是內心有疑慮的人，他的言辭一定枝枝節節，不能斬釘截鐵；凡是有修養的大吉之人，他的言辭一定簡單樸實；凡是躁急多欲的人，他的言辭一定滔滔不絕，說個不休；凡是誣害善良的人，他的言辭一定浮游不定，閃爍其辭；凡是違背職守的人，他的言辭一定不能理直氣壯。

心・得・筆・記

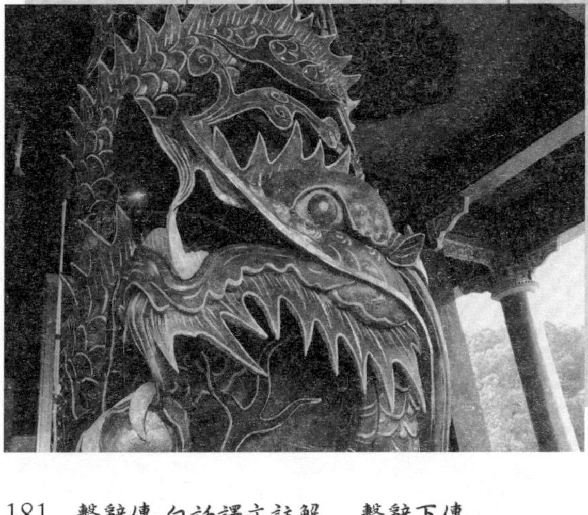

第八講之三　繫辭傳批註說明

從最早二十年前來讀「繫辭傳」、十年前再讀「繫辭傳」，和現在再來翻讀「繫辭傳」，真的是有恍若相隔「好幾世」的感覺！說實在的，筆者如果不是爲了要來整理寫作這一本「易經周易中階晉級講義」，大概這一輩子也不會再來讀閱「繫辭傳」了，因爲實在是被這一些「古言古語」給搞怕了！

不過今天再次將「繫辭傳」給翻讀起來，的確又是更加另有一番的體悟和心得，所以筆者常在上課時不斷地鼓勵學生一定要「寫書、交報告」！因爲在整理寫作以前所學過的學問時，一定會再有許多不同的感觸和心得來產生的。

而且畢竟聖賢孔子所寫的這一篇傳文，也不是隨便瞎寫一通的，還是有它很睿智深遠的意義在裡面的，所以還是建議讀者可以多看幾遍，說不定真能啓發潛藏於內心的慧根，將「累世」的大智慧都給接續回來呢？

要將「繫辭傳」給於白話註解翻譯，的確是有一點難度，筆者除了以自己粗淺的學識程度，和十餘年易經的實務經驗來撰寫外，也參閱了不少南懷瑾大師所寫作的「繫辭別傳」，所以如果讀者對於「繫辭傳」，想要進一步的來深入研討，也可以來參閱這一本「繫辭別傳」，相信對你的幫助也會很大的。

「繫辭傳」算是孔子對於周易經傳的一種「批註解說」，因此在內容上有一個很大的「缺點」，就是章節的文辭接續很混亂、很沒有系統，常常東一段、西一段的跳來跳去，如果不是因爲怕對古文有所不敬，還真想將它給重新編排翻寫過呢！所以讀者還是要多看幾遍，才能完全瞭解它的內容到底是在說什麼，而且現在也已經有整篇的白話解說，可以很輕鬆的來翻看，想起以前筆者只是有「注譯」，可以來對照的看而已，根本就沒有整篇的譯文可以看，所以現在的讀者還是要多懂得知福惜福啊！

那本篇傳文中到底有什麼重點，是可以值得我們進一步來瞭解研讀的呢？筆者認爲應該有以下的五個重點：

一、學習易經的三個重要的目標是什麼呢？

二、古聖人為何要來創設易經八卦呢？

三、易經八卦的意義和運用的方法呢？

四、天地之間的真理是什麼呢？

五、神通、通靈在易經八卦裡的意義是什麼呢？

第一：學習易經的三個重要的目標是什麼呢？

孔子在傳文裡有很清楚的說：易學究竟有什麼用處呢？它的用處有三點：

一、就是在於瞭解萬物眾生的生命起始根源，以來創造未來的智慧和生活。

二、協助經營管理人世間的俗雜事務，以來成就教化和養育眾生的慈悲大道。

三、用太極卦象的數理方法，以來研究涵蓋天下間眾生的道理。

要來瞭解生命的起源？？？我想絕對不會有人在卜卦問吉凶的時候，會去聯想追究到「生命的起源」到底是什麼的？其實如果讀過佛法中的「唯識學」，你大概就能懂這一句話的意思了！因爲一個人的行爲會帶來「好的」或是「壞的」的氣運，你以爲是突然跑出來的嗎？絕對都是有它的「根源」和「原因」的，在「唯識」中就稱這個爲「識種」，這是一個大家都懂的很根本的道理，生病一定不能頭痛醫頭、鋸箭療傷的。

那在易經的卦象中如何來談到這個「根源」呢？在周易經傳中，很遺憾的筆者並沒有發現，有關於這一方面再更深入的說明，還好在往後歷代的論述中，關於「靈識」的瞭解運用，就有比較多一點的看法了！不過可惜的是，易經的思考邏輯一直沒有「三世因果」、「靈魂轉世」的概念，因此對於生命根源的論述，也一直都被框限在「乾坤、陰陽」的五行磁場概念裡，無法跳脫到更上一層次「異次元」的境界中，這也是易經在深入推廣到民間時，卻只是成爲一般市井的吉凶術數之說，而無法更上一層次的成爲一種「信仰」，和精神上依柱的最大原因。

第二：古聖人為何要來創設易經八卦呢？

易經的產生，筆者在初階入門中，已經有作了一個很完整的歷史背景報告，先從伏羲氏、神農氏的上古時代，其實就已經有易經卜卦的存在了，稱爲「連山易」和「歸藏易」，最主要的功能就是在與「天神」來溝通、對談，尋求天神對下界的子民，給與指示和交待事情，這是筆者一再地強調易經的基本精神，就是**「人和神明菩薩一種溝通對談的語言文字」**。

而易經周易的產生，如孔子所說的，大概就是在周文王所處的中古時期吧！因為那時正處於殷商紂王暴虐無道，人民生活很困苦的時候，所以周文王除了一方面將易經給予重新歸納整理，再重新編寫周易經文的時候，也加進來了許多很深沉的憂患意識，因此周易經文中有許多卦意都是就憂患來立德，或是以勸人為善的道裡來訴說。

只是易經不同於其他勸人為善的經典，最最重要的觀念是運用了「卜筮」的方法，進一步將人的善惡心念和行為，也給清楚的先「顯現」出來，先展現出事情的「吉凶」表象，讓人能夠來生起憂患、畏懼的心，再來引導道理上的瞭解。這一種理念可以說完全和佛法中，由「地藏王菩薩」所講演的「占察善惡業報經」是完全一樣不變的道理。

這些古時候的聖人，因為知道天下萬物的道理很深奧複雜懂，要一一讓人民來瞭解是很不容易的，所以只好以模擬道理的象徵型態，來描繪表達出它們內在所要表現、表達的現象意思，才因此創設了八卦稱為卦象。所以在卦象卦爻寫繫上吉凶，就是指人事上好壞得失的現象；而悔吝，則是指心念上憂慮的現象。

所以孔子也茲茲敦勸，君子（就是指有修為、智慧的人）在平時靜居時，應該要好好地來深入觀察學習卦象的卦意，而且要進一步來瞭解爻辭之間的的爻意吉凶變化。以備未來在準備一些計畫行動時，就可以用占卜的儀軌來求卜出卦象，進一步觀察卦象中的吉凶變化，事先來審思詳細瞭解其中的吉凶。如果人都能以這樣的方式來處身行事，便能得到諸天神佛的庇佑，人助天助般的一切順利，就事事都可以毫無困難了。

孔子也說：「文字不能寫盡心中所要表達的言意，言語也不能道盡心中的意思。雖然這樣說，難道聖人寫下論述、經理來教化世人的意義，就晦暗而不明了嗎？」接著又說：「聖人畫立卦象，就是要表達文字語言，所難以完全來表達的用意；創設卦象來定位，就是要規範表達宇宙人生的一切情態和作爲。再根據卦象來繫寫上文字，就是要將聖人繼從天道，教化世人的金玉良言給發表出來。由卦象和爻辭的道理，來應變求通，以盡到萬物得重於生存的利益；鼓勵眾生推動向上的力量，完全發揮天道來生育眾生的玄妙德行。」

所以我們可以來明白知道，原來會有易經的存在，就是天上的神明菩薩有養育、教化人間眾生的德行，爲了使眾生的智慧能來提升，明瞭人世間的許多道理，才透過這一種卦象卦意的方法，來指示眾生、人民該如何來趨吉避凶，甚至更進一步來規範自己的行爲，這就是易經的最大精神意義吧！

第三：易經八卦的意義和運用的方法呢？

易經既然是用來教化眾生人民提升智慧的學問，有它特定的運用方法嗎？在繫辭傳中，孔子說是有表現在四個方面上，即是**「辭」、「變」、「象」、「占」**。

辭：把《易經》的卦象運用於言語教化上的，是取法於卦意的解釋，所以我們可以看到周易經文中，爲何都是勸人要知禮守法的道理。

變：是易經運用中最大的特色，沒有這個「變」，易經就跟一般禮義道德的經典沒兩樣的啦！也因爲有這個「變」才能使易經，隨著天地陰陽生生

不息的傳到現在，所以來把《易經》運用於判斷行爲動作上的吉凶，就是取法卦象中的爻辭、變爻。

象：這個「象」就是把《易經》運用在現實的生活中，告訴我們不要過於虛幻不實，只會說不會作，不但要能夠去生產製作，在生活中有用的器物上，也要好好地來落實易經卦意中的各種教誨，當然這其中最重要就是「實務地作」，也就是筆者常常要求我的學生一定幫眾生卜卦服務的意義所在。

占：占卜、祈禱、請示，幾乎是《易經》最重要的實用特色了，孔子也清楚說過，在卜筮前絕對要很慎重的「沐浴」、「齋戒」，是絲毫不能來隨便輕忽的，就像在「占察善惡業報經」中，就很清楚的說明在占察前，一定要先「淨身」、「焚香」、「供養」、「禮請十方諸佛」、「恭請地藏王菩薩」，還要恭敬誦念一千聲的「地藏王菩薩」佛號，才能來占察、卜卦。所以筆者也是很重視地強調，來學習易經卜卦的學生，一定要很虔誠地來迎請神明菩薩，才可以來卜卦，所以有些學易經的人說：易經是一種「統計學」，真是讓人覺得很可惜，因爲這是對易經的不懂！。

孔子在傳文裡說，易理卦象的本身只是一種文字意思的表達，是沒有自己的思慮，沒有自己的作爲，是寂然不動的。所以在八卦形成創設之後，便可以此來涵蓋運用、象徵，代表了萬物一切吉凶的道理，然後再依循吉凶的道理來行動作爲，便可以來開使創造生命、和成就所有事業的盛大計畫了。

以十翼傳對於易經的註解來說，「彖辭」的作用，是來總論說明清楚一個卦象、卦意的直接意思；而「爻辭」的功能用法，則是在表現說明六爻爻相之間陰陽五行變化的規律。

卦辭上所謂的「吉凶」，就是指事情好壞的得失；所謂的「悔吝」，就是指我們所犯的過錯與不及的毛病；所謂的「無咎」，就是指我們的過錯能懺悔改過後的自新行為。

所以要當我們要來知曉事情的大小、好壞，就是要來看每一個卦象，所代表的不同卦意吉凶，或是也可以分判一個人身份的貴賤高低，也可以用（動爻）在於爻位的等次來批斷；或是想要明辨事情吉凶禍福的方法，就須要更進一步來詳細地瞭解，卦象卦爻中的爻辭和爻意了。

然而八卦是如何來「取象」運用的呢？在「說卦」中有非常清楚明白的說明，這一個取用法，甚至被後來的宋朝邵康節，在「梅花易數」中也發揮的淋漓盡致呢？當然這其中的象徵運用方法，我們也是一直沿用到現在。

八卦除了取象於自然的「天象」，在近處則取象於自己身上的外表四肢、和內在器官，人物則取象於「六親」，那向遠處則是取象於各種萬物，如動物、牲畜、五行、方位、顏色、時間、、，如此歸納而創設了這八個符號。所以由這八卦的動變和運用，向上可以融通感應神明創造萬物的動變幻化，往下則可以按分類來區分各種萬事、萬物的情形狀況。

在傳文中，孔子也以很多的章節，夾雜的來說明了許多卦象、卦爻的意義和用法，也表達了自己許多對於這一些爻辭意思的看法，其實都只是要引導我們該如何來學會瞭解，在周易經傳中所要告訴我們的許多道理，其中筆者收錄整理在後，讓讀者再重溫一遍，孔子對於易經經文的體會心得，看看讀者是否也有同樣的感受！

中孚卦九二爻辭上說：「鶴在陰暗處長鳴，其子便引聲唱和；我有好酒一壺，願與你一同享受。」這是寫「同聲相應，同氣相求」的道理。

同人卦九五爻辭上說：「以誠心相交於人，剛開始時，也許頗爲費事，須有號咷之苦，以明心意，直到相知之後，便能推心置腹，破涕爲笑了。」

大過卦初六爻辭上說：「用潔白柔軟的茅草，小心的墊護著禮器，總不會有過錯的呀！」

謙卦九三爻辭上說：「君子勞苦功高，而又能謙虛自牧，最後一定能有成就，是吉無不利的。」

乾卦九三爻辭上說：「飛得過高的龍，是會後悔的。」

節卦初九爻辭上說：「不隨意走出家門戶庭，自然就不會遭受到災厄了。」

解卦六三爻辭上所謂：「背上肩著貴重的東西物品，而且又高高坐在車騎之上，招搖過市，這樣是很容易，會招惹盜匪來搶奪的啊！」

大有卦上九爻辭上說：「如能得天的庇佑，便吉無不利了。」

咸卦九四爻辭上說：「我們心情往來不定，都是爲了希望別人能來跟隨、順從自己的想法！」

困卦六三爻辭上說：「往前走，將遇到崎嶇的石塊，和多刺的蒺黎。在這進退失據時候，回到了家中，又見不到自己的妻子，是一種凶象。」

解卦上六爻辭上說：「王公站在高城上射飛鷹，一箭便能命中而手到擒來，這是吉無不利的現象。」

噬嗑卦初九爻辭上所謂的：「初犯刑法的人，雖然腳趾被刑具所夾，有點痛苦，但卻能使他們得到教訓，能改過自新，也就無咎了。」

否卦九五爻辭上所謂的：「個人與國家的危亡啊！其命運，就像維繫在叢生的苞桑之上，岌岌可危，因此要特別謹慎小心啊！」

鼎卦九四爻辭上說：「鼎足斷了一隻，把鼎中的美食都倒了出來，弄得滿身沾溼狼狽，是很凶險的卦象。」這就是形容力量不能夠來勝任的毛病。

豫卦六二爻辭上說：「要像石塊一樣輪廓分明，看得淸淸楚楚，把握得篤篤定定，因此在事先便能決定，何須等待日後？這就是立於正道而吉的卦象。」

復卦初九爻辭上說：「稍有錯誤，迷途不遠，若能改過自新，不會再有大過錯的，這乃是大吉的卦象。」

損卦六三爻辭上說：「三人同行，各有意見，勢必要放棄減損去另一人的意見，才能兩相和諧。相反的，一人獨行，因為精誠所致，卻能各方人民來認同相合，而得到情意投合的朋友。」這就是告訴我們要中和精一的道德。

履卦貴於知禮和諧，而能使人人各得到他們所需要的。謙卦能使在尊位的人更加德光普照。復卦重在有動機時的細微心思，而能分辨明白是否有私自的物慾。恆卦使我們在複雜的人世現象中，堅守原則不改其樂。損卦要我們去除人的私慾，雖然開始時會有艱難，但功夫成熟後，他的發展道路就會很平坦的。益卦是要先來累積福報和德行的，心胸寬廣自然就能發展無窮。困卦要我們處於困厄，而能應變求通。井卦要我們固守崗位，而以誠信感人，使人遷於向善。巽卦要來順從、迎合萬物，而不露鋒芒。

第四：天地之間的真理是什麼呢？

在傳文中孔子也提到許多次的「天道之理」，要我們能夠好好的來遵從、效法，那什麼又是「道」呢？

有如，「乾坤」所象徵的道理就是，乾坤這種「易、簡」的道理，說做人的行爲要像乾卦平易般的平實、明白、不虛僞；做事的方法要像坤卦簡易般的簡單、清淡、不虛華。由於平易，才容易爲人所了解；由於簡易，才容易爲人所遵從。

有如，就是我們的智慧、想法、心念，要像天道一樣地寬廣能貫通萬物；而我們的行爲、生活、待人，更要像大地之母「道」一樣能來普濟天下、照顧萬物眾生，這樣才不致於有逾越、自私、悖理的行爲。

有如，如果擔心憂慮人生中，會有許多後悔、怨恨的事情，就要時時要把握住，在那善惡關鍵的一念之間；戒慎恐懼的想要使自己，不會遭受到麻煩和災禍，就須要時時存有自我懺悔的心意。

有如，在我們的修養功夫上，要樂於天道的健行不息，以來知道自我生命的生生不已，而不爲一時生活中的困窮所擔憂。同時更要安惜於大地的滋養，取法於坤地，來輔助天道的生生之德，使我們的仁心更加厚德，而能來兼愛眾生萬物。

這一些道理或許我們看來是有一點「無聊八股」！但是若能夠以另一種角度來看，這跟佛法裡所說的許多道理並沒有什麼樣的不同，其實在瞭解一些佛法之後，有時會覺得「儒學」很令人感到「遺憾」！同樣都是所謂的「經文」，佛經就被當成是「救世經典」，而易經竟被當成了「考試經典」，層次實在差太多了吧！當然這也跟歷代的「政治」有很大的關係！所以在於現代的我們，不再有受到政治的因素來干擾了，對易經有研究和使命的人，希望也該對易經多作一點努力，將它回歸到原有的精神宗旨上，好好的來發揚推廣，使它也能成爲一部「救世經典」吧！

第五：神通、通靈在易經八卦裡的意義是什麼呢？

有許多儒家的學者，常會說孔子是不來談「鬼神」的！或是不信「鬼神」的！這是很不確實的看法，應該說孔子是因爲很尊敬「鬼神」，所以不希望我們很隨便地去談論它。

而且歷代以來這樣錯誤的觀念，爲何一直被強調誤解呢？筆者認爲這應該跟封建制度下的皇帝「天子」的愚民政策，有非常大的關係，因爲中國的每一個皇帝，都說自己是上天、神明、佛祖的「兒子」，一切的行爲和權勢都是得自上天的給予，所以怎麼可以讓一般的人民知道，原來有一種方法，是可以來和老天說話、請示的呢？如果人人都跟老天去問說，這個皇帝是不是老天的「兒子」啊？那不就天天在搞叛亂了！所以根本就是不准來提這樣「人神溝通」的觀念的！

在傳文中孔子就有提到了幾段跟「鬼神」有關係的見解。

例如，知道了無形的精氣，可投生轉化生成爲有形的物象；而散蕩無形的孤魂、靈魄，則可居於有形和無形的空間中來去變換，所以經由易經卦象的指示，甚至也能夠來知曉無形鬼神的各種變化情狀。

未來在準備一些計畫行動時，就可以用占卜的儀軌來求卜出卦象，進一步觀察卦象中的吉凶變化，事先來審思詳細瞭解其中的吉凶。如果都能以這樣的方式來處身行事，便能得到諸天神佛的庇佑，人助天助般的一切順利，事事毫無困難了。但須注意以上這些都是有跡可尋的，不要忘了在陰陽爻象、事理吉凶之上，還有一個陰陽不變的創造主體，那就是我們常說的「神」、「佛」。

所以當君子人民要有所作爲、有所計畫行動時，必需先占卜來求教神佛於卦象、卦意和爻辭上。而來幫人占卜的蓍占者，有如像接受了天命一樣，不論遠近或有形或無形鬼神的問題，都能馬上來快速反應瞭解，且能有如神通一般的來預知未來。易經卦理就是具有如此精深、玄妙的道理，天下間還能有什麼樣學問和方法，能像易經卦理有如此這樣神妙、神奇的功效啊！

因爲深明天道的陰陽變化，又能細察人民的生活事故，而來弘揚興舉蓍占、占卜等通神的方法，用來開物成務，安頓人民的生活日用。由於這是神聖的事情，所以聖人爲此必須要齋戒沐浴，以求心思的誠敬無邪，才能使自己的所要作的占卜行爲，德行神妙清明而有所感應。

以筆者對於「神通」或是「通靈」的感覺和瞭解，對以上的說法是絕對給予肯定和認同的，因爲「和無形的神靈來溝通」，不就「通靈」了嗎？這本來就是「易經」的基本精神宗旨啊！

所以易經和八卦會被「道教」拿去當成「招牌」來用的原因，也就是這個最主要能通鬼神的原因了。其實這種「通靈」的能力，本來就是人人都也會擁有的能力，只是會有某一些人來的比較強烈、敏感吧了！就好像許多學問一樣，在知識充實具備了以後，一定會來產生這個知識下的「能力」，有如學會「醫學」當然就會擁有了「醫術」，而當上了這個醫生時，就看你是拿來「救人」，還是「斂財」賺錢的了！易經不也是如此嗎？學會了以後，自然就會擁有了某種「神通」的能力，也是看你來救人還是來騙人斂財的了！

對於民間許多的「通靈者」，筆者也接觸過不少，都覺得很可惜！其實這一些「通靈者」中也有許多是很善良慈悲，真是以幫人濟世、行菩薩道的精神在做事，並不是像江湖術士般的神棍在斂財騙色，只是大都沒有經過很嚴謹正統的學理教育培訓，而只是遵循著一些似是而非的方法，摸索著一點點、斷斷續續的靈通感覺，就來替人辦事，或是引導自己的學習方向，或是乾脆放任自己被當成個「傀儡」，任由法師神駕和鬼神的隨意擺弄。

許多通靈者可能還不知道，在「易經」和「佛法」中，原本就是有寫著許多來引導學習，智慧靈通的正統方法，在學會以後，不但可以清楚明白地知道許多信眾的問題所在，而且絕對不會是那一種模糊、斷續、不明的感覺，完全不用在那裡半猜、半想地懷疑著。

第九講之一　十翼傳之序卦傳

【說明導讀】

序卦傳相傳是孔子將六十四卦的卦意，以萬物和人一生的開始從初生、養育、受教育、成家、立業、、、等，有關於成長歷程中的成功、失敗，一一以卦意來描述形容，也可以藉此來將卦意作一個很「生活化」的解釋，對於周易經傳上那些過於死板的經文運用解釋，給予了另一個比較生動活潑的瞭解。

所以筆者對於「序卦傳」也給予很高的學習建議，讀者也可以試著用這樣的解讀方式，自行來發揮想像力，將易經的卦意融入在生活當中，就不會再覺得易經好艱深、刻板了！

『備註』另有傳記載明「序卦傳」是為周文王所著寫的，自前並沒有很明確的考證，筆者認為應是孔子所著寫的成分較大。

【序卦傳原文】

有天地，然後萬物生焉。盈天地之間者，唯萬物，故受之以屯。屯者盈也，屯者物之始生也。物生必蒙，故受之以蒙。蒙者，蒙也，物之穉也。物穉不可不養也，故受之以需。需者飲食之道也，飲食必有訟，故受之以訟。訟必有眾起，故受之以師。師者眾也，眾必有所比，故受之以比。比者，比也。比必有所畜也，故受之以小畜。物畜然後有禮，故受之以履。履而泰，然後安，故受之以泰。

泰者，通也，物不可以終通，故受之以否。物不可以終否，故受之以同人。與人同者，物必歸焉，故受之以大有。有大者不可以盈，故受之以謙。有大而能謙，必豫，故受之以豫。豫必有隨，故受之以隨。以喜隨人者，必有事，故受之以蠱。蠱者，事也，有事而後可大，故受之以臨。臨者，大也，物大然後可觀，故受之以觀。可觀而後有所合，故受之以噬嗑。嗑者，合也，物不可以苟合而已，故受之以賁。賁者，飾也，致飾然後亨，則盡矣，故受之以剝。剝者，剝也，物不可以終盡，剝窮上反下，故受之以復。復則不妄矣，故受之以妄。有妄然後可畜，故受之以大畜。物畜然後可養，故受之以頤。頤者，養也，不養則不可動，故受之以大過。物不可以終過，故受之以坎。坎者，陷也，陷必有所麗，故受之以離。離者，麗也。「是為序卦之上經」

有天地，然後有萬物；有萬物，然後有男女；有男女，然後有夫婦；有夫婦，然後有父子；有父子然後有君臣；有君臣，然後有上下；有上下，然後禮儀有所錯。

夫婦之道，不可以不久也，故受之以恆。恆者，久也，物不可以久居其所，故受之以遯。遯者，退也，物不可終遯，故受之以大壯。物不可以終壯，故受之以晉。晉者，進也，進必有所傷，故受之以明夷。夷者，傷也，傷於外者，必反其家，故受之以家人。家道窮必乖，故受之以睽。睽者，乖也，乖必有難，故受之以蹇。蹇者，難也，物不可終難，故受之以解。解者，緩也，緩必有所失，故受之以損。損而不已，必益，故受之以益。益而不已，必夬，故受之以夬。夬者，決也，夬必有所遇，故受之以姤。姤者，遇也，物相遇而後聚，故受之以萃。萃者，聚也，聚而上者，謂之升，故受之以升。升而不已，必困，故受之以困。困乎上者，必反下，故受之以井。井道不可不革，故受之以革。革物者莫若鼎，故受之以鼎。主器者莫若長子，故受之以震。震者，動也，物不可以終動，止之，故受之以艮。艮者，止也，物不可以終止，故受之以漸。漸者，進也，進必有所歸，故受之以歸妹。得其所歸者必大，故受之以豐。豐者，大也，窮大者，必失其居，故受之以旅。旅而無所容，故受之以巽。巽者，入也，入而後悅之，故受之以兌。兌者，悅也，悅而後散之，故受之以渙。渙者，離也，物不可以終離，故受之以節。節而信之，故受之以中孚。有其信者，必行之，故受之以小過。有過物者，必濟，故受之既濟。物不可窮也，故受之以未濟終焉。

「上下經卦名次序歌」

乾坤屯蒙需訟師，比小畜兮履泰否
同人大有謙豫隨，蠱臨觀兮噬嗑賁
剝復無妄大畜頤，大過坎離三十備
咸恆遯兮及大壯，晉與明夷家人睽
蹇解損益夬姤萃，升困井革鼎震繼
艮漸歸妹豐旅巽，兌渙節兮中孚至
小過既濟兼未濟，是為下經三十四。

【序卦傳的白話解說】

「乾爲天」大卦代表上半年，從正北方冬至算起到夏至的乾天位，由陰消而陽長，主陽。「坤爲地」大卦代表下半年，從夏至的乾天位到冬至的坤地位，由陽消而陰長，主陰。

天主卦序，地卦輔助，陽剛陰柔相濟，上下六合一統，以此「乾坤」的生成次序，將六十四卦來象徵代表一個人的「出生」、「成長」、「受教育」、「創業」、、、而寫下了周易卦序，又稱爲「序卦傳」，所以在「周易」經傳中解釋六十四卦的順序，就都以此次序來排序。

陽卦在先，陰卦在後。首一，乾卦象天、象父。次二，坤卦象地、象母。所以有天有地，有父有母，而天地相合，乾坤生萬物、父母生下了小孩。

因此天地間有了萬物的開始和初生，所以這叫作「屯」卦。

小孩、萬物剛被生下、創始的時候，是蒙昧的、是幼稚的、是需要來給予啓蒙教育的，這是自然的現象，因此接著是「蒙」卦。

剛出生的小孩、萬物是幼小的，就要給予養育，因此就需要飲食，所以接著是「需」卦。

小孩慢慢長大了，開始知道人間是不平靜的，小孩們爲了爭生存、搶飲食，必然就會有所爭執、搶奪，所以接著是「訟」卦。

接著爲了彼此的利益，於是眾多的人結群爲居，進而占地而王、眾群成師，所以接著是「師」卦。

群居的人眾多，必會有有親近比和的兄弟朋友，所以接著是「比」卦。

眾人因爲親近比和，而形成聚落，開始了畜養牲畜，也有了積蓄，所以接著是「小畜」卦。

人的物質經濟開始有了積蓄，就要接著有計畫來儲存，所以要訂出規矩來控制，並且來禮敬天地的賜予，所以接著是「履」卦。

人有了規矩和禮節、禮儀，就會來互敬互愛，所以天下就能夠安泰，所以接著是「泰」卦。

但是天下的安泰卻是不會久長的，因爲人常常因爲不滿，而生生妄想、慾望，衝突、紛爭又再次的發生，萬物不可能始終安泰暢通，所以接著是「否」卦。

只是天下萬物也不可能永遠衝突、阻塞的，所以阻塞也不會久長的，阻久必通、塞久必利、分久必合，又有另一群人重新凝聚了相同的理念在一起，所以接著是「同人」卦。

因爲有相同的理念，人還是與人和諧相處好處多，能與人處自然萬物都會來歸順，生產合作的力量更大，所以接著是「大有」卦。

大有，不是小有！大有就會成就大事業。而成就大事業的人，絕不可以驕傲自滿，所以接著是「謙」卦。

能成就大事業又謙虛的人，就不會過與不及，就會無往不勝，必然安樂，所以接著就是「豫」卦。

而誰能使天下安樂，事事順利、人民平安幸福，此時萬眾都會仰慕他、追隨他，所以接著就是「隨」卦。

只是若有人沉於安樂，自己無主張喜歡追隨，奮鬥的意志就會消沈，必然就會開始腐敗發生事端，所以接著是「蠱」卦。

發生了事端，不見得是壞事，很可能在事端以後，如果能及時的來處理反省改善，將可以面臨著更偉大事業的創造，以小統治大，所以接著是君臨天下的「臨」卦。

掌管了天下大事以後，就有了九五之尊的威嚴，具備了穩坐上位，向下面觀視、照應人民的條件，所以接著是「觀」卦。

有了向下面觀視、照應人民的尊嚴，就會使下面的人開始仰慕，或是諂媚、或是不服，所以就產生了各種不同的矛盾心結，因此接著就是「噬嗑」卦。

有人不想苟且的認同和仰慕，必然就會發生掩飾內心想法的行爲，於是許多不實、諂媚、虛假的粉飾事情紛紛來發生，所以接著是「賁」卦。

但是，過份的虛假、粉飾，就會失去真實，就會發生弊端，於是安樂、亨通就已經是到了盡頭，就會開始毀壞、敗壞、墮落、剝落，所以接著是「剝」卦。

可是這種敗壞剝落像是一種大的改變，一下震盪到極點，而造成物極必反的現象，可以說是另一種新生的重新開始，所以接著是「復」卦。

又重新回復到另一個真實的生活，在反省檢討後，會比較踏實的來生活，就不會再像以前那樣地虛假、虛妄了，所以接著是「無妄」卦。

再次立足於真實腳踏實地來做事，有了不虛妄的覺悟，體悟到未來的重要性，開始來規劃、儲備將來，所以就大量地來積蓄，所以接著是「大畜」卦。

將物質大量積蓄以後，就可養精蓄銳飲食就充足，不會懼怕寒冬和意外，更可以來頤養天年，終老一生了，所以接著是「頤」卦。

可是不養不育就不能行動，一切事物都要適可而止，也不能過度的憂天，所以接著是「大過」卦。

所有事物不可始終過度，過度了就會陷入坎坷煩惱之中，所以接著是「坎」卦。陷入了坎中，必然要奮力向上攀附，才不會遭受滅頂的災厄，所以要迎向光明，追隨於明亮、亮麗之下，所以接著是「離」卦。

易經上經，由天道開始，從離卦以下，稱爲天道之行。

上爲上經，下爲下經。下經則從人倫開始。

有了天地，才有萬物；有萬物，則分有陰陽，則分有雌雄，在人則稱作男女，有了男女，男女有感而發，自然的結合在一起，然後才有夫妻，所以就像一般夫妻的感情爲「咸」卦。

有了夫妻的感情，然後才會有父子；有父子，然後人類才會仿效父子的關係，建立君臣的體制。有了君臣的關係體制，然後才能分出上下的階級等級名分，有了上下等級名份，然後才能建立王權，實行禮儀。

因爲夫妻的關係要能久長的維繫，社會國家才能夠安定，所以咸卦以後是恒久的「恒」卦。

但是，萬物的道理是不可能長久保持原狀，長久不變是不可能的，不發生變化是相對的，因此當發生變化時，就要懂得進中有退，所以接著是「遯」卦。

遯是一種智慧，是相對的，退是爲了進，退中有進、前進才能持久，這樣才會發展壯大而興盛起來，所以接著是「大壯」卦。

可是，萬物不可能始終是虛壯的聲勢，也要往前來邁進發展，所以接著是「晉」卦。

在前進的道路上是不平坦的，是會有很多的挫折和危險的，也必然會受到傷害和壓制，所以接著是「明夷」卦。

在外面受到了傷害，瞭解了險惡的環境，最後還是體認到家裡的平安和可靠，所以接著是「家人」卦。

不過當與家人相處到一定的親密程度後，又會由親轉傲慢和疏忽，許多行爲必然自私過分和叛逆，所以接著是「睽」卦。

過分地叛逆衝突，產生了不可彌補的錯誤，必然會陷入無法處理的困難中，所以接著是「蹇」卦。

但是家人仍有親情的存在，萬物也不可始終有困難，只要有心地等待必然會緩和與解除的，所以接著是「解」卦。

雖然困難得以緩和解決，但是必然還是會有損失產生的，所以接著是「損」卦。

又再次因禍得福，有損失學到了經驗，知道不能再損失的時候，就會物極必反，而奮發圖強，必然會得到長輩的賞識而得到利益，所以接著是「益」卦。

有了利益好處和充足的實力，接著也是作一個新的選擇和開始，所以接著是「夬」卦。

作了抉擇以後，可能會來發生許多遭遇，甚至是出乎預料不期而遇的事情，所以接著是「姤」卦。

當許多事情一一來發生遭遇以後，就會聚集許多雜亂的東西，因此此時就要學會如何來篩選好壞，所以接著是「萃」卦。

如果還是持續如此的旺運，經過篩選都是好的來聚集，就會讓氣運產生迅速的變化來攥生，所以接著是「升」卦。

不能不停地上升，必然會遭遇到進退不得的困境，所以接著是「困」卦。

遭遇了不同的困難，必然返回下方，就要虛心內斂保守爲重，有如井中之蛙的安分，所以接著是「井」卦。

井，要常掏洗，水才會清，常變革，水才不會不混濁，所以接著是「革」卦。

有了井水來供食就要取鼎來煮食物了，並且可以來禮拜祖先和天地鬼神，所以接著是「鼎」卦。

鼎是祭拜神明、祖先的禮器，祭祀列祖列宗是長子的責任，震爲長子，長子應當帶領大家來行禮，所以接著是「震」卦。

長子禮拜之後，最後接著輪到了幼子，祭拜才算結束。而且震屬動，萬物也不可以始終在動中，必須使其停止，所以接著是「艮」卦。

但是，事物萬物也不可能始終停止休息不動的，此時又要慢慢漸進而行，所以接著是「漸」卦。

慢慢前進了，必然會有所歸宿，所以接著是「歸妹」卦。

得到了良好的歸宿，齊家同心聲勢必然強大、豐盛，所以接著是「豐」卦。

家運如果豐盛、強大到了極點，必然會不滿足不安於原來的家宅，而要開始尋找旅行，所以接著是「旅」卦。

旅行，如果找不到容身的地方，達不到自己的目的，就會像風一樣無孔不進，就會設法而入到心中所期望的地方，所以接著是「巽」卦。

進入心中所期望的地方了，目的達到了，就會歡歡喜喜、心滿意足，所以接著是「兌」卦。

喜悅，會使人的悶氣渙散，所以接著是「渙」卦。

萬物人們不可能過於渙散，所以要有所節制，所以接著是「節」卦。

有所節制了，人就能守規矩有理智，一個有理智的人，人才能相信他的誠信，所以接著是「中孚」卦。

一個有信用、誠信的人，必然能夠實行他要追求的目的，甚至就會做出超越他的能力和範圍的錯誤來，所以接著是「小過」卦。

如果能夠不逾越常人常情，才能成大事業陰陽調和，所設想的目標必會達到，所以接著是「既濟」卦。

但是萬物不會有窮盡的時候，而會無限地發生、發展和重複，在水火、雷電的相斥、相沖下，又會產生新的開始來，所以接著又是一個萬物開始的根源和循環，就是「未濟」卦。

所以此卦序來說演天地之道的次序，六十四卦從乾卦到未濟卦。這就是《周易》的卦序。

第九講之二　十翼傳之文言傳

【說明導讀】

因爲「乾坤是易經的門戶」，乾坤兩卦是產生《易經》六十四卦的基礎。此一傳文主要就是解釋乾坤兩卦的含義。

文言傳只有乾坤兩卦才有，是對乾坤兩卦的卦意爻辭作更深一層闡釋與說明，這其中也有孔子的註解說明，對於易經經文的瞭解，也可以說是一個開始入門的起步吧！

【文言傳　乾卦原文】

文言曰：「元者，善之長也，亨者，嘉之會也，利者，義之和也，貞者，事之幹也。君子體仁，足以長人。嘉會，足以合禮。利物，足以和義。貞固，足以幹事。君子行此四德，故曰：「乾，元、亨、利、貞。」

初九曰：「潛龍勿用。」何謂也？

子曰：「龍德而隱者也。不易乎世，不成乎名；遯世無悶，不見是而無悶。樂則行之，憂則違之。確乎其不可拔，乾龍也。」

九二曰：「見龍在田，利見大人。」何謂也？

子曰：「龍德而正中者也。庸言之信，庸行之謹，閑邪存其誠，善世而不伐，德博而化。」易曰：「見龍在田，利見大人。」君德也。

九三曰：「君子終日乾乾，夕惕，若厲，無咎。」何謂也？

子曰：「君子進德修業，忠信，所以進德也。修辭立其誠，所以居業也。知至至之，可與幾也。知終終之，可與存義也。是故，居上位而不驕，在下位而不憂。故乾乾因其時而惕，雖危而無咎矣。」

九四：「或躍在淵，無咎。」何謂也？

子曰：「上下無常，非為邪也。進退無恆，非離群也。君子進德修業，欲及時也，故無咎。」

九五曰：「飛龍在天，利見大人。」何謂也？

子曰：「同聲相應，同氣相求；水流濕，火就燥；雲從龍，風從虎。聖人作，而萬物睹，本乎天者親上，本乎地者親下，則各從其類也。」

上九曰：「亢龍有悔。」何謂也？

子曰：「貴而無位，高而無民，賢人在下而無輔，是以動而有悔也。」

潛龍勿用，下也。

見龍在田，時舍也。

終日乾乾，行事也。

或躍在淵，自試也。

飛龍在天，上治也。

亢龍有悔，窮之災也。

乾元用九，天下治也。

又曰：

潛龍勿用，陽氣潛藏。

見龍在田，天下文明。

終日乾乾，與時偕行。

或躍在淵，乾道乃革。

飛龍在天，乃位乎天德。

亢龍有悔，與時偕極。

乾元用九，乃見天則。

乾元者，始而亨者也。利貞者，性情也。

乾始能以美利利天下，不言所利。大矣哉！大哉乾乎？剛健中正，純粹精也。六爻發揮，旁通情也。時乘六龍以御天也。雲行雨施，天下平也。君子以成德為行，日可見之行也。

潛之為言也，隱而未見，行未成，是以君子弗用也。

君子學以聚之，問以辯之，寬以居之，仁以行之。

易曰：「見龍在田，利見大人。」君德也。

九三，重剛而不中，上不在天，下不在田。故乾乾因其時而惕，雖危無咎矣。

九四，重剛而不中，上不在天，下不在田，中不在人，故或之。或之者，疑之也，故無咎。

夫大人者，與天地合其德，與日月合其明，與四時合其序，與鬼神合其吉凶。先天而天弗違，後天而奉天時。天且弗違，而況於人乎？況於鬼神乎？

亢之為言也，知進而不知退，知存而不知亡，知得而不知喪。其唯聖人乎？知進退存亡，而不失其正者，其為聖人乎？

【文言傳 坤卦原文】

文言曰：坤至柔，而動也剛，至靜而德方，後得主而有常，含萬物而化光。坤其道順乎？承天而時行。

積善之家，必有餘慶；積不善之家，必有餘殃。臣弒其君，子弒其父，非一朝一夕之故，其所由來者漸矣，由辯之不早辯也。易曰：「履霜堅冰至。」蓋言順也。

直其正也，方其義也。君子敬以直內，義以方外，敬義立，而德不孤。「直，方，大，不習無不利」，則不疑其所行也。

陰雖有美，含之；以從王事，弗敢成也。地道也，妻道也，臣道也。地道無成，而代有終也。

天地變化，草木蕃；天地閉，賢人隱。易曰：「括囊；無咎，無譽。」蓋言謹也。

君子黃中通理，正位居體，美在其中，而暢於四支，發於事業，美之至也。

陰疑於陽，必戰。為其嫌於無陽也，故稱龍焉。猶未離其類也，故稱血焉。夫玄黃者，天地之雜也，天玄而地黃。

【文言的乾卦白話解說】

文言曰：「元者，善之長者也；亨者，嘉之會也；利者，義之和也；貞者，事之幹也。」

「元」字是代表萬物的開始，所以強調的是「善」，善的思想，善的行爲，有好的善良一面的成長，才夠得上所謂元，才叫作元。

「亨」則是好的集合，「嘉」是良好的意思，很多良好的因素，集合起來，成爲好的集合，才能稱亨。

「利」則是要達到和，「和」在現代的觀念是和平，怎樣才能和平？就是人與人之間，人與物之間能相和嗎？這裏的利，是兩利，彼此間都要有利，才夠得上利。才能夠得到真正的利，假使我有利，你沒有利，乃至損害到你，而你得了利，又要會去損害到他，這種有損害到另外一人的利益，並不是利的目的，也不是利的定義。

「貞」，則是一件事物的中心，是一種堅定的「理念」，才會變成事情的中心主幹，所以一定要確立自己的中心思想是什麼？不能迷迷糊糊的過日子。

由以上的觀點來看，這是孔子在研究易經之後，對於周文王所寫的乾卦卦辭「元、亨、利、貞」四個字的再加說明和解釋。

孔子在文言中對於「易經」的解釋，完全納入了人文思想的道理中，對於宇宙物理科學和卜筮吉凶等方面都不管，這也就是儒家思想對於「易經」卜筮文化轉變的開始，而變成了一種「爲人處事」的道理之說，當然這也是讓「易經」成爲殿堂的經典之說，啓發了後來漢唐宋之後，一般儒家研究易經的路線，沒有走往象數卜筮方面去研究，沒有向科學方面走的最大原因。

但是也就因爲如此把我們這一些，只是想要來學會論卜吉凶的後人，給搞得人仰馬翻了。

「君子體仁足以長人，嘉會足以合禮，利物足以和義，貞固足以幹事。君子行此四德者，故曰乾，元、亨、利、貞。」

「體仁足以長人」是說一個人受了教育以後，就要具備「元、亨、利、貞」四個字，才夠得上作爲一個人，自己的胸襟內在要能愛人，才能夠來領導別人。

「嘉會足以合禮」，一切良好的人都來聚集，人與人之間的相處都很好，才能合於禮儀，也即是今日我們所標榜的康和樂利的社會，才能夠來實現。

「利物足以和義」，利物足以和義的利物，意思是我們人類應該利用東西、使用東西，而不是被東西所左右。

儒家思想中有「濟人利物」的話，「物」字不只是指動物、植物、礦物，在古代的「物」包羅很廣，等於現代話的「這個東西」的「東西」。

「貞固足以幹事」，養成內在堅定的理念思想，意志堅定，然後才來可以做事，不會懷疑、失去信心。

「君子行此四德者，故曰乾，元，亨，利，貞。」這是孔子的結論。就是要有修爲的人，一定要好好的把以上的四大德行給確實做到。

「初九曰：潛龍勿用，何謂也？子曰：龍德而隱者也，不易乎世，不成乎名，遯世无悶，不見是而无悶；樂則行之，憂則違之，確乎其不可拔，潛龍也。」

初九爻的爻辭說「潛能勿用」是說的什麼呢？龍的精神是看不到的，不會完全給人看見的，一個人如道家老子說的功成名遂身退的意思。

「龍德而隱」幫忙了人家，人家還不知道是誰幫了忙，就是這個的道理。

「不易乎世」一個人做到社會外界環境儘管如何變化，自己都不受外界變化的影響

「不成乎名」自己有堅定獨特的思想，也不要求在外面社會上成名，所以像孔子、老子、莊子，幾乎都是這個理念的。

「遯世无悶」所以當這個世界不能有所作爲的時候，自己就隱退了，不求表現亦不求人知，沒沒無聞，而不會覺得煩悶，真的快活、樂觀，不讓憂煩到心中來。

「確乎其不可拔」更重要的是這種精神能還能堅定不移，毫不動搖，這就是初九爻的潛龍勿用的境界了。

現在經過孔子這一解釋，我們可以把潛龍勿用的「勿」字給下了一個明確定義，這「勿」字是表示原來有無比的價值，但不是不能用，也是非不可用，而是看自我要不要去用的意思。

「九二曰：見龍在田，利見大人，何謂也？子曰：龍德而正中者也。庸言之信，庸言之謹，閑邪存其誠，善世而不伐，德博而化。易曰：見龍在田，利見大人，君德也。」

這裏孔子把九二爻的爻辭，完全解釋成人文思想的修養，要想做一個好領導人，便要中正、存誠、信言、謹行，功在天下亦不傲慢，能夠普愛天下人，才是君子該有的品德、德行。這就是九二爻的意思。

孔子對九二爻的解釋，是講一個領導人的風格德性，要有如同龍的德性一樣，有如龍的德性，是至中至正的。人要達到至中至正，先要養成像有偉大的胸襟，以西方哲學而言，就是要絕對的客觀，平常生活的話都要誠實有信，平常的行爲都要很小心。

要防止自己產生不正的思想和歪曲的觀念，要隨時存心誠懇，對於世界有了貢獻，乃至挽救了國家、公司和社會，自己並不驕傲，也不表功，不認爲自己了不起，有很厚的道德品行，又能普遍的感化別人，這是九二爻爻辭的意思，也是領導人的修養標準。

「九三曰：君子終日乾乾，夕惕若，厲无咎，何謂也？子曰：君子進德修業，忠信，所以進德也；修辭立其誠，所以居業也；知至至之，可與幾也；知終終之，可與存義也。是故居上位而不驕，在下位而不憂。故乾乾因其時而惕，雖危无咎矣。」

這裡孔子解釋乾卦第三爻的爻辭，可作爲每個人做人做事做學問的標準。

「進德」的意義，「忠信，所以進德也。」認爲是指一個人欲如何進德修業，都要這樣戰戰兢兢的小心，古代對於忠字的解釋，是對人對事沒有不盡心的行爲稱爲「忠」。這跟一般觀念下，要爲國家、君主去拼命的「忠心」，是有點不同的。要言而有信，相信自己，誠信對待別人爲信，所以這是進德。

至於修業，「要修辭立其誠，所以居業也。」古人教人修業，並不只是要把文章寫得美就行了，當然絕對不是如此，易經上的「修辭」所含的意義，包括了言語、文字和行爲，要和辭章一樣，古代「辭章」的觀念，並不是只限於白紙黑字的文字著作，而包括了待人、處世、做事乃至於都市建築的設計，都是屬於修辭的範圍，都要很盡心的來做。言談舉止方面，做人要誠懇，這是居業的條件，這是孔子對進德修業的解釋。

「知至至之，可與幾也，知終終之，可與存義也。是故居上位而不驕，在下位而不憂。故乾乾因其時而惕，雖危無咎矣。」這是精義所在，這裏是說，人最高的智慧要做到對自己、人、對事，知道機會到了，要把握機會，應該做的就趕緊去做。

所以要「知至至之」，時機到了便做。則剛剛好，就可與幾也。

什麼是「幾」？就是知機，未卜先知，就是知這個幾了。要有這樣恰到毫纖的高度智慧，看準了，時間到了。應該做就做，對了便可改變歷史，

「知終終之」就是看見這件事，應該下臺的，就立即下臺，永遠留一個非常好的印象在那裏。「居上位而不驕」，雖然坐在最上的位置，亦不覺得有什麼可驕傲的，這那麼在下位亦無憂。因爲時代不屬於自己的，所以人生隨時隨地要了解自己。

「乾乾因其時而惕」要認識自己，時間機會屬於自己，就好好發揮一下，這樣縱使有危險，但不至於出毛病。

從這裏就看到孔子的中心思想就是一個「我」，就是對於「自我」的瞭解，人生該如何去安排、規劃「我」，每一個人把自己的自我安排對了，整個大我就安排對了，有許多事往往是因爲這個「我」安排得不好，而把整個事情都砸爛了。

「九四曰：或躍在淵，无咎，何謂也？子曰：上下無常，非為邪也；進退无恒，非離群也日君子進德修業，欲及時也，故无咎。」。」

「或躍在淵，无咎。」這句九四爻的爻辭說的是什麼意思呢？前面說過，這句爻辭的「或」字，等於一個人站在門中間，一腳在裏一腳在外，進出都可以，所以孔子這裏說「上下無常，非爲邪也。」要上去或要下來都可以。或是以另一個角度來看，一個人處世，或者想進一步，或者想退一步，也是無常沒有辦法固定的。所以這樣站在中間，是等待時機，所以這就是能夠无咎的，不會犯下過錯的了。

易經講了半天講到極重要點，只教你瞭解一個時間、空間、和機運都不屬於自己，任你怎樣努力也沒有用，時間到後來被變作運氣，運不來。輪不到那個時間，再轉亦沒有用，但是要注意，看歷史就知道，有些人機運到了自己的前面，卻又讓機運輕輕溜過去了。

「九五曰：飛龍在天。利見大人。何謂也？子曰：同聲相應，同氣相求；水流濕，火就燥；雲從龍，風從虎，聖人作而萬物覩，本乎天者親上，本乎地者親下，則各從其類也。」

九二爻說利見大人，現在九五爻亦說利見大人，這到底是說什麼呢？

到了九五爻這裏的利見大人，不是普通的大人，是各從其類、能與你心性相和的大人。「同聲相應」，這四個字研究起來很有趣，所謂「同聲」，我們試到鄉村就體會得到，有一隻鳥叫，另一隻鳥也亦叫，就是相應了，因爲是同聲。但鳥叫雞不會叫，因爲不同聲。而「同氣相求」，也是指同一個氣類的東西。

「水流濕」，當然水會向濕的地方流。「火就燥」，越乾燥的地方越容易起火，這些都是說自然的現象。

「雲從龍，風從虎。」龍或許大家都沒見過，但是老虎一來風就來了，這些都是說物類的相從道理。

「聖人作而萬物覩」的意思是說。這個人世間上開始有了文化出來，堯舜禹湯開創了文化以後，人物的道理就看得清楚了。

「本乎天者親上，本乎地者親下。」如東西一次燃燒，有的就化爲氣的上升，有的物質就下落於地。

「則各從其所類也。」所以此段的結論是各人都會來跟從他的同類。

他這一段到底講了些什麼重點呢？以前的文章中，常有「攀龍附鳳」這句話，例如漢高祖起來了，陳平、蕭何這些原來不過縣府裡的小官員，也都做了一國的宰相，所以這一段，說穿了，那只是另一種不同的人生哲學。所謂利見大人，只是各從其類，跟隨附和各人的愛好，亦可以說是世界人類心理的分析，這就是各從其類要選對邊的意思。

「上九曰：亢龍有悔、動而有悔也。」何謂也？子曰：貴而无位，高而无民，賢人在下位而无輔，是以「動而有悔」

「貴而无位，高而无民」就是人不要坐到最高的位置，換句話說，做人亦不要做得太高明了，或是太高貴到，沒有適合的位置工作來做了。

就像有的人，學問、人格、儀表都好。可是太尊貴了，尊貴而到了無位，反而連一個小職員的位置都得不到。或是說自己高明到了極點就沒有屬下幹部。因為自己太過自傲、聰明了，屬下人都不敢說話，有意見也都不敢表示，這時就到了這種亢龍的境界。

所以這時即使機運是好的，也會很容易就被打下來了，而且都沒有人可以來幫助，所以這一爻最不好，動輒得咎，沒有好的事情會臨到身上了。

下面文言裡的解釋又與以上的解說稍有不同了，應該算是孔子對於乾卦爻辭的另外一種比較簡潔、扼要的看法。

「潛龍勿用，下也；見龍在田，時舍也，終日乾乾，行事也；或躍在淵，自試也；飛龍在天，上治也；亢龍有悔，窮之災也；乾元用九，天下治也。」

「潛龍勿用。下也。」下這個字的意思，就是太低了。

「見龍在田，時舍也。」時間定在那裏，舍就是住，定住在那裏。

「終日乾乾，行事也。」這是對做事而言。

「或躍在淵，自試也。」是給自己準備，要好好試探一下。

「飛龍在天，上治也。」上面最好的現象，天下太平的境界。

「亢龍有悔，窮之災也。」到了極點，前面再沒有路走了，困窮的災厄要來了。

「乾元用九，天下治也。」整個是好的，天下太平。

而以下這一段的對乾卦六爻爻辭解釋又稍不同，算是講得比較抽象意念的描述。

「潛龍勿用，陽氣潛藏；見龍在田，天下文明；終日乾乾，與時偕行；或躍在淵，乾道乃革；飛龍在天，乃位乎天德；亢龍有悔，與時偕極；乾元用九，乃見天則。」

「潛龍勿用，陽氣潛藏。」這和最初的解釋是一樣，等於晚上太陽在下面，陽氣潛伏在下面，還沒有出來。

「見龍在田，天下文明。」等於早上太陽剛出來，天下因而文明了。

文明這兩個字，出自於易經，實際上是文章與光明兩個意思的聯合，文章就是指萬物存在宇宙間的美麗現象，都可以稱作文章。

「終日乾乾，與時偕行。」表示事事要跟著時代來變，來進步，做人也好，做事也好，要認清楚時代，把握時代來進步，不能落伍。

這兩句話大家請務必要注意，易經的整個精神，也可以說是時時要能夠隨順、不可過於固執僵化，這幾句話非常重要，孔子告訴我們，這是中國文化的精神。

「或躍在淵，乾道乃革。」到了第四爻，由內到外，這是一個改革的，變更的現象。

「飛龍在天，位乎天德。」這是講位，到了最高處了，就是有如天的德行了。

「亢龍有悔，與時偕極。」時間已到了盡頭，不再屬於自己了。

「乾元用九，乃見天則。」是說乾元用九，為天地的法則，天地造了萬物，但是不支配萬物，亦沒有把萬物收回來，所以用九而不被九用。

如果看到這裡可以體會到，孔子單只是對於「乾卦爻辭」的解釋，就以好幾個不同的角度來解說。

所以在「易經」裡有一個很重要的觀點，可以來告訴大家，就是任何一卦的解釋都不是固定的，都是要靠自己的觀念在理解後再來解釋的，各人的見解不同，而卦的解釋也就見仁見智的不同了。因此要學習「易經」的卦象卦意，一定要能夠用理解的方法來學習，將一個卦意的意思領悟了，再來「象徵」地應用所卜求出來的卦象上，如此來批解所求事情的吉凶，才能隨順著不同的人、事問題，而有貼合正確的解說，這也是爲何常有學生來質疑說，老師在解卦的時候，同一卦象對於不同的人來卜，或是卜問不同的事情，吉凶的批斷卻會有很大的差別呢？

【文言的坤卦白話解說】

「文言曰：坤、至柔而動也剛，至靜而德方，後得主而有常，含萬物而化光，坤道其順乎？承天而時行。」

坤卦的德性是：坤是純陰卦，是至柔的。至柔是坤卦的體，如果動起來就很剛強，老子引用了這個觀念，所以來說「柔能克剛」。所以說水是天下之至柔，世界上最柔的是水，但卻能克天下之至剛，就是不管多厚的鋼板或石頭，在不斷的滴水之下，最後亦必被水滴得穿洞而過，所以表示柔中帶剛的特色。

「至靜而德方」，坤卦是至靜的，但是不是死寂的，外圓內方的，內在永遠是方正的，一個人假使把自己的精神、人格、修養做好了，自然是外圓內方，形成了至靜而德方的修養境界了。

「後得主而有常，含萬物而化光。」就是月亮的道理，有一定的常軌，有如大地包容了一切而化成光明，這是說人的修養，是什麼人才應有如此的修養？乾卦是君道，是領導人的修養；而坤卦則是臣道，是來作爲輔佐的人的修養。

「坤道其順乎，承天而時行。」要柔順，要承上啓下，這就是教我們要站在坤道的立場，坤道是臣道，又是妻道，所以中國講婦女的德性，是夫唱婦隨的品行。

「積善之家，必有餘慶；積不善之家，必有餘殃。」

這四句話是中國文化開始有的「因果觀念」，大家要特別注意的，我們中國文化是東方文化，最喜歡講因果報應，如果過去沒有研究過易經，便會以爲這是來自印度的，是佛家佛法的觀念思想，事實上中國、印度的東方文化都是建立在因果報應基礎上的，由此我們可以了解，中國過去五千年文化思想的教育、政治、道德等的基礎，也都是建立在這個因果基礎上，所以大家都會怕有不好的報應。

不過因果的問題是宗教哲學的大問題，要研究起來亦是很好的一個課題，幾乎都可以再寫上一本書的。

佛家的因果，是講本身的三世因果，即前生、現在及後世。而中國儒家的因果觀，則講的是祖宗、本身和子孫三代。就是根據易經這裏來的，這也是一個歷史哲學，尤其是這幾句話，我們都曉得知道是孔子的話，這是中國文化幾千年來不變的道理。

我們要注意「餘慶」、「餘殃」的「餘」字，餘是剩下來的，餘是有變化的，並不是一定報在本身，這是中國人對因果報應的看法。

最近一些西方國家如美國對宗教的觀念，已經有了不少的轉變，也都主張宗教不能分家，提出「宗教一家」的口號。其次美國的一般學者、知識青年，也非常相信三世因果，也因爲如此，信仰佛法佛教的歐美人士也越來越多，可見「因果」的報應觀念，的確是很真實正確的存在著。

「臣弒其君，子弒其父，非一朝一夕之故，其所由來者漸矣！由辨之不早辨也。易曰：履霜堅冰至，蓋言順也。」

「臣弒其君」部下叛變而殺掉了君長、國君的。

「子弒其父」兒子殺掉父親的。春秋戰國時這種例子太多了，尤其是在利害之間，兄弟姊妹之間，許多殺、搶什麼的慘虐行爲都發生過。

「非一朝一夕之故」不是突然變來的。

「其所由來者漸矣」！是漸進的，如同易經的法則，是一爻一爻，慢慢變來的。

「由辨不早辨也」，這是辯論的辯，也是分辨的辨。爲何會變這樣子呢？因爲一開始就要去瞭解事情的真相，要分辨說明清楚是非的善惡，卻都沒有來做好，自然就會埋下禍因，而導致君臣、父子相殺的禍端了。

易曰：「履霜堅冰至，蓋言順也。」這就解擇引用初六爻的話說，學會了易經，腳踏在地上發現降霜了，就要知道寒冷冬天快要來了。都是有前因後果的，就像我們常說的「一葉知秋」的道裡是一樣的。

春秋戰國的時候，孔子看到當時社會那麼樣的亂！不忠不孝不仁不義的人那麼多，所以提倡孝、提倡仁，一個社會文化的演變也是其來有自的，所以我們看了四書五經很傷感的！可見中國這個民族，可怕的一面是不孝、不仁、不義的人太多，所以孔子提倡仁呀！義呀！孝呀！

但是幾千年來，我們看到幾個真孝、真仁、真義的人呢？孔子這裏就講出中國文明的另外黑暗一面。

所以在家庭教育來講，就是對一個孩子變壞，沒有提早看清楚；以歷史來講，就是君王不好好領導，不早將是非辨別清楚，所以才會發生動亂。這也是講歷史哲學，也是一個社會史，也是一個文化的發展史，譬如現代的中國文化，爲什麼發展到了現在，一直要來提倡自然科學的最大原因。

「直其正也，方其義也；君子敬以直內，義以方外；敬義立而德不孤，直方大，不習无不利，則不疑其所行也。」

直就代表正，方代表義。

「君子敬以直內」，內心修養要絕對公正，自己內心得直，沒有彎曲，不會在內心裏耍鬼。

「義以方外」，就是在外面，對人對事，要一言爲定，到處合宜，言而有信、規規矩矩。

「敬義立而德不孤」，所以此時不要怕寂寞，不要怕倒楣，有自己堅信的道理，就會有人來欣賞、跟隨、學習，自然就不會孤獨了。

「直方大，不習无不利。」一個人只要有直、方、大三個字，就是公正、義氣、仁愛，內方外圓，胸襟偉大，像大地一樣，包涵一切。

「則不疑其所行也」，就能和天下人同心一德了，而不會有人來懷疑他的德行和行爲了啊。

「陰雖有美含之，以從王事，弗敢成也；地道也，妻道也，臣道也。地道无成而代有終也。」

「陰」就是太陰、月亮，「雖有美含之」，月亮的景色光明很美麗，有它的美德在裡面。

「以從王事」要以美德來作爲臣道，來跟從君王成就大事。

「弗敢成也」，所以輔佐的人是成功不必在我的，真正的大臣要做到「成功不在我」，這是臣道，是地道，也是天地的法則

「妻道也」等於當太太的，一定要將家庭照顧好，使先生無後顧之憂，成爲成功男人背後那個「最成功」的女人。

「地道无成而代有終也」，地道本身無成，但是不要以爲本身沒有成就，就是沒有結果嗎？，成功不必在我，別人的成功，亦即是自己的成功，也會得到許多利益的。

讀歷史大家都知道，歷史上成功的人物，所有來幫忙的人，甚至是幫閒的人，都會有來留名，老實說，如果是旁邊來幫忙幫閒的人自己來幹，恐怕還成不了功業，大家也都沒有成名了，都會被淘汰下去了。

所以真正瞭解自己有修爲的人，是絕對能夠「知己知彼」，不會強出頭的。反而是要找一個人來坐轎子輔佐他，慢慢地抬他幫他，到最後自然大家都能夠成功了。只是換個角度來看，譬如抬轎子輔佐的人，也要好好地抬，否則坐轎的倒下來，把抬轎的也都壓倒。而坐轎的人也是要好好的來坐好，否則坐轎的翻起筋斗來，抬轎的也抬不好了。所以彼此在什麼地位，就要做好什麼事，這才是大地的法則。

「天地變化，草木蕃，天地閉，賢人隱，易曰：括囊无咎无譽，蓋言謹也。」

「天地變化，草木蕃。」春天到了，氣候調和，時運來了，草木都欣欣向榮。這時候知道好時機的來到，就可以出來發展，發揮自己的才能。如果像是秋天來了，天地閉

塞萬物凋零，時運不濟的時候，那麼賢人、君子碰到這樣的時代，沒有辦法了，挽不回了，只好趕快退隱下來。

「括囊无咎无譽」，就好像自己把自己收起來，放在口袋裏一樣。

「无咎无譽」過著與世無干的生活，講話小心一點，就不會有禍端和毀譽了。

宋朝的理學家個個拚命說孔子是反對道家，反對隱士，我認爲孔子不但不反對，而且還很贊成隱士，在這裏更可以看出來孔子的想法。

「君子黃中通理，正位居體，美在其中，而暢於四支，發於事業，美之至也。」

「黃中通理，正位居體。」這個「黃中」是比喻天地之中，這就是中庸之道，是對六五爻的解釋，也是發展出後來的中庸思想，中庸第一章說：「數中和，天地位焉，萬物育焉。」也就是孟子所說的養氣，「吾善養吾浩然之氣……至大至剛，以直養而無害，充塞於天地之間。」就是從這裏出來的。

所以有了這樣「內聖外王」的修持，內在有了這樣高的修養，通暢於四時和全身的肢體，如果有機會，就可以發揮到外面，發展於事業，就內外合一、天人合一，而美麗、美好極了。

「陰疑於陽必戰，為其嫌於无陽也，故稱龍焉；猶未離其類也，故稱血焉；夫玄黃者，天地之雜也，天玄而地黃。」

上六爻的解釋，用的是倒裝文法，分析注解。坤卦是陰，爲什麼到了上爻是「龍戰于野」？陰極於陽必戰，等於一群女孩漂流到一個孤島，幾年不見男人，見到一個男人必搶，所以「戰」就有了爭鬥的現象，因爲坤卦中一點陽氣都沒有。

到了第六爻陰極陽生，陽氣要來了，於是這時就發生爭戰了，陰陽交戰，所以稱爲龍，龍是看不見的東西，隱隱約約要來了，隱現變化無常。

但是仍然離不開其同類的東西，因爲坤與乾是天地同類，所以亦稱爲血，是血脈相承的意思，天玄地黃，是指天地的顏色，互相交雜起來了。

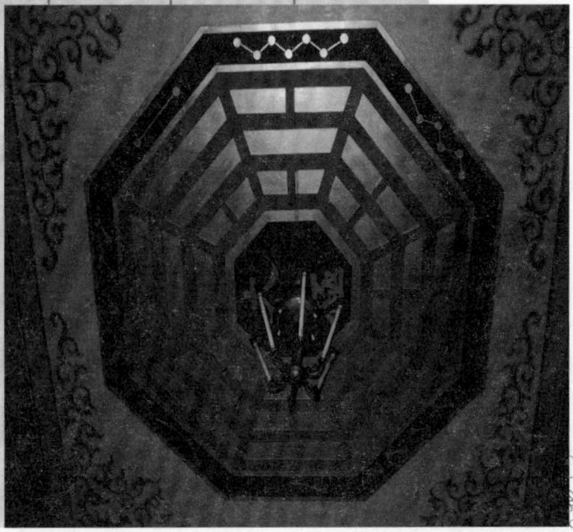

第九講之三　十翼傳之說卦傳

【說明導讀】

說卦傳在八卦解卦的運用上非常的廣泛重要，本傳文主要是來闡明易經八卦卦象所象徵的根本原理，解釋八卦的卦象與卦義的代表運用，從體、相、用三方面總說八卦的形成與性質，及所代表的萬物現像，與陰陽三才六位的解說，進而由八卦相重相錯，成生生不已的次序，而有《易經》六十四卦生成變化的軌跡，這是在解卦時不可或缺的最重要依據。

由於此一傳文明確定來「定義」講解易經八卦生成象徵的道理，和八卦組成卦象的道理、方位、特性，以及廣泛定義八卦的卦象，所要來「象徵、代表」的各種萬物物象的意義。

例如：乾就可來代表為天，為圓，為君，為父，為玉，為金，為寒，為冰……。因此，其象徵代表的事物，或許不必完全合於經文中的道理，但主要就是來表示、來代表天下百象的一種運用，所以也是八卦百象圖的歸納依據。

【說卦傳 原文】

第一章　聖人作易之理

昔者聖人之作易也，幽贊於神明而生蓍。

參天兩地而倚數，觀變於陰陽而立卦，發揮於剛柔而生爻，和順於道德而理於義，窮理盡性以至於命。

第二章　總言六畫之爻

昔者聖人之作易也，將以順性命之理。是以立天之道，曰陰與陽；立地之道，曰柔與剛；立人之道，曰仁與義；兼三才而兩之，故易六畫而成卦。分陰分陽，迭用柔剛，故易六位而成章。

第三章　八卦相錯

天地定位，山澤通氣，雷風相薄，水火不相射，八卦相錯。數往者順，知來者逆，是故易，逆數也。

第四章　卦位相對

雷以動之，風以散之，雨以潤之，日以烜之，艮以止之，兌以說之，乾以君之，坤以藏之。

第五章　言後天卦位之理，萬物隨帝以出入

帝出乎震，齊乎巽，相見乎離，致役乎坤，說言乎兌，戰乎乾，勞乎坎，成言乎艮。萬物出乎震，震，東方也。齊乎巽，巽，東南也。齊也者，言萬物之

絜齊也。離也者，明也，萬物皆相見，南方之卦也。聖人南面而聽天下，嚮明而治，蓋取諸此也。坤也者，地也，萬物皆致養焉，故曰致役乎坤。兌，正秋也，萬物之所說也，故曰說言乎兌。戰乎乾，乾，西北之卦也，言陰陽相薄也。坎者，水也，正北方之卦也，勞卦也，萬物之所歸也，故曰勞乎坎。艮，東北之卦也，萬物之所成終而所成始也，故曰成言乎艮。

第六章　言八卦象萬物之理

神也者，妙萬物而為言者也。動萬物者莫疾乎雷，橈萬物者莫疾乎風，燥萬物者莫熯乎火，說萬物者莫說乎澤，潤萬物者莫潤乎水，終萬物始萬物者莫盛乎艮，故水火相逮，雷風不相悖，山澤通氣，然後能變化，既成萬物也。

第七章　言八卦象之性情

乾，健也。坤，順也。震，動也。巽，入也。坎，陷也。離，麗也。艮，止也。兌，說也。

第八章　言八卦之象，來遠取諸物

乾為馬，坤為牛，震為龍，巽為雞，坎為豕，離為雉，艮為狗，兌為羊。

第九章　言八卦之象 來近取諸身

乾為首，坤為腹，震為足，巽為股，坎為耳，離為目，艮為手，兌為口。

第十章　言八卦之象來取人於諸親

乾，天也，故稱乎父。坤，地也，故稱乎母。震，一索而得男，故謂之長男。巽，一索而得女，故謂之長女。坎再索而得男，故謂之中男。離，再索而得女，故謂之中女。艮，三索而得男，故謂之少男。兌，三索而得女，故謂之少女。

第十一章　言八卦百象之總論

乾為天，為圜，為君，為父，為玉，為金，為寒，為冰，為大赤，為良馬，為老馬，為瘠馬，為駁馬，為木果。

坤為地，為母，為布，為釜，為吝嗇，為均，為子母牛，為大輿，為文，為眾，為柄，其於地也為黑。

震為雷，為龍，為玄黃，為敷，為大塗，為長子，為決躁，為蒼筤竹，為萑葦，其於馬也為善鳴，為馵足，為作足，為的顙，其於稼也為反生，其究為健，為蕃鮮。

巽為木，為風，為長女，為直繩，為工，為白，為長，為高，為進退，為不果，為臭；其於人也，為寡髮，為廣顙，為多白眼，為近利市三倍，其究為躁卦。

坎為水，為溝瀆，為隱伏，為矯輮，為弓輪；其於人也，為加憂，為心病，為耳痛，為血卦，為赤；其於馬也，為美脊，為亟心，為下首，為薄蹄，為曳；其於輿也，為多眚；為通，為月，為盜；其於木也，為堅多心。

離為火，為日，為電，為中女，為甲胄，為戈兵；其於人也，為大腹，為乾卦，為鱉，為蟹，為蠃，為蚌，為龜；其於木也，為科上槁。

艮為山，為路徑，為小石，為門闕，為果蓏，為閽寺，為指，為狗，為鼠，為黔喙之屬；其於木也，為堅多節。

兌為澤，為少女，為巫，為口舌，為毀折，為附決；其於地也，為剛鹵；為妾，為羊。

微笑菩薩（北齊）

第九講之四　十翼傳之雜卦傳

【說明導讀】

雜卦傳很短，才二百五十字，綜合比較六十四卦的特性，更加地言簡意賅。

基本是取兩兩相錯或兩兩相綜的兩個卦象，以一字或兩字來畫龍點睛，勾勒出易經卦意中的重點要義，對此一解說的意思，使每一卦的意思，活靈活現更加的簡單扼要，不失《易經》「簡易」運用的要義。

如「乾剛坤柔」、「比樂師憂」、「咸，速也。恆，久也。」

筆者非常建議要將「雜卦傳」多看幾遍，很快就可以抓住每一個卦意的基本意思了。只是並不是每一個雜卦的卦意解說，都符合基本卦意的意思，所以讀者還是要斟酌的參考使用。

【雜卦傳　原文】

乾剛，坤柔；比樂，師憂。臨、觀之義，或與或求。屯，見而不失其居。蒙，雜而著。震、起也，艮、止也；損、益，盛衰之始也。大畜，時也；妄，災也。萃聚，而升不來也。謙輕，而豫殆也。噬嗑，食也。賁，無色也。兌見，而巽伏也。隨，无故也；蠱，則飭也。剝，爛也。復，反也。晉，晝也。明夷，誅也。井，通而困相遇也。咸，速也。恆，久也。渙，離也。節，止也。解，緩也。蹇，難也。睽，外也。家人，內也。否、泰，反其類也。大壯，則止；遯，則退也。大有，眾也。同人，親也。革，去故也。鼎，取新也。小過，過也。中孚，信也。豐，多故也；親寡，旅也。離上，而坎下也。小畜，寡也。履，不處也。需，不進也。訟，不親也。大過，顛也。姤，遇也，柔遇剛也。漸，女歸待男行也。頤，養正也。既濟，定也。歸妹，女之終也。未濟，男之窮也。夬，決也，剛柔決也。君子道長，小人道憂也。

第十講之一　易經周易經文　上經

【周易經文導讀】

因為「周易經傳」是整個易經卦象的根源，這其中有很多聖賢的智慧在裡面，尤其是原文原始文字、詞義的表達描述，更是蘊含著無窮深遠的意義在裡面，筆者以為有心想要學習「易經」的人，勢必一定要來研讀「周易經傳」的，才能深入整個易經的精髓之中，所以筆者為了先建立讀者學員對於「易經」的瞭解，才會建議先來預習初階白話的卦意，然後此時再來研讀「周易經傳」的經文時，就不會感覺艱深難懂的了！

在上述的介紹中，讀者應該已經明白以下的「周易經文」中，其實有包含著「經文本文」和「爻辭」以及「十翼傳」的註解說明了，一般我們都是將他視為「周易經傳」的全部，沒有再去區分「經文」和「翼傳」的差別了。

以往所有來著寫「易經」或是「周易」的白話書籍，幾乎都是以此經傳的內容為主的，只是有標榜「周易」的白話書籍，大都會附上「周易」原文，然後再來加以白話解說，這也是在以往有非常大量的易經出版主流，只是差別在各家版本間，作者所整理的內容和註解說明的詳盡與否吧了！

基本上這一本「易經周易中階晉級講義」，也是以此為主要的整理課程內容，本來筆者不是很想來著寫整理這一本講義的，覺得自己有一點「錦上添花」、「濫竽充數」的感覺，後來覺得還是要對自己在「易經」傳承上的承諾有所交

代，因此還是來「班門弄斧」一番，畢竟撰寫這一本「周易經傳」的大師大德真的實在是太多，隨便一個都比筆者要來得高深有智慧，所以筆者可能更顯的惶恐，想盡心思來爲這一本講義做更務實，和貼合經文原意的註解說明。

但是幾經思索筆者還是認爲，要將經文的原文給予保留，不給予逐句逐字的白話翻譯，讓讀者能有屬於更廣大的空間，來「欣賞」、「咀嚼」和「想象」，經文原文的字詞美意，和它包含的含意，有時候這種古文的字詞很優美，給這樣翻譯下去，還會感覺怪怪的詞不通意，很難通順，所以筆者乾脆另起爐灶，以另一種角度來解說每一卦象的意思，讓讀者能很快的瞭解卦意，又可以一方面來對照欣賞，經文原文的優美辭意，也算是另一種上課、傳承的方式吧！

讀者若是要以此講義的卦意、爻辭說明，來卜卦和批解卦象，可以直接參考「卦意白話批註簡述」的卦意白話解說，動爻的部分再來對照【爻辭（動爻應用解說）】，應該對於所卜求事情的吉凶判斷，可以做出很準確的批解了。

周易經文的排列順序一般都是以「序卦」的順序來排列解說的，因此與「易經入門初階講義」的卦象排列解說次序是不一樣的，不過卦意內容還是會很相近的，畢竟都是源自於這個經傳本文的，只是周易經傳會著重於「動爻」、「爻辭」的吉凶解說，這與「易經入門初階」裡的卦象批解，是有很大的差別性，請諸位讀者務必要詳加來區別應用。

【易經周易經文 上經】

第一卦 乾為天 卦為純陽之卦 無形的主宰

「經文卦意」乾：元，亨，利，貞。

【翼傳注釋】

《彖》曰：大哉乾元，萬物資始，乃統天。雲行雨施，品物流形。大明終始，六位時成，時乘六龍以御天。乾道變化，各正性命，保合太和，乃利貞。首出庶物，萬國咸寧。

《象》曰：天行健，君子以自強不息。

【爻辭原文】

初九：潛龍勿用。

《象》曰：潛龍勿用，陽在下也。

九二：見龍在田，利見大人。

《象》曰：見龍在田，德施普也。

九三：君子終日乾乾，夕惕若，厲旡咎。

《象》曰：終日乾乾，反復道也。

九四：或躍在淵，旡咎。

《象》曰：或躍在淵，進无咎也。
九五：飛龍在天，利見大人。
《象》曰：飛龍在天，大人造也。
上九：亢龍有悔。
《象》曰：亢龍有悔，盈不可久也。
用九：見群龍无首，吉。用九，天德不可為首也。

文言曰：元者，善之長也。亨者，嘉之會也。利者，義之和也。貞者，事之幹也。君子體仁足以長人，嘉會足以合禮，利物足以合義，貞固足以幹事。君子行此曰德者，故曰：「乾，元、亨、利、貞。」

「周公批註爻辭、小象傳、文言傳」

初九，潛龍勿用。

《象》曰：潛陽勿用，陽在下也。文言曰：初九曰「潛龍勿用。」何謂也？子曰：龍德而隱者也。不易乎世，不成乎名；遯世無悶，不見是而無悶，樂則行之，憂則違之，確乎其不可拔，潛龍也。

九二，見龍在田，利見大人。

《象》曰：見龍在田，德施普也。文言曰：九二曰「見龍在田，利見大人。」何謂也？

子曰：龍德而正中者也。庸言之信，庸行之謹，閑邪存其誠，善世而不伐，德博而化。易曰：「見龍在田，利見大人，君德也。」

九三，君子終日乾乾，夕惕若，厲元咎。

《象》曰：終日乾乾，反復道也。文言曰：九三曰「君子終日乾乾，夕惕若，厲元咎。」何謂也？

子曰：君子進德修業。忠信，所以進德也，修辭立其誠，所以居業也。知至至之，可與言幾也。知終終之，可與存義也。是故居上位而不驕，在下位而不憂。故乾乾因其時而惕，雖危元咎矣。

九四，或躍在淵，尤咎。

《象》曰：或躍在淵，進元咎也。文言曰：九四曰「或躍在淵。元咎」何謂也？

子曰：上下無常，非爲邪也。進退無恆，非離羣也。君子進德修業，欲及時也，故元咎。

九五，飛龍在天，利見大人。

《象》曰：飛龍在天，大人造也。文言曰：九五曰「飛龍在天，利見大人。」何謂也？

子曰：同聲相應，同氣相求。水流濕，火就燥。雲從龍，風從虎。聖人作而萬物觀。本乎天者親上，本乎地者親下。則各從其類也。

上九，亢龍有悔。

《象》曰：亢龍有悔，盈不可久也。文言曰：上九曰「亢龍有悔。」何謂也？

子曰：貴而无位，高而无民，賢人在下位而无輔。是以動而有悔也。

用九，見群龍無首，吉。

《象》曰：「用九」，天德不可爲首也。

文言曰：潛龍勿用，下也。見龍在田，時舍也。終日乾乾，行事也。或躍在淵，自試也。飛龍在天，上治也。亢龍有悔，窮之災也。乾元用九，天下治也。

文言曰：潛龍勿用，陽氣潛藏。見龍在田，天下文明。終日乾乾，與時偕行。或躍在淵，乾道乃革。飛龍在天，乃位乎天德。亢龍有悔，與時偕極。乾元用九，乃見天則。

文言曰：乾，元者，始而亨者也。利，貞者，性情也。乾始能以美利利天下，不言所利，大矣哉！

大哉乾乎！剛健中正，純粹精也。六爻發揮，旁通情也。時乘六龍，以御天也。雲行雨施，天下平也。

文言曰：君子以成德爲行，日可見之行也。「潛」之爲言也，隱而未見，行而未成，是以君子弗用也。

文言曰：君子學以聚之，問以辨之，寬以居之，仁以行之。易曰：「見龍在田，利見大人，君德也。」

文言曰：九三重剛而不中，上不在天，下不在田，故乾乾因其時而惕，雖危無咎矣。

文言曰：九四重剛而不中，上不在天，下不在田，中不在人，故「或」之，或之者，疑之也，故無咎。

文言曰：夫大人者，與天地合其德，與日月合其明，與四時合其序，與鬼神合其吉凶，先天而天弗違，後天而奉天時，天且弗違，而況於人乎？況於鬼神乎？

文言曰：「亢」之爲言也，知進而不知退，知存而不知亡，知得而不知喪。其唯聖人乎！知進退存亡，而不失其正者，其唯聖人乎！

『卦意白話批註簡述』

象曰：「天行健，君子以自強不息。」天體運行，爲最剛健的現象。晝夜四時，循環不息，爲至健也。所以君子應該要效法天象，以進德修業，念念在茲自強不息。

乾卦純陽，無形無跡，具有主宰的作用。以「龍」來象徵天地的生命力，用以表示一切動能鼓舞放發的現象。在人應如精神奮發，開創文明，都應本乎於乾。

得此卦者，其人個性必屬剛強且倔強，對於旁人的勸告，多數不能夠接受。有外實內虛的現象，故凡事不可妄進或過於剛強，否則有災。又乾卦陽剛氣重，也有事業、考試如意繁榮的跡象，但若過於驕傲剛強者，就不可言吉了，要能虛心謙卑。

【爻辭（動爻應用解說）】

《初爻》你雖有實力和能力，卻還沒有得到發揮的機會，這種狀態可能將繼續下去。但是要不著急、不失目標地繼續努力，必將獲得賞識和報酬，現在等候機會最爲要緊。

《二爻》迄今埋沒的才能已漸露頭角。要積極找機會發表自已的理想和意見，但是切記如稍有倚恃自已的才能，而顯現出驕傲的態度，到手的幸運將會失去。

《三爻》你因仗勢自己的能力，而讓可能得手的機會喪失。不要因有一時的大意，要謹守原有的態度才是上策。如果是女性得到此爻不可固執己見，以免災厄臨身。

《四爻》有過份地慎重而讓好時機失去的可能。如果把目標緊縮於小範圍，而採取積極的行動，大概可以順利成功。即使不能立刻見效，至少因爲不斷的努力而會有好的結果。

《五爻》你已經等到積極採取行動的運氣了。但是開辦事業時，要多聽取周遭人的意見，尤其是長輩們的意見，說不定有意料不到的人來幫助你。升學或進入公司如無太大過錯，都會有好結果。

《上爻》你可能因爲文書上的些許錯誤，而演變爲大麻煩。或者因爲遣詞不慎，而和情人發生口角爭執。不要心慌亂而魯莽行事，應該對自己所置身的立場好好地把握。

第二卦　坤為地　卦為純陰之卦　造化的根源

「經文卦意」坤：元，亨，利牝馬之貞。君子有攸往，先迷後得主，利西南得朋，東北喪朋。安貞吉。

【翼傳注釋】

《彖》曰：至哉坤元，萬物資生，乃順承天。坤厚載物，德合无疆。含弘光大，品物咸亨。牝馬地類，行地无疆，柔順利貞。君子攸行，先迷失道，後順得常。西南得朋，乃與類行。東北喪朋，乃終有慶。安貞之吉，應地无疆。

《象》曰：地勢坤，君子以厚德載物。

【爻辭原文】

初六：履霜，堅冰至。
《象》曰：履霜堅冰，陰始凝也。馴致其道，至堅冰也。
六二：直，方，大，不習旡不利。
《象》曰：六二之動，直以方也。不習旡不利，地道光也。
六三：含章可貞。或從王事，旡成有終。
《象》曰：含章可貞。以時發也。或從王事，知光大也。
六四：括囊。旡咎，旡譽。
《象》曰：括囊旡咎，慎不害也。
六五：黃裳，元吉。
《象》曰：黃裳元吉，文在中也。
上六：戰龍於野，其血玄黃。
《象》曰：戰龍於野，其道窮也。
用六：利永貞。
《象》曰：用六永貞，以大終也。

文言曰：坤，至柔而動也剛，至靜而德方，後得主而有常，含萬物而化光。坤道其順乎！承天而時行。

積善之家，必有餘慶；積不善之家，必有餘殃。臣弒其君，子弒其父，非一朝一夕之故，其所由來者漸矣，由辯之不早辯也。易曰：「履霜，堅冰至。」蓋言順也。

直，其正也。方，其義也。君子敬以直內，義以外方，敬義立而德不孤。直大方，不習无不利，則不疑其所行也。

陰雖有美含之，以從王事，弗趕成也。地道也，妻道也，臣道也。地道无成而代有終也。

天地變化，草木蕃；天地閉，賢人隱。易曰：「括囊无咎无譽」，蓋言謹也。

君子黃中通裡，正位居體。美在其中，而暢於四支，發於事業，美之至也。

陰疑於陽，必戰。爲其嫌於无陽也，故稱龍焉；猶未離其類也，故稱血焉。

夫玄黃者，天地之雜也，天玄而地黃。

『卦意白話批註簡述』

《象》曰：「地勢坤，君子以厚德載物。」大地廣闊而厚重，能載運萬物，君子宜效法大地廣博敦厚容納之德行，才能擔任重大的事業。

坤卦純陰，柔順而凝聚，有質有體，具有造化生成之作用，用以表示一切靜態含蘊成長的現象。以「利牡馬之貞」，指出生命順承的態度，在人如厚德多容，樹立形勢，應本乎坤。「乃終有慶」，「終」忍耐、等候正是坤卦最重要的堅持。

所以得此卦者，諸事態度要和順，剛強或是強求必有大凶，又有爲親子、兄弟、朋友等勞苦損失的時候，雖然有移居、搬家的希望，但是最好能停止之。此卦表示願望有調和得到的希望，但是有遲緩而稍受到人妨礙的憂慮，因此只能等待了。

【爻辭（動爻應用解說）】

《初爻》因爲鄙視小事而有招致大禍的可能。例如，做生意的被店員捲逃了金錢，或被詐欺騙錢、或被人倒帳的，要多加小心才好。

《二爻》有升官站立在他人之上的徵兆，如能好好利用機會可得到指導地位，也能獲得意想之外的幸運。如果你是領薪者，將有機會獲得上司的信賴、提拔或轉任新職。

《三爻》運氣稍差一點。事情進行不如意而有焦急的感決。既然有實力，只好靜候好機運的到來。交上此一氣運時，最好保持靜默，多聽從值得信賴的人意見。

《四爻》凡事不必倚賴別人，靜觀運氣的發展。有超出自己能力程度的行動，可能因爲預測錯誤而引起嚴重的事態來。此卦屬於散財卦，證券買賣或金錢借貸務必小心爲妙。

《五爻》要考慮對方的立場，克制自己，以較爲穩和的心情來處理事物，將會得到好結果。在家裡與雙親、和在公司中與上司，都容易引起意見的相左衝突，所以要十分瞭解自己的立場之後，才來進一步採取行動才好。

《上爻》有走入私利私慾的傾向。爲追求利潤不惜用計，其結果將導致兩敗俱傷蒙受損害，要特別小心自重。麻煩事尚未遠去之前，要盡可能迴避、靜待。

第三卦　水雷屯　卦　震下坎上　開創之艱難

「經文卦意」屯：元亨利貞，勿用，有攸往，利建侯。

【翼傳注釋】

《彖》曰：屯，剛柔始交而難生，動乎險中，大亨貞。雷雨之動滿盈，天造草昧，宜建侯而不寧。

《象》曰：雲雷屯。君子以經綸。

【爻辭原文】

初九：磐桓。利居貞，利建侯。

《象》曰：雖磐桓，志行正也。以貴下賤，大得民也。

六二：屯如邅如，乘馬班如。匪寇、婚媾，女子貞不字，十年乃字。

《象》曰：六二之難，乘剛也。十年乃字，反常也。

六三：即鹿无虞，惟入于林中，君子幾不如舍，往吝。

《象》曰：即鹿无虞，以縱禽也。君子舍之，往吝，窮也。

六四：乘馬班如，求婚媾，往，吉，无不利。

《象》曰：求而往，明也。

九五：屯其膏，小，貞吉。大，貞凶。

《象》曰：屯其膏，施未光也。

上六：乘馬班如，泣血漣如。

《象》曰：泣血漣如，何可長也？

『卦意白話批註簡述』

屯，表示剛柔始爻而遇坎險，震雷一開始要動即遇到坎險，未能通暢而難以進展，有如混沌狀態，或有如嬰兒剛誕生，用以表示草昧初開，萬物始生的現象。

在人則如剛開始發展、開創的時候，所以困難重重很難維持，若能忍其辛苦，努力不懈，最後才能脫困得到幸福。

得此卦者，宜守舊常事，靜待時節。批斷眼前的諸事均不如意，相洽談的事情也得不到結論。求財望事，小可成，大莫取，切勿妄動，妄動則不利。

【爻辭〈動爻應用解說〉】

《初爻》正如水來滋潤大地一樣，情況有逐漸好轉的吉兆。務必要捨棄邪心貫徹初衷，不論何事不要期望急速奏效，不要忘了堅持熱誠和努力。外出旅遊要預防氣候的突變。

《二爻》凡事不要逞強、要講道理、要懂得節制。如果是女性，容易被甜言蜜語所惑，如果不多加注意，將招致難以挽回的後果，與其後悔不如事先預防。

《三爻》不要過份相信自己的能力。一旦遇到難局，不要逞強想要自己來解決，應多聽親友或長輩的意見才好。想用自己的小聰明，來打開僵局反有陷入惡性循環的危險，務必去找有能力的人來幫忙解決。

《四爻》此爻表示運氣正在變換。在苦境中煎熬的人要想辦法脫離，生活順利的人也要想法如何維持繼續不退。但是凡事轉換總是好的，如：遷居、轉職應多利用此一時機。

《五爻》運氣已逐漸好轉，不過，也有回復原狀的可能。做新計畫或新事業投資，要有充分的準備和慎重的判斷，想以單純的想法來從事，必定會前功盡棄從頭再來。

《上爻》你正在衰運的時期中。需要培養克服萬難的精神力量，即使情況再惡劣也不要自已。超越障礙才有快樂可言，此時不要自己放棄，否則會失去周圍親友、同事的信任。

第四卦　山水蒙　卦　坎下艮上　啟蒙的教育

「經文卦意」蒙：亨。匪我求童蒙，童蒙求我。初筮告，再三瀆，瀆則不告。利貞。

【翼傳注釋】

《彖》曰：蒙，山下有險，險而止，蒙。蒙，亨，以亨行，時中也。匪我求童蒙，童蒙求我，志應也。初筮告，以剛中也。再三瀆，瀆則不告，瀆蒙也。蒙以養正，聖功也。

《象》曰：山下出泉，蒙。君子以果行育德。

《序卦傳》：「蒙者，蒙也，物之稚也。」

【爻辭原文】

初六：發蒙，利用刑人，用說桎梏，以往，吝。
《象》曰：利用刑人，以正法也。
九二：包蒙，吉。納婦，吉。子克家。
《象》曰：子克家，剛柔接也。
六三：勿用娶女。見金夫，不有躬。无攸利。
《象》曰：勿用娶女，行不順也。
六四：困蒙，吝。
《象》曰：困蒙之吝，獨遠實也。
六五：童蒙，吉。
《象》曰：童蒙之吉，順以巽也。
上九：擊蒙。不利為寇，利御寇。
《象》曰：利用御寇，上下順也。

『卦意白話批註簡述』

泉爲水的源頭，其流尚淺，好比青少年，尚在蒙昧、童蒙的階段，所以在此一階段，必須以教育、開導和涵養道德爲重點，培養其果決、堅忍的心志，還不必急著要求有什麼結果。在人猶象徵如智慧被蒙蔽，見事不明的意思。所以蒙有若被人矇住眼、耳，故凡事隨人來行，縱使心中有苦也難啓口。有因不明事理、缺乏果斷、遇事猶豫不決而誤事。男女占得此卦，均有被矇在鼓裡，受損被騙而不知的現象。

【爻辭（動爻應用解說）】

《初爻》看不清處目標而盲目亂闖，無緣無故給人添麻煩這是你所得的爻象。與人交往、投資、賭注都要慎重其事。已婚者目前多勞苦，轉職開張稍緩爲吉。

《二爻》運氣正慢慢轉爲興隆，人們將仰慕你的德業而前來。你是位於領導立場的人，屬下、員工也將甘願效勞於你，不過切記不可有傲慢的態度。

《三爻》自己的慾望過於強盛之故，易招災禍。異性情色的問題、工作上的、事業上的行爲務必要有節制，如果乘勢進行不加控制，將會後悔莫及。要有「等待時機」的心情態度。

《四爻》暗示你正懸於孤立無助之中，也許被上司或同事冷淡，甚至家庭裏也起了齟齬的危險信號等。此時要能壓抑控制自我的情緒，並且有接納他人意見的度量才可。

《五爻》可以得到有能者的援助而如願以償，顯示苦勞已將告一段落。嚴禁虛榮和舖張的行爲，以虔誠的心意來接受別人的支援。

《上爻》言行過度遭人怨恨，或過份干涉別人而遭人厭惡，這些都是因爲你急功好表現的行爲所造成的，要知到過與不及的道理。

第五卦 水天需 卦 乾下坎上 飲食宴樂以待時

「經文卦意」需：有孚，光亨，貞吉。利涉大川。

【翼傳注釋】

《彖》曰：需，須也。險在前也。剛健而不陷，其義不困窮矣。需，有孚，光亨，貞吉。位乎天位，以正中也。利涉大川，往有功也。

《象》曰：雲上於天，需。君子以飲食宴樂。

《雜卦傳》：「需，不進也。」

《序卦傳》：「需者，飲食之道也。」

【爻辭原文】

初九：需于郊。利用恆，无咎。

《象》曰：需于郊，不犯難行也。利用恆，无咎。未失常也。

九二：需于沙。小有言，終吉。

《象》曰：需于沙，衍在中也。雖小有言，以終吉也。

九三：需于泥，致寇至。

《象》曰：需于泥，災在外也。自我致寇，敬慎不敗也。

六四：需于血，出自穴。

《象》曰：需于血，順以聽也。

九五：需于酒食，貞吉。

《象》曰：酒食貞吉，以中正也。

上六：入于穴，有不速之客三人來，敬之終吉。

《象》曰：不速之客來，敬之終吉。雖不當位，未大失也。

『卦意白話批註簡述』

密雲而不雨的現象，是爲遲滯之象。有如雲在天上，尚未成雨，因此是爲等待時機的現象。所以君子對於此事，應當需要待時，要以飲食休養其身體健康，涵養以待時而動。得此卦者，雖然很渴求、需要，但卻又是時機未到而著急著。此卦凶中帶吉，需耐心等待，則事情可成。

【爻辭〔動爻應用解說〕】

《初爻》　此爻短期間內運氣停滯不前，不放棄希望繼續等候機會是必要的。結婚問題要確實瞭解對方清楚後再來進行，免得捲入三角關係的糾葛之中。開張和轉業都有凶無利。

《二爻》　短期間內要注意交通事故，或意外的災難。工作力面如想要以強硬的手段，來達成目的則易引起紛爭，故務必保持謙虛的態度才好。開張和轉業都要避色，房屋的增建改建或遷徙都不可。

《三爻》此爻有衰運的暗示，願望不能馬上達成，好像被困難所阻隔。病痛、盜難、意外事故等壞運容易發生，要十分留意，不要逞強，要謹守住自己的本份。

《四爻》要有效壓抑自己的魯莽、衝動，逞強只會徒然引起災難。爲打開目前的苦境，而抱以消極的願望尚通情理，所以凡事暫時拖延，以輕鬆的心情靜候時機才是。

《五爻》已見曙光，對於忍受痛苦煎熬過來的人是一線生機。結婚、買賣投資、交涉契約、開店等，都可以積極來進行，皆有吉利。近期內必有所獲，只要所要求的不太離譜就行了。

《上爻》有救星出現，難題也意外地獲得順利解決。領薪者說不定會因接到調職令而慌亂。交涉開店如果是由對方提出者，事情進行會更加有利。

第六卦 天水訟 卦 坎下乾上 作事謀始以防訟

「經文卦意」訟：有孚窒，惕，中吉。終凶。利見大人，不利涉大川。

【翼傳注釋】

《彖》曰：訟，上剛下險，險而健，訟。訟有孚窒，惕，中吉，剛來而得中也。終凶，訟不可成也。利見大人，尚中正也。不利涉大川，入于淵也。

《象》曰：天與水違行，訟。君子以作事謀始。

《雜卦傳》：「訟，不親也。」

【爻辭原文】

初六：不永所事，小有言，終吉。
《象》曰：不永所事，訟不可長也。雖有小言，其辯明也。
九二：不克訟，歸而逋，其邑人三百戶，无眚。
《象》曰：不克訟，歸逋竄也。自下訟上，患至掇也。
六三：食舊德，貞厲，終吉，或從王事，无成。
《象》曰：食舊德，從上吉也。
九四：不克訟，復即命，渝，安貞，吉。
《象》曰：復即命，渝，安貞。不失也。
九五：訟，元吉。
《象》曰：訟，元吉，以中正也。
上九：或錫之鞶帶，終朝三褫之。
《象》曰：以訟受服，亦不足敬也。

『卦意白話批註簡述』

陽氣上升，水性下流，相互違反，比喻人事有紛爭，各持一端，而成訴訟等現象。因此，做事要能開始用很審慎的態度，當有所爭執時，必須要先反省自己，謹慎的處理爭訟之事，才能化暴戾爲祥和。對於爭訟的下場，「終凶」則是最佳的警惕。得此卦須防盜賊的災禍，也有受到違法的嫌疑，而親人疏遠之意。必有身心不安，或有與親族、家人、他人之間發生爭論的情形，故務必避免爭訟爲吉。

【爻辭〔動爻應用解說〕】

《初爻》小心和朋友之間的相處關係。朋友的行爲不正或不檢點，將帶給你很多麻煩，要十分小心。此段時期要避免與人發生爭執，因爲你沒有勝算，必遭受慘敗。

《二爻》此爻不算是好運，需要忍耐。若無特殊情況以維持現狀爲佳。萬不得已時也要請求長輩給你指點迷津，因爲此一段時期，最容易固執己見而做出錯誤的判斷【爻辭〔動爻應用解說〕】，宜加注意。

《三爻》凡事要慎重行事。此時有被人巧騙的現象出現。別人的話不要輕易相信，匆促輕率的行動要非常注意。對於新發展的事業不要一意孤行，要請求旁邊的人協助始能有成。要注意染犯上疾病。

《四爻》遵守道德規範，保持心平氣和則萬事無難。對人關係包括戀愛在內，要預防對方無緣無故的變心，如能暫且順從對方，日後必然有利於你。

《五爻》所向無敵的強運，意志通行無阻，不論戀愛問題、爭論、其他願望方面都對你有利。周遭的人也會被你的德望吸引而來。

《上爻》苦勞多而獲益少。在事情繁忙中不要迷失了自己。

第七卦 地水師 卦 坎下坤上 領導統御之學

「經文卦意」師：貞，丈人吉，旡咎。

【翼傳注釋】

《彖》曰：師，眾也。貞，正也，能以眾正，可以王矣。剛中而應，行險而順，以此毒天下，而民從之，吉又何咎矣！

《象》曰：地中有水，師。君子以容民畜眾。

《序卦傳》：「師者，象也。」六爻中，一陽五陰，九二爻陽剛為主帥，統率上下五陰。

《雜卦傳》：「師憂。」師卦出師動眾，其卦內險外順，故可憂。

【爻辭原文】

初六：師出以律，否臧凶。

《象》曰：師出以律，失律凶也。

九二：在師，中，吉，旡咎，王三錫命。

《象》曰：在師中吉，承天寵也。王三錫命，懷萬邦也。

六三：師或輿尸，凶。

《象》曰：師或輿尸，大旡功也。

六四：師左次，旡咎。

《象》曰：左次旡咎，未失常也。
六五：田有禽，利執言，旡咎。長子帥師，弟子輿尸，貞凶。
《象》曰：長子帥師，以中行也。弟子輿師，使不當也。
上六：大君有命，開國承家，小人勿用。
《象》曰：大君有命，以正功也。小人勿用，必亂邦也。

『卦意白話批註簡述』

水在地中，可以畜聚不散，結爲一體。用以表示萬物，依其同類而密集成群的現象，在人則如要統率群體眾人，必須要能才智、道德兼備，才可領導民眾或軍隊，發揮其統御的能力。

但是「師」有兵旅爭伐的亂象，所以師卦無法有水土一般的親和也，有如惡人得勢而富有，忠實者潦倒而困窮的現象。也有如彼我互相傷害、攻擊的現象，事事難得平安，紛爭的局面常來發生。

【爻辭〈動爻應用解說〉】

《初爻》凡事進展遲滯，容易因衝動的行動而招致失敗。所以要先看清楚前方，事情來臨前要有周到的事先準備。此際嚴禁抱有自己的私慾心。

《二爻》希望之火已經點亮，暗示喜事將會接二連三地來，對於位處別人之上，或是處於支配別人事物的主管，旺盛的氣運尤其顯著。志願和就業都能如願，惟有健康和戀愛問題會有些麻煩。

《三爻》得此爻的人以維持現狀爲佳。乘著興致的心情來辦事容易招致失敗，這是因爲你的自尊心太強，而會引起對方不快所致。要自己多量力而爲，不作非份的想法和計畫。

《四爻》得此爻的人不算太好，凡事要慎重處理。最好不要求發展，而要退一步來想，尤其位處在上位的主管，要避免與下屬發生爭執事件。

《五爻》此時是解決紛爭最適當的時期。例如處理事故、補償、或妨害名譽等案件最好。籌備新事業或著手新規畫的計畫，你只要選任某人去執行，自己站在指揮的地位，便能成功大展鴻圖。惟此一時期要注意病魔的侵擾。

《上爻》運氣已慢慢開朗。此刻需要接受別人幫助，但別忘了對幫助過你的人，要給予相當程度的答禮，否則以免失禮而後悔莫及。運氣順暢的時候，要注意別鬆懈了自已的意志。

第八卦　水地比　比卦　坤下坎上　相輔相親之道

「經文卦意」比：吉。原筮，元永貞，无咎。不寧方來，後夫凶。

【翼傳注釋】

《彖》曰：比，吉也。比，輔也，下順從也。原筮元永貞，无咎，以剛中也。不寧方來，上下應也。後夫凶，其道窮也。

《象》曰：地上有水，比。先王以建萬國，親諸侯。
《序卦傳》：「比者，比也。」比，親比也，親密也。
《雜卦傳》：「比樂。」比爲樂和，親和必樂。

【爻辭原文】

初六：有孚比之，无咎。有孚盈缶，終來有它，吉。
《象》曰：比之初六，有它吉也。
六二：比之自內，貞吉。
《象》曰：比之自內，不自失也。
六三：比之匪人。
《象》曰：比之匪人，不亦傷乎？
六四：外比之，貞吉。
《象》曰：外比於賢，以從上也。
九五：顯比，王用三驅，失前禽。邑人不誡，吉。
《象》曰：顯比之吉，位正中也。舍逆取順，失前禽也。邑人不誡，上使中也。
上六：比之无首，凶。
《象》曰：比之无首，无所終也。

『卦意白話批註簡述』

水流往地上，水與土融合在一起，有互助親近的關係。用以比和人民，均應互助親愛，才能融洽地維繫群體的關係，建立經國的智慧的朋友能來輔助，而順遂其志望。又進退均要以急速把握爲貴緩則不利。

【爻辭（動爻應用解說）】

《初爻》你正在迎接鞏固自己將來事業基礎的偉大時刻。不急成目的，轉職到新的地方，只要誠心誠意必可以得到人望。可能會也很愉快。

《二爻》暗示有人提拔你昇官。正面交涉如果失敗的話，和有辦法來打開僵局。此刻要注意愛情問題和預防染病。

《三爻》你將面對衰落的運氣，因交友不慎而有受災的可能。平常沒有信用的人，切記不可輕信他的巧言。轉職、轉業、擴張事業都有凶象，靜待觀望爲佳。

《四爻》凡事以正當的手段去處理必能成功，投機取巧是沒有用的。若是出於虔誠的心意，必會得到別人的援助。若談婚姻親事，男方半吉，女方有良緣之象。轉職、遷居、旅行都有利。

《五爻》如果是領薪者，就有昇級爲主管的運氣。如果你是實業家，則能獲得部下和同業的愛戴求取事業上進一步的發展。合夥生意必需考慮對方的利益才好。開張和轉業都有吉象。

如來臥佛（曾文章雕）

《上爻》》以安逸的心情從事工作，而弄得進退兩難。這是怠忽對上司的報告所引起的致命傷，也有爲愛情問題而煩惱等，極需要注意多用心。目前，凡事保守謹慎行事爲良策。

第九卦 風天小畜 卦 乾下巽上 畜小而未見大用

「經文卦意」小畜：亨。密雲不雨，自我西郊。

【翼傳注釋】

《彖》曰：小畜。柔得位，而上下應之，曰小畜。健而巽，剛中而志行，乃亨。密雲不雨，尚往也。自我西郊，施未行也。

《象》曰：風行天上，小畜。君子以懿文德。

《雜卦傳》：「小畜，寡也。」小畜，以小育大陽，以小育大，故名爲小畜。

【爻辭原文】

初九：復自道，何其咎？吉。

《象》曰：復自道，其義吉也。

九二：牽復，吉。

《象》曰：牽復在中，亦不自失也。

九三：輿說輻，夫妻反目。

《象》曰：夫妻反目，不能正室也。

六四：有孚，血去，惕出，无咎。

《象》曰：有孚惕出，上合志也。

九五：有孚攣如，富以其鄰。

《象》曰：有孚攣如，不獨富也。

上九：既雨既處，尚德載，婦貞厲。月幾望，君子征凶。

《象》曰：既雨既處，德積載也。君子征凶，有所疑也。

卦辭曰：「小畜，亨，密雲不雨，自我西郊。」

『卦意白話批註簡述』

小畜卦有亨通的卦意，然而因爲是以陰畜陽，所來畜儲的僅積成密雲卻未下雨，就是有雨也僅自西郊開始的一小範圍，並未及於全面。

但有如雲層密佈而不下雨，雖然暫不下雨，但時機一到雨必下也。此卦是教我們要蓄神以待時機。

因此推論君子必須未雨綢繆，預作準備，自求充實，蓄積文化，涵養德行。一旦雨來了，立刻滋長生命，一點也不浪費時間。

得此卦者，雖有前進的志氣，但小有障礙，不能大進，若是強進仍難免有限。另表小有積蓄，是個小吉卦，事事不可貪大，投資理財均需保守爲佳。

【爻辭（動爻應用解說）】

《初爻》有了希望的吉兆。但還不能完全放心，如果乘機猛進將後悔莫及。現在是培養良運的時期。結婚、開業、轉業等人生大事都會很吉利。只是會生病的暗示稍強，健康保養不可忽視。

《二爻》前路有被阻塞的感決，而且對方即是你的上司，會令你苦悶不已。爲今的對策應積極利用部下的力量，來鞏固自己的基礎，以準備將來的發展，眼前是必需忍耐的時期。

《三爻》對自己的遭遇和現狀容易感到不平和不滿，進而有反抗、怨恨的心。如此做更會把自陷入更深一層的苦境裏，弄得辭去工作或事業一蹶不振等命運。家庭裡的爭論也不停，凡事要自重爲宜。

《四爻》此爻顯示將邁向好運，不過尚未稱得上安定。對人關係還需竭盡自己的誠意，同時要小心預防交通車禍。女性表示戀愛已開花，即將有結婚的喜事結果。

《五爻》此爻表示出工作的積極性和活力，凡事一出手便能奏效，這正是在吉運時期的人。物質上和精神上都受惠充實，對自己的行動有充分的信心可以勝過別人。雖然如此，但容易來偏寵那些聽從你的人，務請注意反省。

《上爻》有如走到山的頂峰一樣的運氣。如今因被順風吹動揚帆而來的人，應該要知道看風轉舵的時期了。運氣已逐漸下降，凡事要有應變的處置要緊，新的計畫、事業的擴張，都要不慌不忙的謹慎進行才好。

第十卦 天澤履 卦 兌下乾上 克己復禮之道

「經文卦意」履：履虎尾，不咥人，亨。

【翼傳注釋】

《彖》曰：履，柔履剛也。說而應乎乾，是以履虎尾，不咥人，亨。剛中正，履帝位而不疚，光明也。

《象》曰：上天下澤，履。君子以辯上下，定民志。

《雜卦傳》：「履，不處也。」不處，不居也，爲行進之義。

【爻辭原文】

初九：素履，往，无咎。

《象》曰：素履之往，獨行願也。

九二：履道坦坦，幽人貞吉。

《象》曰：幽人貞吉，中不自亂也。

六三：眇能視，跛能履，履虎尾，咥人，凶。武人為于大君。

《象》曰：眇能視，不足以有明也。跛能履，不足以與行也。咥人之凶，位不當也。武人為于大君，志剛也。

九四：履虎尾，愬愬，終吉。

《象》曰：愬愬終吉，志行也。

九五：夬履，貞厲。

《象》曰：夬履貞厲，位正當也。

上九：視履考祥，其旋元吉。

《象》曰：元吉在上，大有慶也。

卦辭曰：「履虎尾，不咥人，亨。」

『卦意白話批註簡述』

履虎尾不齧人，如同踩在老虎尾巴上，每一步都要小心翼翼，雖處危險還尚不會受到傷害，爲小亨通、有驚無險的現象。得此卦者，百事不宜進取，須以和氣的態度來待人，柔和忍耐可免除過失，宜從人進不宜退。履又爲「禮」也。所以得此卦者，需盡快反省自己的態度，對人、對事、或對長輩是否有輕忽、不敬之意。雖有危急之事幸好能平安度過。

【爻辭〔動爻應用解說〕】

《初爻》凡事不積極而謹慎較爲沒有災難。縱慾的結果將會徒然招致害處，爲今之計，只能以輕鬆的心情，靜待時間過去爲宜。時運中有波浪之故，結婚、轉業均爲不吉。

《二爻》表面上的表現要保守，進而求取背地裏的發展才是上策。家庭中此期夫妻間常發生摩擦、衝突。事業上因過份擴張而陷入不安定狀態的，現在是緊縮的最好時期。追求眼前小利應覺悟是會招來禍端的。

《三爻》要小心遭遇突發事變，工作上不要抱持與身份不相稱的奢望，有犯沖上司的危機。旅行、遷移、增改、建業不進行爲宜。轉業也會有外來的干擾介入，而進行不利。

《四爻》你的好運要藉著尊重別人而開啓。對上司或部屬的態度愈誠懇，所獲的利益將會愈大。女性要注意與異性的關係，否則會由吉運變凶運。單獨旅行要避免。

《五爻》你的運氣將依賴長輩，和有力者的提拔而開朗。你不必自己積極去追求，地位和名譽必會自然地降臨於你。儘管如此還要嚴禁輕心、怠忽。以謙虛的心情對待別人，則最高的幸運將屬於你。

《上爻》你將迎接達成願望的盛運。心裏喜悅的事很多，聽取上司或部屬的珍貴意見，必能收到好的成果。也可以從過去的過失中，得到改進的機緣。旅行、遷移都有吉利。

第十一卦　地天泰卦　乾下坤上　通泰安福的現象

「經文卦意」泰：小往大來，吉亨。

【翼傳注釋】

《彖》曰：泰，小往大來，吉亨。則是天地交，而萬物通也。上下交，而其志同也。內陽而外陰，內健而外順，內君子而外小人，君子道長，小人道消也。

《象》曰：天地交泰，后以財成天地之道，輔相天地之宜，以左右民。

《序卦傳》：「泰者，通也。」

【爻辭原文】

初九：拔茅茹，以其彙，征吉。

《象》曰：拔茅征吉，志在外也。

九二：包荒，用馮河，不遐遺，朋亡，得尚于中行。

《象》曰：包荒，得尚于中行，以光大也。

九三：无平不陂，无往不復，艱貞无咎。勿恤其孚，于食有福。

《象》曰：无往不復，天地際也。

六四：翩翩不富，以其鄰，不戒以孚。

《象》曰：翩翩不富，皆失實也。不戒以孚，中心願也。

六五：帝乙歸妹，以祉元吉。

《象》曰：以祉元吉，中以行願也。

上六：城復于隍，勿用師。自邑告命，貞吝。

《象》曰：城復于隍，其命亂也。

『卦意白話批註簡述』

泰卦乃乾坤交和，內陽而外陰，內健而外順，天地相交而萬事亨通，安泰的卦象。在人如平安合泰和、和平處世、國泰民安的景象。得此卦者，以人事來言，則是上下心靈相交，志向相同，一片和泰之象也。故此卦爲盛極的好卦象。

【爻辭（動爻應用解說）】

《初爻》大概來論，你正處於好運的時期中。尤其至今還沒有人去做的事，你可以去著手來做最好。拜託別人的事，合夥事業都會很有利，不迷失方向必能成功。

《二爻》此刻最是盛運的時候，不要失去好機會。此時也最容易得到別人的援助，對於從事事業的人，是絕世的發展機會。不過男性有異性感情的煩惱，要小心。

《三爻》你表面看起來很活躍，但是其實卻相當的苦勞，能否克服、忍耐這些苦勞，將大大地左右你的將來。苦勞有苦勞的酬報，所以不要氣餒硬撐下去才好。買賣、投資宜維持現狀。

《四爻》運氣多少已走下坡。要能挽回走下坡的頹勢，需要仰賴有能力者的幫助，那就是要改進緩和你的頑固和執著。此時或許有插手於公共事務的機會也說不定。

《五爻》不要太活躍才能免於災難。凡事如果站在檯面上活動，就會有破象要小心。此爻有受惠於下屬的現象，讓他們爲你努力一番也好。工作上的錯誤、過失要留意。

《上爻》得此爻的人現今最險惡，辛苦的事很多。例如：事業上失去信用被迫得半夜搬家，或被部屬連累，得走頭無路等等。此一時刻務必小心確保自己的信用。等候機會爲宜。

第十二卦 天地否 卦 坤下乾上 閉塞不通之現象

「經文卦意」否：否之匪人，不利君子貞，大往小來。

【翼傳注釋】

《彖》曰：否之匪人，不利君子貞。大往小來，則是天地不交，而萬物不通也。上下不交，而天下无邦也。內陰而外陽，內柔而外剛，內小人而外君子。小人道長，君子道消也。

《象》曰：天地不交，否。君子以儉德辟難，不可榮以祿。

【爻辭原文】

初六：拔茅茹，以其彙，貞吉亨。

《象》曰：拔茅貞吉，志在君也。

六二：包承。小人吉，大人否，亨。

《象》曰：大人否亨，不亂群也。

六三：包羞。

《象》曰：包羞，位不當也。

九四：有命无咎，疇離祉。

《象》曰：有命无咎，志行也。

九五：休否，大人吉。其亡其亡，繫于苞桑。

《象》曰：大人之吉，位正當也。

上九：傾否，先否後喜。

《象》曰：否終則傾，何可長也。

『卦意白話批註簡述』

內陰而外陽，內柔而外剛，陽氣清輕而上浮，陰氣濁重而下沈。使天地不能發生交融的作用，陰陽乖違造成閉塞。所以象徵正道遠離、小人得勢，因此賢能的人要能夠克勤克儉、修養道德，先隱忍居易待命，避免禍害以求自保。

「否」者，壞也、不好也。所以此卦有閉塞不行的意思，上下不和、百事不通、家道衰退，或是有罹災、損財的事發生，雖然有善者來幫助，也會無能爲力，所以最好還是先暫避患害再來等待時運了。

【爻辭〈動爻應用解說〉】

《初爻》不要積極活動才能免於災難。從事公司事業的人，易被勞工問題所困擾，領薪者易被小人是非捲入禍端。務必聽從有能力者的意見方爲上策。

《二爻》周圍的環境無法使你自己採取主動。但是如能動動腦筋，換個角度尋找機會，不無成功的希望。在此反面意思上，上司會給你帶來喜訊，但下面的人卻會給你惹出傷感情的事來。

《三爻》此爻顯示你正計畫從事壞事，或旁邊的人正要做壞事。如果是你計謀的壞事，而不立刻中止，將會招致大失敗。同時對周圍的人也應嚴加注意，來阻止他來做壞事。

《四爻》此爻代表你的幸運將要到來。喜訊不僅限於你自己，也會含及家族全體的人爲多。目前你也常受上位的人，或是友朋們的援助。戀愛問題不必假他人之手來處理，自己就能夠開出一個解決之路來的。

《五爻》此爻代表順利，是你苦勞和努力的代價。此際他人的誹謗或是中傷、是非都將消失，協助者也會自動前來，不過要注意的，雖然有九分的成功機會，但若有一分的疏忽，仍會難免遭受失敗的。

《上爻》你正處於盛運之時，身旁必有喜事發生。說不定是榮轉或遠出旅遊之類的。事務的交涉、考試、就業都能得很好的結果。人際關係方面，能和老朋友相會，舊情人也將會回到你的懷抱裏。

第十三卦 天火同人卦 離下乾上 通天下之志

「經文卦意」同人：同人于野，亨。利涉大川，利君子貞。

【翼傳注釋】

《彖》曰：同人，柔得位得中，而應乎乾，曰同人。同人曰，同人于野，亨。利涉大川，乾行也。文明以健，中正而應，君子正也。唯君子爲能通天下之志。

《象》曰：天與火，同人。君子以類族辨物。

《雜卦傳》：「同人，親也。」同人，相親近也。人字同於仁，故同事謂之同仁，乃善與人同，和同於人。

【爻辭原文】

初九：同人于門，无咎。

《象》曰：出門同人，又誰咎也。

六二：同人于宗，吝。

《象》曰：同人于宗，吝道也。

九三：伏戎于莽，升其高陵，三歲不興。

《象》曰：伏戎于莽，敵剛也。三歲不興，安行也。

九四：乘其墉，弗克攻，吉。

《象》曰：乘其墉，義弗克也，其吉，則困而反則也。

九五：同人，先號咷而後笑。大師克相遇。

《象》曰：同人之先，以中直也。大師相遇，言相克也。

上九：同人于郊，无悔。

《象》曰：同人于郊，志未得也。

『卦意白話批註簡述』

火性與天光，兩者相同發揮作用。因此推論，同類民族、同文同軌，應求合作共同協力，實踐團隊精神來完成任務。

若人心不自私，天無私覆、地無私載，即使在最遙遠的地方，天地萬物與眾生，都會有心志相通的時候。

得此卦者，若與人共事，有上下皆和諧，功成名就揚名的機運。也可得長輩提拔，廣結社交、興家立業的現象。

【爻辭〔動爻應用解說〕】

初卦有不甘於現狀，急於打開僵局的情勢，目的雖不能一下達到，不過所有的努力，日後必能以某種形式得到報應。所以不可走入自私自利的私慾之途，不可傷害周圍的人的感情，貫徹自己的意志才是正途。

《二爻》得此爻的人應放棄不當的策略，求助於可以值得信賴的人，完成既定的目標爲上策。單純的好惡，或是過份執著己見容易失去人望，造成無謂的敵人對立。

《三爻》一切聽其自然爲上策，再好的計畫，目前是易於挫折的時期，如不加警惕，則將會徒勞而無功。此際又因容易被人施計詐騙，所以買賣、交涉契約務必詳細清楚瞭解。

《四爻》有期望過度而招致失敗的憂慮。一旦知道自己的目標難以達成，就要早日斷念改變，另作他想爲妙。事業過份擴充，或估計錯誤皆有導致破產的憂慮，要十分警戒才好。

《五爻》得此爻的人正在上昇的運氣中，最初雖然艱苦難行，不過依你的努力和熱誠，將有成功之日。如果你是領薪者，就能得到部下的援助而打開難關，資金方面也能得到接濟，利益分紅將指日可待。

《上爻》得此爻的人，凡事太過於積極將招致壞的結果，買賣方面也要多考慮對方的情況，等待對方的出手才是上策。此時不必過於追求光明，坐以靜觀才好。

第十四卦　火天大有　卦　乾下離上　文明富足之象

「經文卦意」大有：元亨。

【翼傳注釋】

《彖》曰：大有，柔得尊位，大中，而上下應之，曰大有。其德剛健而文明，應乎天而時行，是以元亨。

《象》曰：火在天上，大有。君子以遏惡揚善，順天休命。

《雜卦傳》：「大有，眾也。」同人之後物必歸焉，而成其眾。

【爻辭原文】

初九：无交害，匪咎，艱則无咎。

《象》曰：大有初九，无交害也。

九二：大車以載，有攸往，无咎。

《象》曰：大車以載，積中不敗也。
九三：公用亨于天子，小人弗克。
《象》曰：公用亨于天子，小人害也。
九四：匪其彭，旡咎。
《象》曰：匪其彭，旡咎。明辨晳也。
六五：厥孚交如，威如。吉。
《象》曰：厥孚交如，信以發志也。威如之吉，易而旡備也。
上九：自天佑之，吉旡不利。
《象》曰：大有上吉，自天佑也。

『卦意白話批註簡述』

火爲太陽，光輝普照無所不覆。君子要效法天曰，沒有私心，包容承納惡事，表彰宣揚善事，契合天道順應人道，成大有發展的卦象。得此卦於文學、創作、寫作、編劇等事可發達，因爲「離火」又表爲智慧、文書的根源，所以文學者前程似錦。

但是火也有過旺成爲虛象的跡象，所以對於人、事、物，雖然眼前繁榮發達有財緣，但切忌得志而妄大，則可享有長久的亨通。

【爻辭〔動爻應用解說〕】

《初爻》凡事慎重處事，愈消極愈有利，過於積極愈容易招致失敗。尤其是在人際關係力面，過份伸張自己的意見，會遭遇朋友或上司的厭惡，要以誠懇的態度應對爲佳。

《二爻》愈努力付出報應愈大，事業也會愈加發展。處於負責主管地位的人，可以隨心所欲地發揮自己的才能。但有遭遇回祿之災的憂慮，請務必小心預防。

《三爻》得此爻的人，一時得到的幸運無法持久。所以即使獲得進昇，也不必得意忘形，要腳踏實地前進要緊。盲目進行的結果，反而失去既得的地位，名望和社會信用。男女結婚問題不談爲宜。

《四爻》得到長輩提拔之處很多。相反地，周圍的人對你的攻擊也會不少。自己逞強過度恐有被人絆倒的憂慮，謙虛的心懷是保持你聲譽的良方。異性感情問題要注意預防。

《五爻》以誠實來對待他人，使你得到更多的援助，這是你目前的運氣。尤其特別注重那些環繞你周圍的部屬，會有大力扶助你的人出現。對外雖屬吉兆，但在家庭方面恐有些問題發生。不過，只要你加以小心防範必能解除於無形之中。

《上爻》此刻你正迎接好運的到來。工作方面得到上司或部下的獻身努力與幫助，將給你帶來莫大的成果。而且因爲對自己的工作充滿信心，所以凡事進展順利。男女婚事可以積極進行，夫妻間此刻也充滿著溫愛。

第十五卦 地山謙 卦 艮下坤上 內韞其德以自牧

「經文卦意」謙：亨，君子有終。

【翼傳注釋】

《彖》曰：謙，亨。天道下濟而光明，地道卑而上行。天道虧盈而益謙，地道變盈而流謙，鬼神害盈而福謙，人道惡盈而好謙。謙尊而光，卑而不可踰，君子之終也。

《象》曰：地中有山，謙。君子以裒多益寡，稱物平施。

《雜卦傳》：「謙，輕。」謙即輕己尊人，不自重大，亦即有而不居。

【爻辭原文】

初六：謙謙君子，用涉大川，吉。

《象》曰：謙謙君子，卑以自牧也。

六二：鳴謙，貞吉。

《象》曰：鳴謙貞吉，中心得也。

九三：勞謙君子，有終吉。

《象》曰：勞謙君子，萬民服也。

六四：无不利，撝謙。

《象》曰：无不利，撝謙。不違則也。

六五：不富，以其鄰，利用侵伐，无不利。

《象》曰：利用侵伐，征不服也。

上六：鳴謙，利用行師，征邑國。

《象》曰：鳴謙，志未得也。可用行師，征邑國也。

『卦意白話批註簡述』

山隱在大地之下，是山屈其高而藏於地，以示卑以自牧、不矜不伐，知雄守雌、虛而有容，如流水一樣往卑下來走，象徵在生命的卑下處，能成全自己也成全了別人，有謙讓之德，故名爲謙。

雖辛勞多諸事不如意，但故此卦顯示，當被壓制時當忍辱下來，待時運一過，自然會有更好的發展。此卦也有被「壓抑」的意思，在此競爭激烈的社會裡，被排斥、壓制，也是常會有的事，一時諸事不順暢的卦象。

【爻辭〈動爻應用解說〉】

《初爻》此刻的你喜歡積極帶頭，爲工作向前去努力前進，但卻很容易遭受別人的嫉妒和憎恨，爲今之計要多注意言行才好。

《二爻》從前的努力被有權力者來賞識，使你有出頭的機會。眼前不要主張己見，以誠實的態度服從上司，這是更上一層的良法。不過要注意身體健康。

《三爻》你正在迎接強盛的好運氣，憑你自己的力量救可以辦成大事業。也可以取代以前有權力者、主管的地位，只是不要忘了保持謙恭的態度。

《四爻》過份自信將招致失敗。這情形和無能的主管因逞強，而遭致破產的局面相同。目前即使你的地位高高在上，但畢竟力不從心，凡事消極、保守爲宜。

《五爻》你的消極態度被屬下的人所輕視，使事態更加地惡化。目前是你進退兩難的時候，凡事慎重爲妙，不過決定了的時候，就要有毅然實踐的勇氣才好。女性得此爻的運氣較佳。

《上爻》你的才能被周圍的人所嫉妒，而遭受中傷和攻擊。愈聰明的人做事要愈守密，因爲他知道嫉妒和憎恨的可怕，目前你正是需要學學做聰明人的時候。

第十六卦 雷地豫 卦 坤下震上 豫樂的人生

「經文卦意」豫：利建侯行師。

【翼傳注釋】

《彖》曰：豫，剛應而志行，順以動，豫。豫，順以動，故天地如之，而況建侯行師乎？天地以順動，故日月不過，而四時不忒。聖人以順動，則刑罰淸而民服。豫之時義大矣哉！

《象》曰：雷出地奮，豫。先王以作樂崇德，殷薦之上帝，以配祖考。

《雜卦傳》：「謙輕而豫怠也。」

【爻辭原文】

初六：鳴豫，凶。
《象》曰：初六鳴豫，志窮凶也。
六二：介于石，不終日，貞吉。
《象》曰：不終日，貞吉。以中正也。
六三：盱豫，悔。遲，有悔。
《象》曰：盱豫有悔，位不當也。
九四：由豫，大有得。勿疑。朋盍簪。
《象》曰：由豫，大有得。志大行也。
六五：貞疾，恆不死。
《象》曰：六五貞疾，乘剛也。恆不死，中未亡也。
上六：冥豫，成有渝，无咎。
《象》曰：冥豫在上，何可長也。

『卦意白話批註簡述』

豫卦顯示是由逸樂而懈怠的現象，也可以看成快樂前的防患於未然。陽氣振出地表，萬物呈現出欣欣和樂的現象。豫乃悅也，得此卦時，雖爲有悅樂的時運，但是也有雷震動劇烈的卦象，表示若有乘著強勢進取時會有敗破的現象。有住居不安的跡象，也有要重新謀事、找工作的跡象。

【爻辭〈動爻應用解說〉】

《初爻》務必要以自己的力量來一步步向前進，拍馬庇、走後門的必得不到好結果的。要謹慎把心胸放寬，對事不對人，守住自己的本份萬事皆吉利。

《二爻》好機會終於來到，好時機一到，盡速的做決斷最爲重要。交涉時不要拖延時間，當天能解決爲宜，遲遲不決恐有解約之慮。有解除婚約或離婚的可能。

《三爻》和親戚朋友間有所磨擦，要防備不要讓事情擴大。事業擴張太大就會有鬆懈的危險，沉溺於享樂也有坐失良機的憂慮，這些都是要趁早注意預防的。

《四爻》此刻適逢運氣強盛之時，你被周圍的人所羨慕，聲望也很好，是實踐希望願景的良機。事業方面用人得宜，業績蒸蒸日上。增建、改建、遷移、旅行皆宜。大手筆的出手、投資，只要沒有錯失皆會有所收穫的。

《五爻》此爻有違反正常生活問題，或是性慾過度患病的憂慮。此時不可自作主張，應接納益友或長輩的意見努力去打開僵局。事業上有資金不足、或遭遇有權力者、主管的反對等苦處，切忌莽進、衝動，整備自己的內部要緊

《上爻》你已站在毀滅或改過的抉擇點上。事業如不改頭換面，從新來過必有破產之慮。粗心大意就會跌倒。

第十七卦 澤雷隨 卦 震下兌上 隨緣不變，不變隨緣

「經文卦意」隨：元亨，利貞，无咎。

【翼傳注釋】

《彖》曰：隨，剛來而下柔，動而說，隨。大亨貞，无咎，而天下隨時，隨時之義大矣哉！

《象》曰：澤中有雷，隨。君子以嚮晦入宴息。

《雜卦傳》：「隨，無故。」隨，捨己從人，能隨和服從。

【爻辭原文】

初九：官有渝，貞吉。出門交有功。

《象》曰：官有渝，從正吉也。出門交有功，不失也。

六二：係小子，失丈夫。

《象》曰：係小子，弗兼與也。

六三：係丈夫，失小子。隨有求得，利居貞。

《象》曰：係丈夫，志舍下也。

九四：隨有獲，貞凶。有孚在道，以明，何咎。

《象》曰：隨有獲，其義凶也。有孚在道，明功也。

九五：孚于嘉，吉。

《象》曰：孚于嘉，吉。位正中也。

上六：拘係之，乃從，維之。王用亨于西山。

《象》曰：拘係之，上窮也。

『卦意白話批註簡述』

震雷猶如蟄伏不起而藏居在水澤之中，所以只能隨遇而安，等待時機。比喻君子能夠隨著黑夜到來，就順應的來安息入睡。

隨乃從也，然得此卦時，以剛下柔，爲眾人悅服，事情成功的時後。有變動居處或去外地工作的化變，但是可以來變動，變則吉也。求財望事有可成的預兆，但稍遲。也表一切要隨遇而安的現象，如能一切隨緣、隨和，主吉象。事事均可依隨著自己的心思計畫來執行，而會順利地達成。

【爻辭（動爻應用解說）】

《初爻》要把保守的想法給捨棄，多來擴展交際的範圍，便會有好的運氣來臨。一旦和以往狀況不同的變化來臨時，即表示幸運的到來。開張、轉業，都很好，領薪者有機會來出任公務人員的工作。

《二爻》你的慾望正在慢慢增加、旺盛之中，目前對你最重要的，莫過於想想你自己的事，而不要去拘泥於瑣碎的小事。必要時甚至可以爲了完成大事，而寧願犧牲小我的利益，眼前的損失是將來的投資。

《三爻》現在是面對人際關係苦勞較多的時期。把近處繁雜的瑣事暫時擺開，去從事開張、遷移、轉業等遠程的事務也許更能成功。旅行方面，到遠方的外國旅行較爲有意義。總之，將以前的舊環境換新，才是成功之道。

《四爻》此爻顯示你受惠於別人較多。不過對於交往與錄用的人選務必要小心，對重點要自已掌握，不可放任給別人去做。說不定有遭受別人嫉妒，而難以推展的阻礙發生。奉勸你全心全意投注於你的本行。

《五爻》如能得到良友，互示誠意，努力一致，必有所成。對付無形的競爭者，務必保持協助的態度和誠實的意念始能克敵。男女關係方面如不預防強力的競爭者介入，便會有受到感情的創傷憂慮。

《上爻》此爻表示事情進行不能如願，所謂運氣遲滯。例如：婚姻親事方面被人情世故所束縛，而不能照自已的理想進行。還有犯病的人，陷入除了聽天由命之外，無策可施的狀態等等，要十分小心的來應付。

第十八卦　山風蠱卦　巽下艮上　腐敗固振興之道

「經文卦意」蠱：元亨，利涉大川。先甲三日，後甲三日。

【翼傳注釋】

《彖》曰：蠱，剛上而柔下，巽而止，蠱。蠱，元亨，而天下治也。利涉大川，往有事也。先甲三日，後甲三日，終則有始，天行也。

《象》曰：山下有風，蠱。君子以振民育德。

《序卦傳》：「蠱者，事也。」蠱，腐敗而生事端。
《雜卦傳》：「蠱則飭也。」蠱則宜予整治。

【爻辭原文】

初六：幹父之蠱，有子，考无咎，厲，終吉。
《象》曰：幹父之蠱，意承考也。
九二：幹母之蠱，不可貞。
《象》曰：幹母之蠱，得中道也。
九三：幹父小有悔，无大咎。
《象》曰：幹父之蠱，終无咎也。
六四：裕父之蠱，往見吝。
《象》曰：裕父之蠱，往未得也。
六五：幹父之蠱，用譽。
《象》曰：幹父之蠱。承以德也。
上九：不事王侯，高尚其事。
《象》曰：不事王侯，志可則也。

『卦意白話批註簡述』

山下之風不暢行，不能疏物反而壞物，君子必須先振興民志培養道德，才能消除弊害。蠱乃是蟲生於器皿之內，事情早已敗壞不處理，而導致腐敗更加糟糕的意思。

得此卦時因彼我之間的意氣不通，所以不能成事而因循敗事，又有災難不在遠方而起於近處，不爲外而由內產生起的卦意。故占得此卦定有內賊，或是物定有被損壞的意思。蠱也有被下毒所迷失的現象，所以諸事有艱難迷惑、心魂混亂不明的時後。尤應注意夫妻或是親子間的苦勞或爭執。

【爻辭〈動爻應用解說〉】

《初爻》在過失尚未演變成大事之前，如不糾正過來就會很危險，同時粗心大意也是很要不得的態度。起初如果不抱持太大的希望，盡力去做到最後說不定有好結果。別人放棄的，如果你重新思慮周詳的計畫，仍會有成功的希望。最初當然是困難的，越過此一難關就有吉利的好運了。

《二爻》性急會把事情弄砸，務必停下來靜候時機。現在凡事不如意，太急只會把事情給弄亂。轉業、遷居、旅行等計畫最好緩一緩，趁此一機會好好整理身邊的雜事。然後不慌不忙地等候時機的到來爲宜。

《三爻》事情往往難以如願。不好高鶩遠、不貪圖近利，則有大展鴻圖的機會。夫妻間常因私下向外借貸的事暴露，或是與異性感情外遇關係，因而引起衝突的風波。要小心處理面對。

《四爻》此刻是你蒙受弊害最嚴重的時候，採取強硬手段只會把事情更加惡化。如果因此灰心喪志，說不定就此身敗名裂。對意外肇事災難要小心防範。無謂的爭執要避免、多忍耐。

《五爻》有好運。事情籌備妥當大有發展契機，務必和有才能的、有力量的人合力去推展。轉業、轉職都能如願，新建、遷移、旅行都能平安無事，此一好時機不可錯失。

《上爻》一切事情到此告一段落，如今要平心靜氣去觀察未來的發展動向。轉業要避免大城市，而事業也要暫時停止擴張發展爲佳。

第十九卦 地澤臨 卦 兌下坤上 至誠臨民教民

「經文卦意」臨：元亨，利貞。至于八月有凶。

【翼傳注釋】

《彖》曰：臨，剛浸而長。說而順，剛中而應，大亨以正，天之道也。至于八月有凶，消不久也。

《象》曰：澤上有地，臨。君子以教思无窮，容保民无疆。

《序卦傳》：「臨者，大也。」臨者以上臨下，以大臨小，皆大人之事，故稱爲大。

《雜卦傳》：「臨觀之義，或與或求。」以我臨物，故曰與。物來觀我，故曰求。

臨，由上視下，爲臨下治理也。

【爻辭原文】

初九：咸臨，貞吉。

《象》曰：咸臨貞吉，志行正也。

九二：咸臨，吉无不利。

《象》曰：咸臨，吉无不利。未順命也。

六三：甘臨，无攸利。既憂之，无咎。

《象》曰：甘臨，位不當也。既憂之，咎不長也。

六四：至臨，无咎。

《象》曰：至臨无咎，位當也。

六五：知臨，大君之宜，吉。

《象》曰：大君之宜，行中之謂也。

上六：敦臨吉，无咎。

《象》曰：敦臨之吉，志在內也。

『卦意白話批註簡述』

此卦為水土相親近之象，以二陽對四陰，以四陰見二陽，陰陽相望，故曰臨。又兌為喜悅，坤為順從，下悅上、上順下，相得益彰。得此卦時，對居所有苦勞，但有受人的幫助終得安居，所以「臨」也有貴人來臨的意思。

但也有受無妄之災的苦象，可能會遭盜賊或損財的跡象。凡事不可自信過高，若太自信而忽略對方，則有遭挫折而敗事的拖累。

另有在感情、婚姻上，女求於男、男尊女卑的現象，女方處於下方，受到男方的影響和操控的跡象。

【爻辭（動爻應用解說）】

《初爻》事情積極爭取必會有好結果。和長輩們商量，以合夥方式開創店舖是好機會。戀愛中的情侶愛情彌篤，說不定有人已進入同居的階段。

《二爻》一般說來，你已上運。在工作的崗位上，有被上司賞識而被提拔的可能，務必抱著信心繼續努力堅持。只要不停的努力、精進，必定能達成你的目的。

《三爻》有自信過度，看輕對方而有遭遇失敗的憂慮。如不衡量自已的能力來慎審從事，必遭到別人的怨恨，要將自已的錯誤早日戒除、改進才好。

《四爻》自己能力不及的工作，也能藉助部屬或後輩的幫助來達成目的，不過有乘勢過度的憂慮，要小心。戀愛方面，女性思慕男性的情形較多。

《五爻》凡事都在強運中，容易養成自信過度，忽視部屬而失去聲望的憂慮。除了這一點，做為主管或上位者，要因為能適材適用，許多事情自已不動手也能大有收成。

《上爻》不要被表面的現象所左右影響，要看清事物的本質再來作處理，目前的你需要養成這樣的態度。不論買賣、投資或交易，都需要先調查瞭解清楚各方的條件、價格、品質等，以免吃虧受騙。不要被眼前的利益所迷惑，應將眼光放遠以廣闊的將來著想才是。

第二十卦　風地觀卦　坤下巽上　省察周偏以正風氣

「經文卦意」觀：盥而不薦，有孚顒若。

【翼傳注釋】

《彖》曰：大觀在上，順而巽，中正以觀天下。觀，盥而不薦，有孚顒若，下觀而化也。觀天之神道，而四時不忒，聖人以神道設教，而天下服矣。

《象》曰：風行地上，觀。先王以省方，觀民設教。

《序卦傳》：「物大然後可觀。」

《雜卦傳》：「臨觀之義，或與或求。」以我臨物，故曰興。物來觀我，故曰求，有象以示人，而為人所瞻仰。

【爻辭原文】

初六：童觀，小人无咎，君子吝。

《象》曰：初六童觀，小人道也。

六二：闚觀，利女貞。

《象》曰：闚觀女貞，亦可醜也。

六三：觀我生，進退。

《象》曰：觀我生，進退。未失道也。

六四：觀國之光，利用賓于王。

《象》曰：觀國之光，尚賓也。

九五：觀我生，君子无咎。

《象》曰：觀我生，觀民也。

上九：觀其生，君子无咎。

《象》曰：觀其生，志未平也。

『卦意白話批註簡述』

事物壯大廣被，然後足以來觀仰，如能用不同的規野，和有不同的體認，心境和智慧都將寬大而高明。風行則庶類皆被，有考察觀摩的現象。有如象徵古代的聖王，來觀察各方百姓眾生的情形，所以是在下位的人，來察顏觀看上位人的動向的意思。

但也有居所不安心身、苦勞的事發生的現象，也有心意不定、多所考慮、思索的意思，需再多請教、求助於他人。求財望事，稍有遲滯，需再觀看之。又有事情受到婦人的妨礙而難成的跡象。

【爻辭〔動爻應用解說〕】

《初爻》抱著過高的期待、願望，而陷入不平、不滿的情緒裏。目前對日常的小事雖屬吉利，對大事卻不好，此爻有顯示住家和職業的變換，有失業之慮。前途未見明朗之前要自重。

《二爻》即使自己有很大的本事，也要靠長輩和上司的指導才能打開運氣。自溺、偏執於自己的能力，盲目的開張和轉業都會很不利，如今要靜觀氣運的轉換最要緊。

《三爻》做事之前要有精確的方針目標才好。不依靠別人，以自力漸進方式來推進，將會有光明的坦途。旅行、改建、轉移都好。

《四爻》不要太固執己見，和可資信賴的上司和長輩們商量看看，必能得到解決困難的智慧和方法。運氣正在慢慢好轉中，在艱苦的日常生活中也會有喘息的機會。

《五爻》凡事要以誠實爲前提來做事。自作主張的態度和行動最要不得，要知道這種做法必將招來周圍的反感和嫉妒。此刻可能會被寵愛的部屬背叛，或被人恩將仇報的事是可能發生的，要小心來面對處理。

《上爻》多方面來照顧別人的機會很多。如能以誠意待人，日後必將會有好報，要多爲對方著想。雖然運氣逐漸上昇，還須預防強敵的阻礙。

第二十一卦 火雷噬嗑 卦 震下離上 治獄之道

「經文卦意」噬嗑：亨，利用獄。

【翼傳注釋】

《彖》曰：頤中有物，曰噬嗑。噬嗑而亨，剛柔分，動而明，雷電合而章。柔得中而上行，雖不當位，利用獄也。

《象》曰：雷電噬嗑。先王以明罰勑法。

《序卦傳》：「磕者，合也。」

《雜卦傳》：「噬磕，食也。」噬，齧也。瞌，合也。

【爻辭原文】

初九：履校滅趾，旡咎。

《象》曰：履校滅趾，不行也。

六二：噬膚滅鼻，旡咎。

《象》曰：噬膚滅鼻，乘剛也。

六三：噬臘肉，遇毒。小吝，旡咎。

《象》曰：遇毒，位不當也。

九四：噬乾胏，得金矢，利艱貞，吉。

《象》曰：利艱貞吉，未光也。

六五：噬乾肉，得黃金，貞厲，无咎。
《象》曰：貞厲无咎，得當也。
上九：何校滅耳，凶。
《象》曰：何校滅耳，聰不明也。

『卦意白話批註簡述』

噬嗑卦具有亨通的德性，可用於決斷訴訟牢獄，爲治理牢獄的道理。離爲火，表示光明。震爲雷、震爲動爲電，表示威力實踐。故賢明的君王審判用刑，要明察秋毫，懲罰有罪的人，來實行法治的管理。比喻要能以理性、法治來處理事情的現象。

此卦又與全卦象山雷頤的卦象相似。好像物在口中作梗，想要消去此梗，需要兩唇相合奮力咬斷。得此卦時，表示諸事被人所阻隔，有障礙的時後，務必要去除其障礙，才能達到願望和心志。

【爻辭〈動爻應用解說〉】

《初爻》若要積極進取，不如再次檢討已經決定的方針和計劃要緊。目前事情沒有進展的希望，如要硬闖，要小心會後悔莫及。此爻暗示有爭議、爭鬥隱藏的現象，要愼戒之。

《二爻》精神、心態上不沉著穩重，有來藐視、輕忽周圍的人將遭受反擊。此刻凡事要泰然處之，冷靜的態度會帶給你平安。

《三爻》不可妄想去做超過自己身份的事，如冒然出現或妄闖，結果將會和你的願望適得其反。此時男女間的問題、波折特多，要小心。

《四爻》你已解決了障礙物，正在迎接的好運當中。任何願望和期待在最初都是最困難的，不過你的力量將可克服一切，此刻你也可能會發現，從未發現過的重大問題而來加以克服，促使你更進一步走向成功之路。

《五爻》此爻讓你有機會獲得上司的賞識，而得到很大的成功。只要有勇敢和決心，萬事都能迎刃而解，凡事以積極進取的態度來做是有利的。

《上爻》此爻表示你想要伸張、發表自己的主張。對那些不來聽取忠言的人，這是一個警告，喚醒起那些自以爲聰明的人，聽從賢者的話是必要的。

第二十二卦 山火賁 卦 離下艮上 文飾與文明

「經文卦意」賁：亨。小利有攸往。

【翼傳注釋】

《彖》曰：賁，亨。柔來而文剛，故亨。分剛上而文柔，故小利有攸往，天文也。文明以止，人文也。觀乎天文，以察時變。觀乎人文，以化成天下。

《象》曰：山下有火，賁。君子以明庶政，无敢折獄。

序卦傳：「賁者，飾也。」

【爻辭原文】

初九：賁其趾，舍車而徒。

《象》曰：舍車而徒，義弗乘也。

六二：賁其須。

《象》曰：賁其須，與上興也。

九三：賁如濡如，永貞吉。

《象》曰：永貞之吉，終莫之陵也。

六四：賁如皤如，白馬翰如，匪寇婚媾。

《象》曰：六四，當位疑也。匪寇婚媾，終无尤也。

六五：賁于丘園，束帛戔戔，吝，終吉。

《象》曰：六五之吉，有喜也。

上九：白賁，无咎。

《象》曰：白賁无咎，上得志也。

『卦意白話批註簡述』

山下有火，然火光僅及於山下，其光彩有限，點綴粉飾而已。猶如外表裝飾的很華美，用以掩飾內在的缺失不足。因此君子要能明察政事，管理人民，明辨是非，使百姓不敢犯法。

大自然的美好，目遇而成色，耳遇之成聲，天地無盡藏裡，有生命交會的自然之美，所以觀察天文可以察時變，觀察人文可以化成天下。

離爲雞，雄羽色彩華麗，故爲裝飾。象徵人事雖外表看好，但其實內在是空虛的現象。故此卦象徵諸事雖美但卻是短暫的。小事可成，大事則難成，外觀看來好像萬事順適，但卻是上有阻止者，難得意也。

【爻辭（動爻應用解說）】

《初爻》凡事要自食其力、自己努力，倚賴他人是永遠無法擺脫勞苦的。如今你的運氣衰弱，但是若能不忘當初的願景，努力去做終必能達成願望。轉業、轉職宜稍緩一緩，改建、增建、遷居、旅行皆是凶象。

《二爻》有很多時候你是需要接受前輩的有力支持，這種機緣下以虔誠的心意接受指導才能對你有益。如果再固執己見獨斷獨行，必將歸於失敗。所以目前要以服從他人的指導爲要務。

《三爻》得此爻的人大都能受惠。只是現在無端聽信流言，或顧慮、在意他人的意見，而做出超過自已能力的事，這將成爲日後禍患的根源。如今應該捨棄虛榮誇大的言行，腳踏實地才是。

《四爻》得此爻的你，對別人的猜忌心增強，容易招致親朋或部下的離叛。目前應該不拘泥於小節，以寬鬆的心情來面對工作和生活。物質上你有傾向於豪華奢侈的地方，因此在金錢力面容易受困苦、煩惱。

《五爻》你的努力即將結果，而進入到幸運的領域裡，你所懷抱的願望也將有實現的跡象出來。金錢運雖然還不錯，但不可浪費過度，如今不誇張而繼續保持節約的宗旨，才是好運能延續的保證。

《上爻》你的精神充實，幹勁十足，只是金錢方面略有所煩腦。如今應該把舖張的事業換成一個樸實的場面，不再被他人所誘惑，不被私慾所放縱，就能保持不敗之的趨勢。

第二十三卦　山地剝卦　坤下艮上　外華內虛之勢

「經文卦意」剝：不利有攸往。

【翼傳注釋】

《彖》曰：剝，剝也，柔變剛也。不利有攸往，小人長也。順而止之，觀象也。君子尚消息盈虛，天行也。

《象》曰：山附于地，剝。上以厚下，安宅。

《序卦傳》：「剝者，剝也。」剝，剝落也。

【爻辭原文】

初六：剝床以足，蔑貞凶。

《象》曰：剝床以足，以滅下也。

六二：剝床以辨，蔑貞凶。

《象》曰：剝床以辨，未有與也。

六三：剝之，无咎。

《象》曰：剝之无咎，失上下也。

六四：剝床以膚，凶。

《象》曰：剝床以膚，切近災也。

六五：貫魚，以宮人寵，无不利。

《象》曰：以宮人寵，終无尤也。

上九：碩果不食，君子得輿，小人剝廬。

《象》曰：君子得輿，民所載也。小人剝廬，終不可用也。

卦辭曰：「剝，不利有攸往。」剝卦五陰在下，一陽在上將剝落，成陰盛長而陽消落之象，不可有所往，有所進。內坤而外艮，坤爲順，艮爲止，有順而止之象。

『卦意白話批註簡述』

山附於地，附則不固，有傾落的運勢。在人有如氣運已窮成剝落的現象，要能守成安居爲重。

在剝落的過程中，雖然有切膚之痛，但若能將痛苦轉變成成力量，在塵埃落盡的時候，可以靜靜的等待另一次機會的來臨。

然而得此卦時，爲時運不佳，身上零落資源、錢財漸消滅的時候。須防盜難、女難，氣運最衰的時候，要留心被詐騙，或有不利的災禍，又主動則凶，守成則吉。斷之婚姻，有生離死別的離異痛苦，乃是主剋女的跡象。

【爻辭〔動爻應用解說〕】

《初爻》表面上雖然看不出有何不自由、不自在的地方，但內心裡似乎隱藏著難言的痛苦。現在即使是很細微的小事，也有可能演變成很嚴重的事態，一切要慎重才好。不可太因爲信任別人，而使自己陷入不測的禍害裡。

《二爻》處事如果掉以輕心，就會有遭遇失敗的憂慮。可能會被捲入金錢的禍端裡，或爲不三不四的歡場女人耗費錢財，或是替人擔保，而被拖垮等等的災厄，要多提防小心注意。

《三爻》得此爻的你，正在非常危險的時候，而獲得貴人救星的幫助，得以免除災難。或是被資金財務逼迫到困窮的地步時，也會有貴人前來營救幫忙的。不過如果自作聰明，懷抱著野心和過大的私慾，便等於自掘墳墓難得解脫了。

《四爻》得此爻的人切忌粗心。事情已發展到你的能力無法挽救的地步了，此時此地不可自作主張，要多打聽參考周圍家人的意見，見機行事最爲得宜。

《五爻》此爻運氣較好，不過如果牽扯太多的財色慾望就會歸於失敗。合夥共同做的事業，如不事先把責任劃分清楚，將會成爲困擾的根源。在自己能力所及的範圍裡踏實地硬幹，會比奢望、妄想要做超過實力以上的事業來的實際。

《上爻》陽爻已漸被陰爻所侵吞，凡事都有危險，所以不可奢望太高。內容不清楚的工作、計畫，絕不可冒然進行，只要沉著冷靜，就可以從長期辛苦中脫離出來。

第二十四卦 地雷復 卦 震下坤上 復見天地之心

「經文卦意」復：亨。出入无疾，朋來无咎。反復其道，七日來復。利有攸往。

【翼傳注釋】

《彖》曰：復亨。剛反，動而以順行，是以出入无疾，朋來无咎。反復其道，七日來復，天行也。利有攸往，剛長也。復，其見天地之心乎？

《象》曰：雷在地中，復。先王以至日閉關，商旅不行，后不省方。

《雜卦傳》：「復，反也。」物極必反，剝極則復。

【爻辭原文】

初九：不復遠，无祗悔，元吉。

《象》曰：不遠之復，以修身也。

六二：休復，吉。

《象》曰：休復之吉，以下仁也。
六三：頻復，厲，无咎。
《象》曰：頻復之厲，義无咎也。
六四：中行，獨復。
《象》曰：中行獨復，以從道也。
六五：敦復，无悔。
《象》曰：敦復无悔，中以自考也。
上六：迷復，凶，有災眚。用行師，終有大敗，以其國君，凶。至于十年，不克征。
《象》曰：迷復之凶，反君道也。

『卦意白話批註簡述』

陽氣蘊藏於內，逐漸生發運轉，以示天道好還生機內蘊，人窮而後通的現象。復是循環往復，就是回復到本來的位置，此卦正與剝卦反。故此卦有亨通之象。由陽極復反，如春回歲轉，草木萌動，乃天地造化之生機，故利於勇往直前，則有所作爲。

另一跡象，此卦也顯現出一種循環的狀態，可能是好、也可能是壞。

【爻辭〔動爻應用解說〕】

《初爻》前途終於露出一絲光明，只要目前好運還不太強烈，所以冒然急進是不利的，目前以靜待機運最要緊。要以眼前的近利爲重，不要想太遙遠的夢想，以鞏固自己的基礎爲第一。

《二爻》凡事進行都會有利。如果能再進一步配合運用有能力的部屬，事業的拓展和成功是沒問題的。不要固執已見，多聽取意見爲佳。

《三爻》此爻表示目前是徒勞無功的壞運狀態。沒有正確的計劃和方針，容易遭到失敗于輕率的言行，等於是自殺、自我毀壞的情形。

《四爻》自以爲是的行動，結果往往是不利的。此刻以保守第一、開張、轉業都不吉。合夥的生意可能有拆夥的憂慮。

《五爻》不要以爲事情順利而掉以輕心，否則厄運馬上就會在眼前。此刻他人的幫助很少，都是要靠自已來努力打開僵局的。

《上爻》以目前的情勢進行，將來可能會後悔莫及。因爲眼前你多被私慾所蒙蔽，沒有把握正確的方向，也沒有虛心聽取長輩的建言。所以目前能壓抑、控制自己的慾望爲第一要務。

第二十五卦 天雷旡妄卦 震下乾上 至誠合天德

「經文卦意」旡妄：元亨利貞。其匪正有眚，不利有攸往。

【翼傳注釋】

《彖》曰：旡妄，剛自外來，而爲主於內。動而健，剛中而應，大亨以正，天之命也。其匪正有眚，不利有攸往。旡妄之往，何之矣？天命不佑，行矣哉？

《象》曰：天下雷行，物與旡妄。先王以茂對時，育萬物。

《雜卦傳》：「無妄，災也。」

【爻辭原文】

初九：旡妄，往吉。

《象》曰：旡妄之往，得志也。

六二：不耕穫，不菑畬，則利有攸往。

《象》曰：不耕穫，未富也。

六三：旡妄之災，或繫之牛，行人之得，邑人之災。

《象》曰：行人得牛，邑人災也。

九四：可貞，旡咎。

《象》曰：可貞旡咎，固有之也。

九五：旡妄之疾，勿藥，有喜。

《象》曰：旡妄之藥，不可試也。

上九：旡妄，行有眚，旡攸利。

《象》曰：旡妄之行，窮之災也。

卦辭曰：「無妄，無亨利貞，其匪正有管，不利有攸往。」至誠而無虛妄，則大亨而利於貞正，若其不正，則有災，不利有所往。

『卦意白話批註簡述』

春雷聲振動於天下，萬物順於時節，而漸次茂盛。君子不爲苟且而得，不爲僥倖地來妄想成事。比喻一個人只要不用分別心、妄想心來做事，遠離顛倒夢想，真實的面對生活，才能是安然而自在的生活。

此卦爲不能虛僞妄想的意思，要誠心來面對也。所以得此卦多有迷惘、虛妄、不實的跡象，一切事物難以通行，如果強行必然惹禍上身，而有所損害來發生。

【爻辭（動爻應用解說）】

《初爻》沒有賺錢的好運氣，不過精神上是滿足充實的。從事藝文的工作大有發展可能。如果只是一時被慾望所引誘、驅策的事，將只會費而無功，徒增困擾而已。

《二爻》可能是因人際關係而引起問題來。強出風頭是別人爭論的對象，要想解決事情卻得不到周圍人的幫助。嚐試做副業，也沒有好的收入，不要再三心二意而勇往直前爲宜。

《三爻》對於文件、門戶、印鑑要好好看管，否則有被人嫁禍的憂慮。家庭中男女感情問題的紛爭，是或勉強不甘願的結婚等，都要很小心地來處置。

《四爻》不管別人如何說，要堅守住自己的立場，不作輕率行動是重要的。積極的活動雖顯得你野心滿滿，但最後結果還是徒勞無功的。有墜入秘密戀愛的機緣，即使最親近的朋友也不宜來公開爲佳。

《五爻》你已將來迎接盛運於當前，有意想不到的好消息將不斷地來到。你的求知慾也開始旺盛了起來，暗地雖有障礙，但是聲援支持你的力量很大，成功的希望大有可能。

《上爻》目前的你已面臨衰運、旅行、轉移、新建、增建等事最好放棄。說不定在事故或合約上的錯失，而吃了很大的虧。

第二十六卦　山天大畜卦　乾下艮上　畜德養賢之道

「經文卦意」大畜：利貞，不家食，吉，利涉大川。

【翼傳注釋】

《彖》曰：大畜，剛健，篤實輝光，日新其德，剛上而尙賢。能止健，大正也。不家食吉，養賢也。利涉大川，應乎天也。

《象》曰：天在山中，大畜。君子以多識前言往行，以畜其德。

【爻辭原文】

初九：有厲，利已。

《象》曰：有厲利已，不犯災也。

九二：輿說輹。

《象》曰：輿說輹，中无尤也。

九三：良馬逐，利艱貞。日閑輿衛，利有攸往。

《象》曰：利有攸往，上合志也。

六四：童牛之牿，元吉。

《象》曰：六四元吉，有喜也。

六五：豶豕之牙，吉。

《象》曰：六五之吉，有慶也。

上九：何天之衢，亨。

《象》曰：何天之衢，道大行也。

『卦意白話批註簡述』

乾與艮皆爲陽卦，以艮畜乾，即以陽卦畜陽卦爲大畜之象，以畜德爲主，有了德才能與天地萬物相應。將天德內蘊而畜積之，累積智慧，擇善固執，陶冶性情，應本乎大畜卦。

畜爲止，爲養也。只是若論住宅、風水，得此卦時，可能有住居不安、身心憂苦，且會有遇到含怨懷恨的事發生。

此卦具有剛健、篤實、光明等現象，若能體會此一理象，而精進道德上的修養，將會天天有新的進步。

也表示會有很多的積蓄、不動產的來到，吉相之卦。可以考慮較大的投資案，只是現金周轉可能會較不利。蓄也有守財小氣的跡象。

【爻辭〈動爻應用解說〉】

《初爻》即使已經覺得萬事準備妥當，也要再一次檢查看看，說不定還有遺漏的地方，變成將來失敗的原因。有強敵當前，務請留意。

《二爻》你已失去應該前進的目標，如今應該努力保持現狀最重要。所以目前的情況是，無法積蓄金錢，夫妻間易起口角衝突。看起來工作計畫好像有所成就，但實際上卻是無法如願實行。

《三爻》吉運已經不遠了，不過還需要一段努力才能達成願望。可能會有贊助者出現，如能協力合作，將會更爲有利。如果你是領薪階級的人，近日內會有昇職加薪的喜訊。

《四爻》你已交上好運了。對事業的擴張、轉業、昇職不要失去此一絕好機會，毅然向前爲佳。此爻對於僱用人員特別有利，公司這一時候來採用新人，是最適合的時間點。另外此時濟助困難的人，將來必會有好報的。

《五爻》你已經進入佳運當中，務必充分利用這次機會。勞資爭議問題能夠圓滿解決，或是大公司合併中小企業、買賣交易等，都可期待順利而且有很大的利益。

《上爻》目前你所得到的氣運，是在所有易經卦象之中最爲景氣的時候，有如登天般的旺盛運勢。只不過要特別粗心大意，所招致來的意外失敗。

第二十七卦 山雷頤 卦 震下艮上 愼言語、節飲食

「經文卦意」頤：貞吉。觀頤，自求口實。

【翼傳注釋】

《彖》曰：頤，貞吉，養正則吉。觀頤，觀其所養也。自求口實，觀其自養也。天地養萬物，聖人養賢以及萬民。頤之時大矣哉！

《象》曰：山下有雷，頤。君子以愼言語，節飲食。

《序卦傳》：「頤者，養也。」

【爻辭原文】

初九：舍爾靈龜，觀我朵頤，凶。

《象》曰：觀我朵頤，亦不足貴也。

六二：顚頤，拂經，于丘頤，征凶。

《象》曰：六二征凶，行失類也。

六三：拂頤，貞凶，十年勿用，无攸利。

《象》曰：十年勿用，道大悖也。

六四：顛頤吉，虎視眈眈，其欲逐逐，无咎。

《象》曰：顛頤之吉，上施光也。

六五：拂經，居貞吉，不可涉大川。

《象》曰：居貞之吉，順以從上也。

上九：由頤，厲吉，利涉大川。

《象》曰：由頤厲吉，大有慶也。

『卦意白話批註簡述』

陽氣已及於山野，萬物皆有所養。飲食養育、頤情養性，要能合於正道，必定是吉利的卦象。觀人之所頤，皆由自取、宜自求也！如果能將生活中，所有的拂逆顛倒不順的事，都拿來教育、修養自己、提昇自己，這才是真正的智慧。

頤卦，養也。象徵口中的牙齒能來吃食物。比喻在人如能謹言慎行以來頤養德，和在飲食上節制以來養生的道裡。

【爻辭〈動爻應用解說〉】

《初爻》得此爻的你，如果不管已經身在衰運中，仍在做不斷地掙扎，所以可能愈陷愈深，困難都得不到解決的進展，以致中途而廢，最後連本帶利都損失到的事情，都可能會來發生。

《二爻》支出多於收入，一段是苦難的日子。長輩和朋友都難以倚賴，如果是由對方提出來的要求，尚有幾分成功的希望，如果是由自己提出的條件或是作爲，將無任何的成功希望可言。

《三爻》你所面臨的是要退守的局面，凡事都艱澀難行，逞強的結果只是又會損傷身體健康。要瞭解此一時期，是要自己好好反省的時候。或是可以去請教訪問好友，徵詢他們的建議才是良策。

《四爻》你已有運氣好轉的吉兆了。不可急進要逐步準備妥當，等待即將來臨的良機吧！有爭執、天災意外、人事是非的憂慮，但是只要有準備就不用擔心。爲防萬一應該把自己身邊，和周圍的事物檢查整理一遍才好。

《五爻》你的實力不強，聲譽卻是相當響亮。如果是從事名聲爲主的生意，就可以平安無事，只是沒有十分努力的話，事業還是會變成有名無實的虛象。大事還不到決定的時機，不要企圖翻新扭轉，暫時還是守舊爲宜。

《上爻》你已經是盛運當前，平時培養有實力的人，現在正是發揮潛力的時候，不可因一兩次的失敗就撒手氣餒，要不斷的挑戰，遲早願望是能夠達成的。再婚大吉。

第二十八卦 澤風大過 卦 巽下兌上 獨立不懼、避世無悶

「經文卦意」大過：棟橈，利有攸往，亨。

【翼傳注釋】

《彖》曰：大過，大者過也。棟橈，本末弱也。剛過而中，巽而說行，利有攸往，乃亨。大過之時大矣哉！

《象》曰：澤滅木，大過。君子以獨立不懼，遯世旡悶。

【爻辭原文】

初六：藉用白茅，旡咎。

《象》曰：藉用白茅，柔在下也。

九二：枯楊生稊，老夫得其女妻，旡不利。

《象》曰：老夫女妻，過以相與也。

九三：棟橈，凶。

《象》曰：棟橈之凶，不可以有輔也。

九四：棟隆，吉。有它，吝。

《象》曰：棟隆之吉，不橈乎下也。

九五：枯楊生華，老婦得士夫，旡咎旡譽。

《象》曰：枯楊生華，何可久也。老婦士夫，亦可醜也。

上六：過涉滅頂，凶。无咎。

《象》曰：過涉之凶，不可咎也。

『卦意白話批註簡述』

大過，謂陽氣太過。本卦四陽二陰，陽爻多於陰爻，陽氣大過於陰氣，故名大過。如同一座屋宇的棟樑，一旦棟樑彎曲折斷，屋頂便會塌下來一般。比喻心有餘而力不足，才能難以擔任工作的意思。

也象徵湖澤的水淹沒了樹木，爲超過平常的現象，使樹木因而腐爛的跡象，故也有洪水氾濫的意思。也比喻偃苗助長操之過急的現象。

得此卦者，此時有如身陷水中，身心不安、受苦之際。又有強行來作自己的意氣者，必會有後悔的時候。雖然表面不露痕跡，也有事物不順、諸事衰退，凡事均覺有過失的現象。

【爻辭（動爻應用解說）】

《初爻》凡事明哲保身，愈是逞強出頭，事態會變得更加嚴重惡化。工作方面會因印鑑或契約文件的疏忽，常引起嚴重的事故來。由於匆忙所引起的車禍也是要小心提防的。

《二爻》得此爻的人，雖有某程度的幸運來臨，究竟不會持久的。想要開闢新天地、創造新事業，起初或許稍有能見到財，但是最後終歸徒勞無功，眼前保持現狀就可以了。

《三爻》不聽長輩的意見，一意孤行的結果，弄到四面楚歌的困窮地步。如今你所需要的是謙虛的心，我行我素、自我滿足的行爲，是得不到圓滿和進步的。

《四爻》得此爻的你目前情緒不穩，有時想轉業，有時又想獨立開創事業。只是如今耐心保持現狀最好，如此一來也許會有貴人到來，替你解決眼前的難題。

《五爻》一時看起來很有利，其實是很難持續下去，爲了免於空歡喜一場，還是要鞏固自已的基礎要緊。小事由女子出面才能奏功，如今一些朋友、長輩多是不可靠的。

《上爻》你將要遇上最壞的情況了。郊遊和休閒活動都會有遭遇災難的憂慮。或是雖然自己很小心，但仍是常被別人所連累，最好是能墨守日常正規生活，靜待凶運的過去才好。

第二十九卦　坎為水　卦為重坎之卦　處險習敎之道

「經文卦意」坎：習坎，有孚，維心亨，行有尚。

【翼傳注釋】

《彖》曰：習坎，重險也。水流而不盈，行險而不失其信。維心亨，乃以剛中也。行有尚，往有功也。天險不可升也，地險，山川丘陵也，王公設險以守其國，坎之時用大矣哉！

《象》曰：水洊至，習坎。君子以常德行，習教事。

《序卦傳》：「坎者，陷也。」

【爻辭原文】

初六：習坎，入于坎窞，凶。

《象》曰：習坎入坎，失道凶也。

九二：坎有險，求小得。

《象》曰：求小得，未出中也。

六三：來之坎坎，險且枕，入于坎窞，勿用。

《象》曰：來之坎坎，終无功也。

六四：樽酒簋貳，用缶，納約自牖，終无咎。

《象》曰：樽酒簋貳，剛柔際也。

九五：坎不盈，祇既平，无咎。

《象》曰：坎不盈，中未大也。

上六：係用徽纆，寘于叢棘，三歲不得，凶。

《象》曰：上六失道，凶三歲也。

『卦意白話批註簡述』

坎水的水勢一再地奔注，而有陷溺、淹斃的危險，所以要盡快學習於險難脫困的經驗。因此在險難的環境中，只要方寸不亂有誠信，心裡經常警惕自我，要有生存下去的信心，才可脫離險境。所以君子要效法坎水，要經常實行道德，學習教育的事情。

得此卦者，以重坎的險難在前而前很固險，要退也險，為進退兩難，困上加困的現象。所以此卦有住家居住不安，憂患多，又可能遇到病痛、盜難等非常災難的意思。

【爻辭〔動爻應用解說〕】

《初爻》對於一切新的計劃務必要停止實行，即使你有充分的信心，目前還是很危險。有落入陷阱而進退兩難的憂慮，要提防有關於健康和水力、水災等方面的事故。男女戀愛方面可能會有情敵出現。

《二爻》你雖身在多難之期，希望之光已經為期不遠了。大的利益雖不太可能，但是小利益大致沒有問題。注意有意外的災難，尤其盜難發生、財物、門戶需要特別注意。男女婚姻親事最好延期。夫妻間切忌口出不平或不滿的怨言和衝突，以免造成更大的傷害事故。

《三爻》凡事除了忍耐外沒有他法，能避免危險最好。有人會因男女感情問題而喪生。不可無端地來嫉妒、怨恨別人，輕率、衝動的行動也要避免。

《四爻》終於光明在望了。凡事不要單獨行動，請求於家人協助最好。走內線也將會有成功的機會，此時此地運用內部關係，來交涉事情大概能順利成功。

《五爻》運氣已逐漸開朗，不過應該有七、八分就要滿足了。就業、找工作可以進入理想的公司，訴訟或爭執也能以較有利的條件來談妥和解。

《上爻》過去僵持難以解決的問題，已經有解決的徵兆了，不過要支撐到最後五分鐘才能真正平安。要特別注意提防受騙。

第三十卦 離為火卦 為重離之卦 明德照四方

「經文卦意」離：利貞，亨。畜牝牛，吉。

【翼傳注釋】

《彖》曰：離，麗也。日月麗乎天，百穀草木麗乎土，重明以麗乎正，乃化成天下。柔麗乎中正，故亨。是以畜牝牛吉也。

《象》曰：明兩作，離，大人以繼明照于四方。

《序卦傳》：「離者，麗也。」離，明也，附著亮麗。

【爻辭原文】

初九：履錯然，敬之无咎。

《象》曰：履錯之敬，以辟咎也。

六二：黃離，元吉。

《象》曰：黃離元吉，得中道也。

九三：日昃之離，不鼓缶而歌，則大耋之嗟，凶。

《象》曰：日昃之離，何可久也。

九四：突如其來如，焚如，死如，棄如。

《象》曰：突如其來如，无所容也。

六五：出涕沱若，戚嗟若，吉。

《象》曰：六五之吉，離王公也。

上九：王用出征，有嘉折首，獲匪其醜，无咎。

《象》曰：王用出征，以正邦也。

『卦意白話批註簡述』

離卦是光明美麗的現象，凡事要能柔順堅強、光明正大，必定可以亨通吉祥的。上下皆明，明之又明。在人如高瞻遠矚、明白四達，能繼承光明正大的事業，好像光明普照天下一樣。

離又爲智慧、眼睛、文采寫作，所以得此卦時，對於文學、編劇、創作等都有好的發展未來。

但離卦爲火另有虛象不實的意義，所以得此卦者，有心不能定、物易移，又有與人不親和，有損失的時後。故宜淳直來順從人，性急者恐會敗事。須愼好色。又有不測的災難，如火災或是口舌是非、毀謗的謠言傷害，一般有先凶後利的跡象。

【爻辭（動爻應用解說）】

《初爻》你正處在飄浮不定的運氣當中，此刻切忌輕舉妄動，等待一切準備妥當，再作一次檢查之後，再來採取行動較爲保險。眼前有意外的災難，尤其是火燭、火災方面的事故，對緊急逃生的路要事先查看、整理好。

《二爻》你已得到強烈好運的支持，經濟上也比較寬裕了。事業上分店的增設或擴張等，可以放心的去做。和學術技藝方面有深切關係的事業，大有發展的可能。小方面的轉業、昇職也是吉利的。

《三爻》這是你應該停下來反省的時候了。將會有許多障礙、爭執、訴訟等事件，層出不窮，如果你固執己見，就有被同伴排斥遺棄，而陷入自己孤獨的憂慮，或是也有被誤解、被嫌疑的可能。

《四爻》你因爲被嫉妒心所驅使蒙蔽，而魯莽的採取了行動，導致自己失去了立身之地。夫妻間互動討論事情，必需保持冷靜的態度。不要因爲感情風流的真相一暴露了，便一氣之下衝動的跑回娘家訴苦，否則家庭婚姻會很難再有團圓的機會了。

《五爻》目前你雖然有朋友和夥伴來幫你，使事業順利進行，不過如不小心應付問題，就有落入不正當買賣，或用錯了人而遭受莫大的損失。注意提防眼睛上的疾病，如果診治過遲會變成嚴重的病症來。

《上爻》你正處於盛運當中，如果是爲正當的事業，可以放心的去做，一定會有好的結果。開創新的事業、轉業等都很好。

心・得・筆・記

第十講之二 易經經文 下經

第三十一卦 澤山咸 卦 艮下兌上 男女交感而生化不息

「經文卦意」咸：亨利貞，取女吉。

【翼傳注釋】

《彖》曰：咸，感也。柔上而剛下，二氣感應以相與，止而說，男下女，是以亨利貞，取女吉也。天地感而萬物化生，聖人感人心而天下和平。觀其所感，而天地萬物之情可見矣！

《象》曰：「山上有澤，咸。君子以虛受人。」澤低而居高，山高而居低，漸趨親近，成山澤通氣之象。君子宜虛心容受，相互感化。

【爻辭原文】

初六：咸其拇。

《象》曰：咸其拇，志在外也。

六二：咸其腓，凶，居吉。

《象》曰：雖凶，居吉，順不害也。

九三：咸其股，執其隨，往吝。

《象》曰：咸其股，亦不處也。志在隨人，所執下也。

九四：貞吉，悔亡，憧憧往來，朋從爾思。
《象》曰：貞吉悔亡，未感害也。憧憧往來，未光大也。
九五：咸其脢，无悔。
《象》曰：咸其脢，志末也。
上六：咸其輔頰舌。
《象》曰：咸其輔頰舌，滕口說也。

『卦意白話批註簡述』

咸卦是男女陰陽相互感動的現象，天地相感應而使萬物能來生成，聖人感動人心而使天下和平。

《詩經》首篇「關關鵲鳩，在河之洲，窈窕淑女，君子好求」，與咸卦的取女吉，同樣以男女的清純無雜慾的感情，作爲人事的開端。得此卦者有意外的吉事，若爲他人處理事物可遂志，求財望事可成。

和合之象，營謀與人共事者吉象。但若非正道的交感，則男女皆有色難，意亂情迷而招災也。

【爻辭〔動爻應用解說〕】

《初爻》凡事要慎重，見異思遷是不行的。尤其是用字譴句稍不慎，就會有招致誤解的結果，明明可以談攏的問題，也會變成破局。男女感情問題不可急於有結局，要靜待事情的發展，好像自然等待果實熟透了掉下來最好。

《二爻》不可迷惑於眼前的變動，只要小心應付，運氣自然就會開朗。不可因一時得不到利益，便要放棄原來的初衷理想，使親友對你的信用盡失。

《三爻》目前各方對你的誘惑最多。絕不可輕易相信他人的言語，凡事要審慎和小心最爲重要。

《四爻》容易爲瑣事而焦急不安，目前進退都不宜，維持現狀最好。部屬間需要你照顧的世俗事較多，是一種苦勞的運勢。

《五爻》公平無私的做事態度必定能達成目的。要注意被男女感情所左右影響，而留下了追悔莫及的結果。戀愛方面，早日依正式手續進入結婚程序爲妙。

《上爻》易被花言巧語所迷惑，要小心提防。光靠口頭上的約束容易上對方的當，而且有時上當了還不自覺呢！

第三十二卦 雷風恆 卦 巽下震上 立不易方之恆德

「經文卦意」恆：亨，无咎，利貞，利有攸往。

【翼傳注釋】

《彖》曰：恆，久也。剛上而柔下，雷風相與，巽而動，剛柔皆應，恆。恆亨无咎，利貞。久於其道也，天地之道，恆久而不已也。利有攸往，終則有始也。日月得天，而能久照，四時變化，而能久成，聖人久於其道，而天下化成。觀其所恆，而天地萬物之情可見矣！

《象》曰：雷風，恆。君子以立不易方。

《序卦傳》：「恆者，久也。」恆卦是說明一切事物恆久的道理。宇宙運行，日月照明，四時變化，永久循環不息，所謂「日月得天而能久照，四時變化而能久成。」

【爻辭原文】

初六：浚恆，貞凶，无攸利。

《象》曰：浚恆之凶，始求深也。

九二：悔亡。

《象》曰：九二悔亡，能久中也。

九三：不恆其德，或承之羞，貞吝。

《象》曰：不恆其德，无所容也。

九四：田无禽。

《象》曰：久非其位，安得禽也。

六五：恆其德，貞，婦人吉，夫子凶。

《象》曰：婦人貞吉，從一而終也。夫子制義，從婦凶也。

上六：振恆，凶。

《象》曰：振恆在上，大无功也。

『卦意白話批註簡述』

震雷起而巽風生，乃天道的常理，蓋氣息能互相交感，才可持久。天地人生，能夠「窮則變，變則通，通則久」，持之以恆，久於其道，便是永恆。杜會變化也是有其常軌，君子只要立定根基德行，就能抓穩正確的方向與目標。

所以得此卦時，表示為諸事均會有持續很久的現象，想要儘速處理反而不利，宜循序漸進，才可以成功達志。

也表示是個狀況卦，吉凶未定，顯示一種會持續很長久的一種狀況。好的或壞的情形，都將會再持續下去。

【爻辭（動爻應用解說）】

《初爻》因為太出風頭而有招致失敗的危險。要以登樓梯的心情來逐步登高，不強求、不逞能為佳。有時因估計錯誤而導致一切的計書、布置安排都泡湯了，所以凡事要懂得節制要緊。

《二爻》不要過於煩惱周圍的小瑣事，多為自己的事去發心思努力，只要不惜一切不斷的努力，願望終究可以達成。開創新事業，或動工興建的事，最好能夠暫時停下避免災難。

《三爻》為私慾所驅使，有走入不當非法事件的傾向。日常生活務必謹守操守、道德，不可為了細微的小瑣事吵架，或弄得夫妻不合睦。

《四爻》有徒勞無功、白費力氣的傾向。男女親事或事業交涉皆不能如願。由於精神不安定，或是一時的感情用事，以致浪費錢財的事會來發生。此刻應穩住心情，對事業計畫再作檢討最為重要。

《五爻》由於你的優柔寡斷，以致失去了良機。應該堅定選擇一個目標努力不懈才好。如果你是女性的話，終生能順從夫婿過幸福的生活。目前運勢以不採取太勉強的行動爲宜。

《上爻》向上和向外的視野固然很好，不過有必要加以衡量的自己的能力和才能，不腳踏實地、不切實際的計畫，最後只會徒勞無功。此一時期內的轉業、昇職、創業最好暫緩。

第三十三卦　天山遯　卦艮下乾上　退避自保以待時

「經文卦意」遯：亨，小利貞。

【翼傳注釋】

《彖》曰：遯亨，遯而亨也。剛，當位而應，與時行也。小利貞，浸而長也。遯之時義大矣哉！

《象》曰：天下有山，遯。君子以遠小人，不惡而嚴。

《序卦傳》：「遯者，退也。」遯卦有陰長陽消，萬物退避的現象，是講退避之理。於人事必因時制宜，當退即退，能進退存亡而不失其正者，才有善果。

【爻辭原文】

初六：遯尾，厲，勿用有攸往。

《象》曰：遯尾之厲，不往，何災也。

六二：執之用黃牛之革，莫之勝說。

《象》曰：執用黃牛，固志也。

九三：係遯，有疾厲，畜臣妾，吉。

《象》曰：係遯之厲，有疾憊也。畜臣妾吉，不可大事也。

九四：好遯，君子吉，小人否。

《象》曰：君子好遯，小人否也。

九五：嘉遯，貞吉。

《象》曰：嘉遯貞吉，以正志也。

上九：肥遯，旡不利。

《象》曰：肥遯，旡不利。旡所疑也。

『卦意白話批註簡述』

以艮山來和天比，則會覺得山卑而退縮，退居在乾下的卦象。故君子要能來遠離小人，暫時退避，不用惡語厲色的來反應，而是要以嚴正的態度對待。

得此卦時，凡事宜退守不宜進取。對於住家有所辛苦、多憂慮而不穩定的情況。所以諸事皆有差錯的卦象。

也表示凡事一見剛開始如有所成就，卻因爲都不調合而有損傷、阻礙困惑。因爲有小人的出現，然而此卦有先惡而後通達的意思，意謂著要能忍耐退守等待時機。

【爻辭（動爻應用解說）】

《初爻》此爻顯示你的住家容易搬遷，不過卻也因此結識到許多好的鄰居和友人。目前退守比推進有利而無災難。凡事如不能速戰速決，便要退守一方等候機會爲宜。關於結婚的問題緩一緩最好。

《二爻》凡事要看進展情形，再來決定自己的立場。被人情世故所束縛影響，便容易來喪失良機。買賣務必以誠實待人，旅行、遷移、承包工作等暫時中止較好。

《三爻》你一但交上此爻，說不定會陷入進退兩難的境地。此刻應該乾脆把第一線的工作，可以讓給年輕一輩的人去做了，自己則是退守靜觀。沒有自己直接下手必要的，還是找人幫忙爲妙。此刻對男女色情方面也要多加小心注意。

《四爻》你正爲人際關係苦惱的時候。被人情世故所逼迫，而捲入了訴訟是非裏，或替人借貸、擔保，而被人追債等事件會常常遇到。所以交友要謹慎，轉業、昇職無太大希望。

《五爻》你在千鈞一髮的瞬間躲過了災難，此一避難的經驗對你將來會有很大的益處。爲了自己的私利而趁夜捲逃，或是丈夫遺棄妻子的情形會來發生。如果是靠名聲賺錢的，或是文藝、演藝方面的工作，將會大有作爲。

《上爻》你的壞運已逐漸消失，好運即將來訪。有常陷入憂鬱、厭世的情緒裏，光明已經不遠了，勸你把心懷放開朗些，等候良機的來臨。

第三十四卦 雷天大壯 卦 乾下震上 正大壯盛之態勢

「經文卦意」大壯：利貞。

【翼傳注釋】

《彖》曰：大壯，大者壯也。剛以動，故壯。大壯利貞。大者正也。正大而天地之情可見矣！

《象》曰：雷在天上，大壯。君子以非禮弗履。

【爻辭原文】

初九：壯于趾，征凶，有孚。

《象》曰：壯于趾，其孚窮也。

九二：貞吉。

《象》曰：九二貞吉，以中也。

九三：小人用壯，君子用罔，貞厲。羝羊觸藩，羸其角。

《象》曰：小人用壯，君子罔也。

九四：貞吉悔亡，藩決不羸，壯于大輿之輹。

《象》曰：藩決不羸，尚往也。

六五：喪羊于易，无悔。

《象》曰：喪羊于易，位不當也。

上六：羝羊觸藩，不能退，不能遂，无攸利，艱則吉。

《象》曰：不能退，不能遂，不祥也。艱則吉，咎不長也。

『卦意白話批註簡述』

震雷響揚於天際，聲勢雄壯；雷聲騰播于天上，聲勢強大無比。因此君子不做違法失禮的事，所以能成就偉大的事業。

得此卦時，因為雷聲大有虛象的含意，所以顯示凡事有過於強猛而來產生過失，和有過於躁進的現象，又雖有強勢的力量，但卻是辛苦的時候。又有欺侮人、被他人迷罔的意思，故凡事不可妄進、衝動、躁進，對事業、財務、經濟有苦勞的現象。

【爻辭〈動爻應用解說〉】

《初爻》指示你有急躁魯莽的行為，而且只知道批評別人，引起事業上的困擾。和他人的紛爭、是非常會來發生。要特別的慎重、沈穩。

《二爻》平凡的日子將繼續維持下去，精神、情緒上也頗為安定。物質上的享受應該有某程度的滿足。只是平凡的生活中會感到不滿，為慾望所引誘而惹出事端來。

《三爻》你的積極性和衝動力將是招惹禍端的原因。過度自信的事業計畫將會招來失敗。從事新事業、新工作的人，需要做好事先充分的調查。

《四爻》凡事已顯出新的希望來，眼前的工作不可中途而廢，要繼續努力。轉業、昇職是好機會。從前不敢實行的計畫、事情，可以放心大膽的去實踐了。

《五爻》你的輕佻言行會招來他人的厭恨和是非，言行舉止要多注意。和同事、上司討論意見時不可過於訴諸於情感，否則對方不但不能接受，反而還會反駁、反對你。

《上爻》你已登上大壯之峰，如果不知節制將會走入困窮的境地裏。要放棄私心和私慾，來考慮全體的和諧，然後採取行動才好。家庭裡會有煩惱事，不要忽視它，要想辦法去瞭解它的原因和處理。

第三十五卦 火地晉 卦 坤下離上 日出東方，憤發以進

「經文卦意」晉：康侯用錫馬蕃庶，晝日三接。

【翼傳注釋】

《彖》曰：晉，進也。明出地上，順而麗乎大明，柔進而上行。是以康侯用錫馬蕃庶，晝日三接也。

《象》曰：明出地上，晉。君子以自昭明德。

《序卦傳》：「晉者，進也。」

【爻辭原文】

初六：晉如，摧如，貞吉。罔孚，裕，无咎。

《象》曰：晉如，摧如。獨行正也。裕无咎，未受命也。
六二：晉如，愁如，貞吉。受茲介福，于其王母。
《象》曰：受茲介福，以中正也。
六三：眾允，悔亡。
《象》曰：眾允之，志上行也。
九四：晉如鼫鼠，貞厲。
《象》曰：鼫鼠貞厲，位不當也。
六五：悔亡，失得勿恤，往，吉，无不利。
《象》曰：失得勿恤，往有慶也。
上九：晉其角，維用伐邑，厲吉无咎，貞吝。
《象》曰：維用伐邑，道未光也。

『卦意白話批註簡述』

晉卦是光明進步、興盛發展的道理。能明白所處的環境，心中光明正直，尊崇道德言行，自能發展而高昇，所謂「失得勿恤，往有慶也。」順著自然的生命前進，一點也不必擔憂。

曰出東方，黎明來到的世界，君子要明明德，要以磊落的德行照明於天下。得此卦時，有去苦赴樂、氣運旺盛，如旭日中天，諸事如意，聲名聞達四方的意思。雖然此卦爲諸事吉祥的卦象，但是火燒於地，火勢若過猛，地必會涸裂，所以也可來批斷男女婚姻會有不和的跡象。

【爻辭〈動爻應用解說〉】

《初爻》你的願望還不能實現，因爲中途出現了障礙，使你不能獲得預期的成果。不過，不久的將來必會有幸運來訪，不要失去那次的機會。

《二爻》你已慢慢走向明朗的運氣，在目前運勢尚未壯大強盛之前，新計畫或任何職業上的變動要慎審考慮。此刻你的人品和努力已被人所賞識肯定，被人提拔將爲期不遠了。

《三爻》從前力不從心的感覺，將被克服，而有飛躍的成功，會有你的長輩和朋友的幫助支援，不可失去此一良機才好。所以好好尋找貴人的協助第一。

《四爻》過度自信的驕傲和對事的藐視態度，而使你對自己的生活方示，在工作、家庭婚姻裡、招惹來不斷的災難和煩惱，要小心慎重的來處理才好。

《五爻》不可斤斤計較眼前的利害得失，眼光放遠去進行將會成功。阻礙你的障礙將逐漸消退中。工作上會出現的強烈的競爭對手，要小心。

《上爻》容易引起紛爭的時期，而且大多是由別人的煽動所引起的。務必依自己的想法和意志來行動，不可受他人的影響。有發生事故和家庭失和的憂慮。

第三十六卦 地火明夷卦 離下坤上 火熄於地下，黑暗憂患之世

「經文卦意」明夷：利艱貞。

【翼傳注釋】

《彖》曰：明入地中，明夷。內文明而外柔順，以蒙大難，文王以之。利艱貞，晦其明也，內難而能正其志，箕子以之。

《象》曰：明入地中，明夷。君子以蒞眾，用晦而明。

《序卦傳》：「夷者，傷也。」明夷，明有所傷也。蓋進不已，難免有所傷。

【爻辭原文】

初九：明夷于飛，垂其翼。君子于行，三日不食，有攸往，主人有言。

《象》曰：君子于行，義不食也。

六二：明夷，夷于左股，用拯馬壯，吉。

《象》曰：六二之吉，順以則也。

九三：明夷于南狩，得其大首，不可疾貞。

《象》曰：南狩之志，乃大得也。

六四：入于左腹，獲明夷之心，于出門庭。

《象》曰：入于左腹，獲心意也。

六五：箕子之明夷，利貞。

《象》曰：箕子之貞，明不可息也。

上六：不明晦，初登于天，後入于地。

《象》曰：初登于天，照四國也。後入于地，失則也。

『卦意白話批註簡述』

「明夷」者，傷也。此卦表示受到傷害和妒嫉的時後，要能堅忍奮鬥，免於禍害的真理。如商朝的箕子和周文王，雖然受到傷害，但不失去內心的光明。

得此卦時，君子被小人所傷，賢臣被昏君傷，所以有身心勞苦，或遇到不測災害而受困艱難的時候。但此卦為開始困窮，而後榮華的卦象，終究最後可出人頭地。也有與親人、好友音信隔絕的意思。故須以智慧來等待時機。

【爻辭（動爻應用解說）】

《初爻》你的才能被小人所嫉妨，一有所行動就會招來麻煩。如今只好圖謀轉移周圍的氣氛，否則將深陷在困難煩惱之中難以自拔。夫妻間有隱藏的是非存在，要小心面對處理。

《二爻》常遭人找麻煩，但如能繼續努力，最後必定能獲得幸福。事業方面如能改變方針和處裡理的態度，部屬或晚輩都會不惜任何困難來相助的。

《三爻》你已交上好的氣運了，要抓住這個良機。要設法除去目前的弊端最好。事業上有發展性，只要能夠沉著應付，將會有更大的成果。

《四爻》表面看來很順利，但只要一大意就容易栽倒失敗。對周圍的改變和時代的潮流不敏感，就會有被淘汰的憂慮。或是爲花言巧語所迷惑，不知不覺中加入不正當的行動裡，這種事要多加小心地預防。

《五爻》你將進入進退維谷的壞運裏，愈急躁愈有惡果。此刻應盡量爭取時間，把決定的時間延緩，等待危險期過去。轉行、昇職都是凶象。

《上爻》雖有一時的喜訊，但不久又會恢復舊觀。即使成功了，也不可慶功，應儲備實力來應付下一次的難局。要以比以前更加謙恭的態度來對人才好。

第三十七卦　風火家人　卦離下巽上　齊家之道

「經文卦意」家人：利女貞。

【翼傳注釋】

《彖》曰：家人，女正位乎內，男正位乎外，男女正，天地之大義也。家人有嚴君焉，父母之謂也。父父，子子，兄兄，弟弟，夫夫，婦婦，而家道正。正家而天下定矣。

《象》曰：風自火出，家人。君子以言有物，而行有恆。

《雜卦傳》：「家人，內也。」內即人也，由外至內，家人卦爲治理家政之道。

【爻辭原文】

初九：閑有家，悔亡。

《象》曰：閑有家，志未變也。

六二：无攸遂，在中饋，貞吉。

《象》曰：六二之吉，順以巽也。

九三：家人嗃嗃，悔厲吉。婦子嘻嘻，終吝。

《象》曰：家人嗃嗃，未失也。婦子嘻嘻，失家節也。

六四：富家，大吉。

《象》曰：富家大吉，順在位也。

九五：王假有家，勿恤吉。

《象》曰：王假有家，交相愛也。

上九：有孚，威如，終吉。

《象》曰：威如之吉，反身之謂也。

卦辭曰：「家人，利女貞。」家人卦，利於婦女守正道，成爲家庭的重心。

『卦意白話批註簡述』

火生風、風助火，其性相和，有如家人和樂相處一般。故君子齊家要由內而外，先正心修身，言必有物，才能根據事實來行事持之以恆。

得此卦時，需事事以家人爲重的意思，如事業投資均需一家人合作共事爲佳。男女感情，爲成家的吉象。可以來負責照顧家事，才有立身處事的希望。事業工作開始恐怕稍有困難，但是可以得到親人、家人的幫助而漸入佳境。

【爻辭〔動爻應用解說〕】

《初爻》要始終保持一貫的熱衷態度，有瑣碎的阻礙來干擾。不要去理會別人的意圖來影響、不浪費錢財，則能積少成多，不知不覺中就會有大進展的。

《二爻》不必自己動手，讓對方去做，也是能得到好處。小生意踏實去做，也有利益。動能生災，所以住家的搬移、旅行、轉職等計畫要暫緩。運氣會慢慢好轉，不可焦急。

《三爻》你在進退兩難之中，不管對自己嚴苛或寬鬆，幸運和福氣都與你無緣。不要想倚靠別人，要冷靜而沉著，才是克服困難的良策。男女之間的戀愛不可以有投機的行爲。

《四爻》好的大運已經來臨了。財富事業聚集，可謂滿帆順風。開張、轉業、就職都可以大膽的去做。戀愛關係將會有更進一步的進展。旅行、遷移、改建、新建都有吉利。但是特別要注意火災的發生。

《五爻》凡事都有發展的變化性，是償還宿願的良機。仰賴平日培養的各方基礎，能夠達成你的願望。戀愛中的情侶易沈溺於情慾之中，有深陷的危險。

《上爻》來做稍有超出實力的作爲也能獲得成功。事業和家業的發展，端視你的努力，可以有相當的好成果。買賣交易不要猶疑不決，勇往直前有利。家宅改建修繕可以，新建不佳。

第三十八卦 火澤睽 卦 兌下離上 乖違隔離之象

「經文卦意」睽：小事吉。

【翼傳注釋】

《彖》曰：睽，火動而上，澤動而下。二女同居，其志不同行。說而麗乎明，柔進而上行，得中而應乎剛。是以小事吉。天地睽，而其事同也。男女睽，而其志通也。萬物睽，而其事類也。睽之時用大矣哉！

《象》曰：上火下澤，睽。君子以同而異。

《序卦傳》：「睽者，乖也。」睽，乖違也。

《雜卦傳》：「睽，外也。」疏而不親，相互違背。

【爻辭原文】

初九：悔亡，喪馬、勿逐，自復。見惡人无咎。

《象》曰：見惡人，以辟咎也。

九二：遇主於巷，无咎。

《象》曰：遇主於巷，未失道也。

六三：見輿曳，其牛掣，其人天且劓，无初有終。

《象》曰：見輿曳，位不當也。无初有終，遇剛也。

九四：睽孤，遇元夫，交孚，厲，无咎。

《象》曰：交孚无咎，志行也。

六五：悔亡，厥宗噬膚，往，何咎？

《象》曰：厥宗噬膚，往有慶也。

上九：睽孤，見豕負塗，載鬼一車，先張之弧，後說之弧，匪寇婚媾，往，遇雨則吉。

《象》曰：遇雨之吉，群疑亡也。

卦辭：「睽，小事吉。」乖違時不可從事大事，而小事尚有吉之道。

『卦意白話批註簡述』

火性爲上升，水性爲往下流，性質各自不同，所以彼此乖異相違。君子觀察睽卦的卦象，同而能益，也在和同之中而能知道有所相異的地方。

睽乃叛也，所以得此卦時，爲人心相互違逆意見不合，百事難成，有辛苦勞累，且有財物多散亂的跡象。

但是此卦象爲內兌悅、外離文明的象卦，所以若是學者、寫作、創作的人，得此卦爲內有喜悅，外有文學的名聲，而可以用吉象來斷之。因此大凡占得此卦者，除了學者、寫作者之外，均須防口舌爭論，也有和人中斷絕交意思。恐怕有受欺騙的情事發生。

【爻辭（動爻應用解說）】

《初爻》凡事進展不順利而感到焦慮不安。機會即將來臨，不焦急、不捲入是非，靜候時機必能成功。

《二爻》有障礙和妨害，進展不順利。不可爲謠言是非所中傷，接受長輩的勸言，穩重進行。在意想不到的地方會有坦途轉變的出現。如果是爲自己的私慾和私利來奔走，則會徒勞無功。

《三爻》以前的誤解獲得冰釋，而恢復往日的和合。住家的增改建或遷移是吉利的，但是旅行要避免。會發生被人誣賴的罪過，要特別小心提防。

《四爻》此爻的運氣不盛，有爲自己的出路來焦思苦慮，卻得不到家人、別人的贊同。還是靜觀其變爲上策。住家新建要避免，旅行也要緩一緩。有不知不覺中爲支出增多而煩惱，也許能得晚輩家人的支助而寬心。

《五爻》凡事不可以想要靠自己來獨立完成，能虛心接受周遭同事家人的意見和助力，必能成功。此刻不是自已東奔西跑的時期，暫時採取消極性策略反而對事情有利。

《上爻》你已經越過障礙了，可以採取積極性的措施去解決問題。最初因爲沒有自信而覺得不安，不久就趨於安定了。爲得到這個喜悅和發展，不可以自暴自棄是非常重要的態度。

第三十九卦　水山蹇卦　艮下坎上　克難匡時之道

「經文卦意」蹇：利西南，不利東北。利見大人，貞吉。

【翼傳注釋】

《彖》曰：蹇，難也，險在前也。見險而能止，知矣哉！蹇，利西南，往得中也。不利東北，其道窮也。利見大人，往有功也。當位貞吉，以正邦也。蹇之時用大矣哉！

《象》曰：山上有水，蹇。君子以反身修德。

《序卦傳》：「蹇者，難也。」蹇，以示艱難險阻而不行之象。

【爻辭原文】

初六：往蹇，來譽。

《象》曰：往蹇來譽，宜待也。

六二：王臣蹇蹇，匪躬之故。

《象》曰：王臣蹇蹇，終无尤也。

九三：往蹇，來反。

《象》曰：往蹇來反，內喜之也。

六四：往蹇，來連。

《象》曰：往蹇來連，當位實也。

九五：大蹇，朋來。

《象》曰：大蹇朋來，以中節也。

上六：往蹇，來碩，吉。利見大人。

《象》曰：往蹇來碩，志在內也。利見大人，以從貴也。

『卦意白話批註簡述』

山上有水結冰，行走很困難的卦象。所以在蹇難的時後，宜反求諸身忍耐堅持，修養德行才能有機會度過此一艱難。

蹇者，跛也、寒足難行，爲氣運不通但不得不行的現象。所以得此卦時，不論貴賤貧富，均有身心憂苦、計畫都處於落空、所有依賴都來相違背，陷入困境的憂慮。

【爻辭〔動爻應用解說〕】

《初爻》因爲太關心於結局，而忽略過程中的發展。心裏焦急，行動卻無法配合。事業開張、轉業都是凶象。逞強的結果會掉入泥沼裏而動身不得。

《二爻》要知道前途困難重重，精神上和肉體上的負擔都很重。旅行、出發、遷移、增改建、等避免爲宜。

《三爻》一些瑣碎的小事情有成就，但計畫大事則不成。凡事應該要先求取內部意見的一致，切忌專斷獨行。多方吸取部屬的建議以備將來的發展。

《四爻》嚴苛的磨練和考驗即將過去。你的構想或計畫如能獲得上司的贊同，前途就有光明。爲了達成此一目的，要切實把握發表自己意見的良機。

《五爻》煩惱的事已經有了解決的眉目，心情可以稍微放開朗了。至今不可奢望的事，也可以去嘗試一下，雖然短期內難以達成目標，但假以時日必能有所成就。參考朋友的意見也是良策。

《上爻》苦勞的付出已得到報償。以前努力不懈的人，如今可以抓住幸福了。事業上可以獲得往日所損失的補償，不過急進還是不可以的。

第四十卦　雷水解卦　坎下震上　舒解和暢之象

「經文卦意」解：利西南，旡所往，其來復，吉。有攸往，夙吉。

【翼傳注釋】

《彖》曰：解，險以動，動而免乎險，解。解，利西南，往得眾也。其來復吉，乃得中也。有攸往夙吉，往有功也。天地解，而雷雨作，雷雨作而百果草木皆甲坼，解之時義大矣哉！

《象》曰：雷雨作，解。君子以赦過宥罪。

《序卦傳》：「解者，緩也。」解，消除緩和。

【爻辭原文】

初六：无咎。

《象》曰：剛柔之際，義无咎也。

九二：田獲三狐，得黃矢，貞吉。

《象》曰：九二貞吉，得中道也。

六三：負且乘，致寇至，貞吝。

《象》曰：負且乘，亦可醜也，自我致戎，又誰咎也？

九四：解而拇，朋至斯孚。

《象》曰：解而拇，未當位也。

六五：君子維有解，吉。有孚于小人。

《象》曰：君子有解，小人退也。

上六：公用射隼于高墉之上，獲之，无不利。

《象》曰：公用射隼，以解悖也。

『卦意白話批註簡述』

打雷下雨後，雲散風清其氣已暢，鬱結之氣因而來疏解的意思。故賢明的人，要能赦免罪過，寬恕原諒他人，就能解決問題了。

得此卦時，即可解脫從前的險難，但是僅為脫困而已，真正的喜樂還未來到，因為元氣還未完全復原的時後，猶如病人剛剛初癒，血氣尚未恢復的樣子。又因為困難才剛去除，但是欲加害者仍然還在，務必要完全去除才能真正安心。

【爻辭〈動爻應用解說〉】

《初爻》運氣已經在逐漸向上之中。不能喪失剛開始的志氣，並徵求他人的建議良言，不久就會有成功的希望。性急而缺乏審慎的行動，或超過程度的擴張，結果將歸於失敗。交際方面要知禮數。

《二爻》你已經置身在好運之中了。不忘凡事要詳細思慮，抱持堅定的信心來從事，名利將可以雙收。事業經營者目前正是整頓文件、人事組織，驅逐不法者，重建公司聲譽的時機。競爭的敵人對手很多，要小心面對。

《三爻》獨斷的行動太多終將會失敗。不過，也不可太信任他人。對沒有內涵，虛榮的事業不可以投資參與。應按步就班踏實行事爲重。住家增改建、轉移、旅行等最好能避免。

《四爻》凡事將難得如願，往往是因爲心急過度，會在成事之前而遭遇挫敗。交往朋友要慎擇，事業上，要摒棄固執、舊式的思維，需要有開創性的改變，從事創始性的發展工作。改行或轉職不能如願。

《五爻》眼前的障礙和妨害很多，是擔心憂慮的時期。不好的朋友應斷絕交往。公司用人當中說不定有不正當的人，最好早日發現來處理，以免損害擴大。交易方面可以預見困難，不過也許可以而因禍得福。注意旅行和水難。

《上爻》你得此爻，即使眼前有障礙，可以處理而後有成。勇氣和決心能使你的運氣向上，此時期競爭的敵人較多，會被中傷，而有挫折的憂慮感，務必以冷靜的判斷去突破它。新建、遷移、旅行皆吉。

第四十一卦 山澤損 卦 兌下艮上 損下益上之象

「經文卦意」損：有孚，元吉，无咎，可貞，利有攸往？曷之用，二簋可用享。

【翼傳注釋】

《彖》曰：損，損下益上，其道上行。損而有孚，元吉，无咎，可貞，利有攸往。曷之用？二簋可用享。二簋應有時。損剛益柔有時，損益盈虛，與時偕行。

《象》曰：山下有澤，損。君子以懲忿窒欲。

【爻辭原文】

初九：已事遄往，无咎，酌損之。

《象》曰：已事遄往，尚合志也。

九二：利貞，征凶，弗損，益之。

《象》曰：九二利貞，中以為志也。

六三：三人行，則損一人。一人行，則得其友。

《象》曰：一人行，三則疑也。

六四：損其疾，使遄有喜，无咎。

《象》曰：損其疾，亦可喜也。

六五：或益之，十朋之龜，弗克違，元吉。

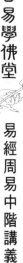

《象》曰：六五元吉，自上祐也。
上九：弗損益之，无咎，貞吉，利有攸往，得臣无家。
《象》曰：弗損益之，大得志也。

『卦意白話批註簡述』

艮山的基礎，因兌澤而受到損失，蓋因爲澤水潤解而艮山使鬆弛，損失在所難免。君子如能抑制忿怒，勿放縱私慾，就能減少損失。損卦的「二簞可用亨」，生命的用亨，一陰一陽必須交替來損剛益柔，把過去的捨了，如花開花謝，才有果實的成熟。得此卦時，可謂是先折損自己來利益他人的時後，又因爲損利慾而有德益，損驕奢而有財益，損其可損之物，雖然損之，但也不爲真損，有先捨後得的跡象。所以又爲先苦後喜悅，勞苦自己利益他人之時，諸事急則不成，緩慢來作可得成就，第一次難以調合，第二度、三度可成。求財、望事小吉。

【爻辭〔動爻應用解說〕】

《初爻》凡事有失契機，以致許多計劃和構想都有落空的憂慮，務必要趕緊抓住良機才好。工作方面，上司和友朋請求你的地方很多，雖然比較煩忙，還是要多多協助他們吧。

《二爻》事事不可輕舉妄動。對於新開張、轉業、遷移、增改建都是凶象，一切以維持現狀爲宜。

《三爻》如倚賴他人的力量還不如信任自己。你日前的運氣並不是很好的。單獨行動或許對你有利。改行、開業都不吉。

《四爻》你的運氣已經開始上昇了。尤其平常保持良好人際關係的原因，會意外讓你獲得建言而有很好的發展。

《五爻》一切都會順利發展。凡事要誠心誠意，努力必有所報。

《上爻》你已迎接到利人利己的佳運。驕者不久！不可忘了保持謙虛的心懷。

第四十二卦 風雷益卦 震下巽上 損上益下之象

「經文卦意」益：利有攸往，利涉大川。

【翼傳注釋】

《彖》曰：益，損上益下，民說无疆，自上下下，其道大光。利有攸往，中正有慶。利涉大川，木道乃行。益動而巽，日進无疆。天施地生，其益无方。凡益之道，與時偕行。

《象》曰：風雷，益。君子以見善則遷，有過則改。

【爻辭原文】

初九：利用為大作，元吉，无咎。

《象》曰：元吉无咎，下不厚事也。

六二：或益之，十朋之龜，弗克違，永貞吉。王用享于帝，吉。
《象》曰：或益之，自外來也。
六三：益之用凶事，无咎。有孚中行，告公用圭。
《象》曰：益用凶事，固有之也。
六四：中行，告公從。利用為依遷國。
《象》曰：告公從，以益志也。
九五：有孚惠心，勿問元吉。有孚惠我德。
《象》曰：有孚惠心，勿問之矣。惠我德，大得志也。
上九：莫益之，或擊之，立心勿恆，凶。
《象》曰：莫益之，偏辭也。或擊之，自外來也。

『卦意白話批註簡述』

風雷作用，互有益處，風增雷聲大，雷多風雲起。故賢人見有善事就去做，有了錯誤過失就要改正，當然就能得有利益了。

得此卦者，有人來幫助、協助而得到利益的意思，而且是由長輩處所得到的。但是此一卦象有風雷激烈衝盪的含意，所以需注意身心受苦，住居不安寧，若不謹慎，恐怕有驚動的事發生，或是意外的災難或損傷，出入、開車宜謹慎。

【爻辭（動爻應用解說）】

《初爻》你已迎接有發展性的盛運，不過，有人嫉妒於你，要小心你的言行，避免太引人注目。開張、轉業、就職都會很順利。

《二爻》要決定一生大事的運勢尚嫌不足，對日常生活的事可說是順利、平順。年輕男女正在爲感情問題煩惱。如今，只要誠實自重，便會有好消息傳來。

《三爻》工作上和男女間的感情困擾不絕，以致有被陷入困苦、煩惱的可能。不過，似乎可以獲得意多的幫助而來打破僵局。有意想不到的災難要多預防。

《四爻》你所遇到的是變化多端的運氣。工作事業崗位的變動、轉職、遷居等，都是處於被動的機緣較多。工作上運氣還不錯，只是略會受到部屬方面的影響而苦惱煩心。

《五爻》凡事都能達成願望的好運氣。保持謙虛的心胸，便會有貴人出現協助而大展鴻圖。趁此機要把困難解決最好。改行、開業、就業都如願以償。

《上爻》爲滿足自己慾望而背叛他人，或受到誘惑而改變作風和理想等行爲是要不得的。在家庭中是多事之秋的開始，要多加注意小孩的行爲。

第四十三卦 澤天夬 卦 乾下兌上 決去其所當決

「經文卦意」夬：揚于王庭，孚號有厲，告自邑，不利即戎，利有攸往。

【翼傳注釋】

《彖》曰：夬，決也，剛決柔也。健而說，決而和，揚于王庭，柔乘五剛也。孚號有厲，其危乃光也。告自邑，不利即戎，所尚乃窮也。利有攸往，剛長乃終也。

《象》曰：澤上于天，夬。君子以施祿及下，居德則忌。

【爻辭原文】

初九：壯于前趾，往，不勝，為咎。

《象》曰：不勝而往，咎也。

九二：惕號，莫夜有戎，勿恤。

《象》曰：有戎勿恤，得中道也。

九三：壯于頄，有凶。君子夬夬，獨行遇雨，若濡有慍，无咎。

《象》曰：君子夬夬，終无咎也。

九四：臀无膚，其行次且。牽羊悔亡，聞言不信。

《象》曰：其行次且，位不當也。聞言不信，聰不明也。

九五：莧陸夬夬，中行无咎。

《象》曰：中行无咎，中未光也。

上六：无號，終有凶。

《象》曰：无號之凶，終不可長也。

『卦意白話批註簡述』

兌澤湖水在天上高處，過滿勢必要溢出，而有潰決的跡象。此喻君子要能施恩惠於屬下，若是自居功德高位，就要受人忌恨了。

夬乃決定、抉擇也。得此卦者，恐有過於剛強而遭受敗事的憂虞。又有因事情的散亂，而受到傷害的意思，因爲過剛即有凶險，萬事宜忍耐柔和爲宜，深思熟慮後才能決定事情。

夬，也有去除的意思。事情有苦勞或病痛的現象，需要下定決心將他除去的考慮。

【爻辭（動爻應用解說）】

《初爻》自己都已經闖事了還不知不覺。不可焦急，千萬要自己多保重，等待運氣的好轉要緊。改行、轉職、遷移、旅行緩期最好。

《二爻》被意想不到的事件或災害所襲擊，所幸還不致於成爲大禍事。如能保持平時的品行端正和有節度的生活，大致就可以放心度過。要小心隨意批評別人的缺點，反而會喪失自己的信用。

《三爻》凡事不可興風作浪來吵鬧，穩重處理較好。把事情鬧成吵架、訴訟，對自己也是沒有好處的。運氣將慢慢向上，不必太焦急了吧。

《四爻》你的優柔寡斷將導致失敗。自己沒有判斷的信心時，最好是能藉助他人冷靜的判斷作爲參考。另目前有懶惰的心態，要注意。

《五爻》正爲感情所困惱，工作多有疏忽。易遭詐欺，謀事儘早下定決心才能免於吃虧。尤其更應注意，男子常爲女性感情關係的影響而失敗。

《上爻》求助得不到幫忙。此爻表示獨斷者的窮途末路。能夠避免的爭端儘量迴避。公司經營不善而倒閉常出現在此卦中。

第四十四卦 天風姤 卦 巽下乾上 防微於陰始明

「經文卦意」姤：女壯，勿用取女。

【翼傳注釋】

《彖》曰：姤，遇也，柔遇剛也。勿用取女，不可與長也。天地相遇，品物咸章也。剛遇中正，天下大行也。姤之時義大矣哉！

《象》曰：天下有風，姤。后以施命誥四方。

《雜卦傳》：「姤，遇也，柔遇剛也。」

【爻辭原文】

初六：繫于金柅，貞吉，有攸往，見凶，羸豕孚蹢躅。

《象》曰：繫于金柅，柔道牽也。

九二：包有魚，无咎，不利賓。

《象》曰：包有魚，義不及賓也。

九三：臀无膚，其行次且，厲，无大咎。

《象》曰：其行次且，行未牽也。

九四：包无魚，起凶。

《象》曰：无魚之凶，遠民也。

九五：以杞包瓜，含章，有隕自

《象》曰：九五含章，中正也。有隕自天，志不舍命也。

上九：姤其角，吝，无咎。

《象》曰：姤其角，上窮吝也。

『卦意白話批註簡述』

姤卦為不期相遇、接觸、結合的卦象。而一陰遇五陽，有女性聲勢過壯的現象，女性過於強勢壯大，欲望太過，勿娶為妻。所以生命中的相遇必須隨緣，不可霸道，一切才會自然而然、無為而自在。

得此卦時，不拘於善或惡，表示有非所期望，而突然相遇、發生的意思。又有事情的聚散，不穩定的意思，故得卦者正處於迷惘、迷濛的時後，思慮不穩定的狀態中。又有剛開始親密，後來又疏遠；或是開始很喜悅，而半途又不成事者的跡象。也有僥倖因得到貴人的相助，獲得利益而出人頭地者。

【爻辭（動爻應用解說）】

《初爻》自我評價過高，有遭遇失敗的憂慮。要衡量自已的才能和實力，做相當程度的工作才能免於災難。表面的豪華裝飾，裏面可能極端的貧乏。改行、轉職緩期為宜。

《二爻》此爻不能說是好運氣，因為有被不良朋友引誘的可能，交往要很謹慎，而且要確實把握自已的目標。雖然不必排斥對方，至少要認識清楚他的來路背景如何。

《三爻》・要小心不可逞一時之快而身陷誤途。此時很容易被人栽贓下罪，或不欲人知的事卻偏偏暴露了出來。目前忍耐自己保重最要緊，這是爭取機會的好方法。

《四爻》卜得此爻的人，凡事要謹審才是爲上策。例如抓小偷被誤傷，或對他人關心著想，反弄得被人怨恨等情形常會發生。感情戀愛這方面，說不定會出現情敵而遭受到心靈上的創傷。

《五爻》此爻的運勢較佳。增改建、遷居、旅行目前機運最好。公司裏居領導地位的人，能得到部屬的幫助，展開計畫順利發展。不過，其中也有人想陷害於你，要多加提防。

《上爻》仗著自己的權勢胡作非爲，會帶來他人的反感。平日生活不得法，很容易損害身體健康，所以健康方面需多加注意。如有交涉案件應緩期再說。

第四十五卦 澤地萃 卦 坤下兌上 聚集歸附之象

「經文卦意」萃：亨。王假有廟，利見大人，亨，利貞。用大牲吉，利有攸往。

【翼傳注釋】

《彖》曰：萃，聚也。順以說，剛中而應，故聚也。王假有廟，致孝享也。利見大人亨，聚以正也。用大牲吉，利有攸往，順天命也。觀其所聚，而天地萬物之情可見矣。

《象》曰：澤上於地，萃。君子以除戎器，戒不虞。

《序卦傳》：「萃者，聚也。」

【爻辭原文】

初六：有孚不終，乃亂乃萃，若號，一握為笑，勿恤。往，无咎。

《象》曰：乃亂乃萃，其志亂也。

六二：引吉，无咎，孚乃利用禴。

《象》曰：引吉无咎，中未變也。

六三：萃如，嗟如，无攸利，往无咎，小吝。

《象》曰：往无咎，上巽也。

九四：大吉，无咎。

《象》曰：大吉无咎，位不當也。
九五：萃有位，无咎匪孚，元永貞，悔亡。
《象》曰：萃有位，志未光也。
上六：齎咨涕洟，无咎。
《象》曰：齎咨涕洟，未安上也。

『卦意白話批註簡述』

萃卦有萬物匯聚、集中的跡象。表示形交氣合獲得生聚的現象。如於人事，要以恩澤來相維持，以免相聚而又復散。

萃乃聚也，因而此卦做爲萬物相聚，諸事平順之吉卦。所以有眾人事物來此聚集的意思，然後再經過濾、篩選出最精華者，所以稱爲「萃」也。有主權掌握在自己手上的意思。

【爻辭〔動爻應用解說〕】

《初爻》由於對周圍的顧慮和信心的缺乏，你似乎無法貫徹自己的意志。你考慮的越多愈得不到對方的理會。目前考慮自己的存在，才是比對方的更爲重要的。旅行、遷移、增改建都是適當的時期。

《二爻》雖然已經有萬全的準備，卻遭遇到意外的障礙。例如商務交涉中，突然冒出競爭的敵人，而破壞了交易，這種事常有。新建房屋宜避免，修繕不妨。

《三爻》凡事似乎滯留不前，要鼓起勇氣直往向前，不久就會有所回報。開張、轉業現在是機會。職員能得到上司的賞識，有升級、轉任的可能。要勤於聽人的建言。

《四爻》運氣向上好轉的時候，要趕快想法抓住這個機會。臨事之前要好好跟主事者商量，不可一昧的孤意獨行，否則會遭遇他人的反感，而會導致失敗的。

《五爻》表面很順利，裏面卻是多苦勞。不積極去爭取，恐怕很難有進展。增改建、遷移、旅行無妨。運氣稍有衰勢，務必凡事以和爲貴，多爭取部下的信賴。

《上爻》盛運似乎到此爲止了，目前疏於大意就會被迫於窮困的地步。目前你是孤立的，過度的計劃要避免爲妙。因爲過份擴張的營運，支出的費用必很大，難免會爲金錢所煩惱。

第四十六卦　地風升　卦　巽下坤上　積小以致高大

「經文卦意」升：元亨，用見大人，勿恤。南征，吉。

【翼傳注釋】

《彖》曰：柔以時升，巽而順，剛中而應，是以大亨。用見大人，勿恤。有慶也。南征吉，志行也。

《象》曰：地中生木，升。君子以順德，積小以高大。

《序卦傳》：「聚而上者，謂之升。」

【爻辭原文】

初六：允升，大吉。

《象》曰：允升大吉，上合志也。

九二：孚乃利用禴，无咎。

《象》曰：九二之孚，有喜也。

九三：升虛邑。

《象》曰：升虛邑，无所疑也。

六四：王用亨于岐山，吉无咎。

《象》曰：王用亨于岐山，順事也。

六五：貞，吉，升階。

《象》曰：貞吉升階，大得志也。

上六：冥升，利于不息之貞。

《象》曰：冥升在上，消不富也。

『卦意白話批註簡述』

升卦，是說明事物進而向上，生長高昇的現象。象徵樹木生長在土中，有厚實的根基，向上生長。君子要能順應道德的發展，日益增進積少以成多，由細微而至於高大。得此卦爲氣運漸進，慢慢能達到目的的卦象，因爲而要登高處，必需由低處爬起；要行走到遠方，也必需從近處走起。所以不可倒因爲果，凡是需要靜待而依循漸進。

【爻辭〔動爻應用解說〕】

《初爻》做任何事都能順利進行。毅然開張創業、轉行都不錯，事業經營前途可謂前途燦爛。領薪者是升職升進的好機會。旅行、遷移都是好時機。

《二爻》不可爲眼前的近利，而放棄建造將來幸福的基礎。對祖先的供奉也不可疏忽。此爻可謂名譽重於利益。

《三爻》有昇進的喜訊，對外有聲譽，可惜有爭端的危險。凡事不要太過份，以免招來災禍。過於粗心大意就有病難的憂慮。

《四爻》物質經濟上不太充足，不過精神上可望有平穩的情緒。家庭中上下和睦，工作崗位上的人際關係也很圓滿。只是在物質上不可再強求，維持現狀就好。

《五爻》會有預想不到的好消息，可能是升級升職的，也可能是財產的受贈。目前是圖謀一生平安康泰的好良機。轉業、開業、遷移等的好時期。

《上爻》從最得意的頂點，墜落到極度衰運的危險裏。事業的擴張即使眼前很有利，也不可冒然從事，以免招來損財的大破敗。此時凡事保守為宜。

第四十七卦　澤水困卦　坎下兌上　處困而致命遂志

「經文卦意」困：亨，貞，大人吉，旡咎，有言不信。

【翼傳注釋】

《彖》曰：困，剛揜也。險以說，困而不失其所，亨。其唯君子乎？貞大人吉，以剛中也。有言不信，尚口乃窮也。

《象》曰：澤旡水，困。君子以致命遂志。

【爻辭原文】

初六：臀困于株木，入于幽谷，三歲不覿。

《象》曰：入于幽谷，幽不明也。

九二：困于酒食，朱紱方來，利用亨祀，征凶，旡咎。

《象》曰：困于酒食，中有慶也。

六三：困于石，據于蒺藜，入于其宮，不見其妻，凶。

《象》曰：據于蒺藜，乘剛也。入于其宮，不見其妻，不祥也。

九四：來徐徐，困于金車，吝，有終。

《象》曰：來徐徐，志在下也。雖不當位，有與也。

九五：劓刖，困于赤紱，乃徐有說，利用祭祀。

《象》曰：劓刖，志未得也。乃徐有說，以中直也。利用祭祀，受福也。

上六：困于葛藟，于臲卼，曰動悔。有悔，征吉。

《象》曰：困于葛藟，未當也。動悔，有悔吉，行也。

『卦意白話批註簡述』

湖水見底，水涸則失其潤澤之功，有受困之象。賢人在困難之中，要能夠反求諸己，克服困難，實行其使命，負起責任，完成其志願。

處於困難時，雖然有話要說，但是別人是不會來相信的，故不可多言。要處在困難之下的道理，在於遇到危險、艱難，而不改其喜悅的心態，遇到阻礙而不失其志願的堅持，這大概也只有君子才能做得到。

得此卦者，爲艱難、困窮、不能達志，且多辛勞的時候。此卦以兌女在外、坎男在內，必是表示家中所有困苦的事情，大多由女人來承擔。也表示夫婦不和，常吵架打罵，所以女人必有爲感情的事來困擾。

【爻辭（動爻應用解說）】

《初爻》此爻表示目前心身都很疲勞，困苦到極點。一有所動作指示會使困難加重。新的計劃措施要儘量避免。居家生活家庭方面也多有問題，遷移更是凶象。疾病和財物損失也要提防。

《二爻》不必積極採取行動，消極性的等待機會也將到來。上司的提拔和支助多少可以期望。增建、改建和遷移最好緩期。飲食要多小心。

《三爻》內外都會碰到惡烈不好的事態，是過份擴張的報應。會被迫陷入孤立無援的境界中，連妻子可能都會離你而去。

《四爻》等待別人的援助有如一日千秋。雖然資金週轉難能如願，卻有希望能得到意外貴人的相助。約會常是等人的份，切忌表現不滿的情緒。要千萬注意水難、避免游泳、搭船。

《五爻》剛剛才由困苦的局面裡脫離出來，稍得到喘息的機會。要縮小努力的目標，集中力量去做，將來或許還有成功的可能。不可多方面嚐試，以免失敗。遷居、增改建，旅行目前適宜。

《上爻》眼前困難很多，只要確定目標邁進，前途將會有光明。如今應該是捨棄傲慢的言行，要避免爭執，轉換方向努力以赴的時機點。

第四十八卦 水風井 卦 巽下坎上 民生相養之道

「經文卦意」井：改邑不改井，无喪无得，往來井井。汔至，亦未繘井，羸其瓶，凶。

【翼傳注釋】

《彖》曰：巽乎水而上水，井。井養而不窮也。改邑不改井，乃以剛中也。汔至亦未繘井，未有功也。羸其瓶，是以凶也。

《象》曰：木上有水，井。君子以勞民勸相。

《雜卦傳》：「井，通。」能養而不窮，通也。

【爻辭原文】

初六：井泥不食，舊井无禽。

《象》曰：井泥不食，下也。舊井无禽，時舍也。

九二：井谷射鮒，甕敝漏。

《象》曰：井谷射鮒，无與也。

九三：井渫不食，為我心惻，可用汲，王明，並受其福。

《象》曰：井渫不食，行惻也。求王明，受福也。

六四：井甃，无咎。

《象》曰：井甃无咎，修井也。

九五：井洌，寒泉食。

《象》曰：寒泉之食，中正也。

上六：井收，勿幕，有孚，元吉。

《象》曰：元吉在上，大成也。

『卦意白話批註簡述』

井水象徵生命的泉源，取之不盡、用之不竭，永遠滿而不盈。但是需用木桶來汲水的現象，井水雖能來養生，但必須自己來勞動謀取生計。君子要能使民勞動生產，勸導民眾互助合作，才能養育維持生活。

井有節的意思，節井水來備養，猶如節財備用，故應體會節儉意思。又井字通刑字，最忌諱公事訴訟，有刑戮的意思。井也有志向守成、自我限制的意思，無法成就大事的跡象。

古時用陶瓶汲井水，容易碰碎，故此卦也有虛驚、凶險、破損的凶象。

【爻辭〈動爻應用解說〉】

《初爻》凡事都要耐心等待，目前不如意的事較多。好像被世人遺棄的古井一樣，自我認知正處於衰運之中，不要隨意妄動，則光明之日就不遠了。

《二爻》此爻有如水桶破了洞，水不停的漏掉般。表示事情難獲進展，此刻切忌放心大膽，可能會有漸入窮境的憂慮，努力維持目前的狀態要緊。

《三爻》內憂外患之時，有實力而沒有機會來表現。誠所謂懷才不遇、龍困淺灘。只要不放棄希望，總有運氣回升的一天。

《四爻》幸福已經近在眼前了。不過要採取行動還爲時尙早。磚造、鋼筋混凝土造的建築，改建或增建都是吉利的。

《五爻》目前的你有如澄清的水，大家都喜歡飲用。信用已經被認同，運勢也很好。此刻不管要爲自己，還是要不惜援助別人。生意興隆，成功都是可以預期的。

《上爻》得到好的支持者，正是一帆風順的好良運。不可忘了把這好運分享給別人，如此將會有更好的回報。改行、轉職、開張、新建、遷居、旅行皆有吉利。

第四十九卦 澤火革 卦 離下兌上 改棼革新之道

「經文卦意」革：已日乃孚，元亨，利貞，悔亡。

【翼傳注釋】

《彖》曰：革，水火相息，二女同居，其志不相得，曰革。已日乃孚。革而信也。文明以說，大亨以正，革而當，其悔乃亡。天地革而四時成，湯武革命，順乎天而應乎人，革之時義大矣哉！

《象》曰：澤中有火，革。君子以治歷明時。

《雜卦傳》：「革，去故也。」

【爻辭原文】

初九：鞏用黃牛之革。

《象》曰：鞏用黃牛，不可以有為也。

六二：已日乃革之，征吉，无咎。

《象》曰：已日革之，行有嘉也。

九三：征凶，貞厲，革言三就，有孚。

《象》曰：革言三就，又何之矣。

九四：悔亡，有孚改命，吉。

《象》曰：改命之吉，信志也。

九五：大人虎變，未占有孚。

《象》曰：大人虎變，其文炳也。

上六：君子豹變，小人革面，征凶，居貞吉。

《象》曰：君子豹變，其文蔚也。小人革面，順以從君也。

『卦意白話批註簡述』

革卦有去舊、改造、改革、革新、革命的現象。水能滅火，火能煮水化爲氣體。其中有如少女和中女同居，兩女志趣不合，需要改變就叫做革。

得此卦爲萬事皆要改革的時候了，譬如將過去不用者丟棄，或是又要重新創業、改換職務、工作的意思，但凡事不可輕率，須要慎重行事。大凡人、事、地、物、時，均會有動盪改變的狀態。

【爻辭（動爻應用解說）】

《初爻》凡事忍耐就會有成功的機會。所有的計劃務必在自已的心裏事先籌畫，再等待時機去發揮。所以迫不及待的採取行動，結果常會是失敗的。轉職、遷移、增建、改建都是吉利。

《二爻》看似準備齊全，要採取行動還爲時尙早。要不急不忙地等待，成功之門將爲你徐徐而開。小買賣尙稱吉利，大事業則準備不足，不可妄動。

《三爻》把你的計劃謹慎地付與實施，就可望能夠成功。行動中難免受到同業或夥伴們的不平和不滿，只要有決心毅力，就不怕不成功。

《四爻》凡事只要實踐無不成功。要排除所有的弊害，專心專意地去實行，事情總是會成功的。只是如今不可貪圖近利，要爲將來的幸福著想。開張、轉業、轉職都是好消息，新建、旅行、遷移也都有利。

《五爻》地位、名譽、財產都會有意外的福報。卜得此爻運勢可謂是所向無敵。合夥生意尤其吉利，獲益必多。覓取優秀的經理人才，開辦新事業也是好的。

《上爻》此爻能摒棄壞的弊害，使事物萬象一新。這是最高的運氣了，不可再奢望太多。如不知足，別後悔莫及。公私兩方都是多煩忙的時期，要多注意身體健康。

第五十卦 火風鼎 卦 巽下離上 凝重安定以新命

「經文卦意」鼎：元吉，亨。

【翼傳注釋】

《彖》曰：鼎，象也。以木巽火，亨飪也。聖人亨以享上帝，而大亨以養聖賢。巽而耳目聰明，柔進而上行，得中而應乎剛，是以元亨。

《象》曰：木上有火，鼎。君子以正位凝命。

《雜卦傳》：「革，去故也。鼎，取新也。」去故取新，稱爲革故鼎新。

【爻辭原文】

初六：鼎顛趾，利出否，得妾以其子，无咎。

《象》曰：鼎顛趾，未悖也。利出否，以從貴也。

九二：鼎有實，我仇有疾，不我能即，吉。

《象》曰：鼎有實，慎所之也。我仇有疾，終无尤也。

九三：鼎耳革，其行塞，雉膏不食，方雨虧悔，終吉。

《象》曰：鼎耳革，失其義也。

九四：鼎折足，覆公餗，其形渥，凶。

《象》曰：覆公餗，信如何也。

六五：鼎黃耳金鉉，利貞。

《象》曰：鼎黃耳，中以為實也。

上九：鼎玉鉉，大吉，无不利。

《象》曰：玉鉉在上，剛柔節也。

『卦意白話批註簡述』

鼎卦的六爻卦象，像徵一個鼎形。巽爲木、離爲火，又有烹飪的卦象。烹飪烹煉能改物、化物、成物，所以具有去故成新的作用。巽木入離火而致烹飪，有如鼎者。象徵君子要以中正地位，擬定計劃完成使命。

此卦有創業之象，運開亨通，得上輩之提拔，安定、通達之時運。鼎表三足而立，平穩之勢。另表示拜神、禮佛的香爐。主吉象。事業投資應與人合夥爲佳，諸事可在平穩中發展。唯對感情、婚姻略有凶象，出現三人行的機率很高，有外遇出軌的跡象。

【爻辭（動爻應用解說）】

《初爻》要服從可值得信賴的上司領導，確定新的計劃，努力於公司的業務發展。壞事終會有暴露之時，所以務必品行端正爲重。改行、轉職還爲時尚早。

《二爻》能獲得上司的賞識而昇進，但同時也勢必遭受到同事的嫉妒。只要問心無愧就不足爲患。旅行、轉移皆順利。

《三爻》雖有實力和才能，但要公開表現尚不到時候。目前需要鞏固自己的基礎。凡事要沉著、冷靜。

《四爻》此爻不算是好運。表示鼎足折斷而有翻覆的現象。凡事易招來損失和失敗，要十分注意才好。

《五爻》能抑制自我，聽從別人便可以得到人望。善於運用手下的人，就會有利於你的事業工作。買賣順利，利益日日向上。

《上爻》運氣向上。凡事盛大豪華，有昇職、榮轉的機會。進行新建、增改建、遷居、旅行皆有利。

第五十一卦　震為雷　卦為重震晨之卦　震起以除逸惰

「經文卦意」震：亨。震來虩虩，笑言啞啞。震驚百里，不喪匕鬯。

【翼傳注釋】

《彖》曰：震，亨。震來虩虩，恐致福也。笑言啞啞，後有則也。震驚百里，驚遠而懼邇也。出可以守宗廟社稷，以爲祭主也。

《象》曰：洊雷，震。君子以恐懼修省。

《序卦傳》：「震者，動也。」

《雜卦傳》：「震，起也。」震卦，震動而起也。

【爻辭原文】

初九：震來虩虩，後笑言啞啞，吉。

《象》曰：震來虩虩，恐致福也。笑言啞啞，後有則也。

六二：震來厲，億喪貝，躋于九陵，勿逐，七日得。

《象》曰：震來厲，乘剛也。

六三：震蘇蘇，震行无眚。

《象》曰：震蘇蘇，位不當也。

九四：震遂泥。

《象》曰：震遂泥，未光也。

六五：震往來厲，億无喪，有事。

《象》曰：震往來厲，危行也。其事在中，大无喪也。

上六：震索索，視矍矍，征凶。震不于其躬，于其鄰，无咎。婚媾有言。

《象》曰：震索索，未得中也。雖凶无咎，畏鄰戒也。

『卦意白話批註簡述』

震雷動萬物莫不驚懼，由驚懼而得到亨通。初雖恐懼，然人能因恐懼而謹慎考慮，反而能致福。象徵君子處於此一境地，應該要修身反省過錯，就能消除驚恐。

得此卦時，表奮發、震動有衝動不安穩的現象。六沖純卦，主大好大壞的卦象。此卦要注意會有意外血光的災厄，或是有被驚嚇的情形發生。運動比賽可為吉論。因雷又為有聲無形的卦象，為事物有驚、有變動的意思，又有喧噪的意思。

【爻辭（動爻應用解說）】

《初爻》運氣一般。目前只能屈居現狀無任何發展可言。但是前途的障礙已經除去，只需再努功向前，成功是可以預期的。開張、轉業都有利。

《二爻》精神、情緒上陷於不安定的狀態，凡事看法都很悲觀，而且意外多災難。務必要把事看開些，對於未來幫助比較大。

《三爻》即使目前看起來是有好的條件，但是想要採取行動，也要暫時按下，眼前不是良好的時期，現在只需保持暫時觀望的心態就行了。

《四爻》現在難關當前無法進展如意，逞強的結果將會來招致危險。即使是對自已有理的事情，也不可以爭論。要提防交通意外事故和火災。新建、遷居的計畫緩期爲宜。

《五爻》好心不得好報，似乎註定要替人背黑鍋。其實你本身的問題也很多，所以閒事還是少管爲妙。家庭裡兄弟間或夫妻間的問題也很多。

《上爻》目前是四面楚歌的狀態，雖然急於打開僵局的勇氣可嘉。不過目前還是要以忍耐爲重，要謹慎小心翼翼就可免遭受危險，而保持現狀於不墜。

第五十二卦 艮為山 卦 為重艮之卦 知止與安養之道

「經文卦意」艮：艮其背，不獲其身，行其庭，不見其人，无咎。

【翼傳注釋】

《彖》曰：艮，止也。時止則止，時行則行，動靜不失其時，其道光明。艮其止，止其所也。上下敵應，不相與也。是以不獲其身，行其庭不見其人，无咎也。

《象》曰：兼山，艮。君子以思不出其位。

【爻辭原文】

初六：艮其趾，无咎，利永貞。

《象》曰：艮其趾，未失正也。

六二：艮其腓，不拯其隨，其心不快。

《象》曰：不拯其隨，未退聽也。

九三：艮其限，列其夤，厲薰心。

《象》曰：艮其限，危薰心也。

六四：艮其身，无咎。

《象》曰：艮其身，止諸躬也。

六五：艮其輔，言有序，悔亡。

《象》曰：艮其輔，以中正也。

上九：敦艮，吉。

《象》曰：敦艮之吉，以厚終也。

『卦意白話批註簡述』

艮卦有停止、安靜不動的卦象，一切動靜要能配合時宜，應止則止、應行則行，如此才能走上光明的大道。

象徵君子的思考，要有一定的範圍，必須合適於自己的身份地位才得宜。

得此卦者宜停止不宜再進取。又有憂喜二山相疊的卦意，所以事情一半可調解，一半難以調解的狀況。又為兩人背對背站立的卦象，表示彼此不能互相幫助，而各自獨立的現象，也有單戀或意見不被接受的現象。可能有發生危難和損失財物的跡象。

【爻辭〔動爻應用解說〕】

《初爻》不可妄自行動。要先著重於之前既定的目標，而不要嚐試新的計畫。不可輕信別人的話。

《二爻》眼前障礙很多，雖然令人氣喪。這是需要孤軍奮鬥的時期，不可迷失既定的目標。

《三爻》途中可能會有意外的障礙而慘遭失敗，不可逞強想要去衝破它，要先冷靜下來理性的考慮為要。就業工作方面難以進入希望的公司。要注意受傷。

《四爻》自己的意見已經能被人接受。此刻不要過於衝動、驚慌，還是要靜待下次機會。結婚、旅行、改行、遷居都不要進行。要多注意凶變、隨時臨機應變，好自為之。

《五爻》前途已經逐漸露出光明來，不要太焦急，要逐步前進，不久就能得到好運。言行方面要多加注意避免與人產生衝突。

《上爻》努力將獲回報。不過遷移或旅行還是避免最好。結婚是吉象，只足不可操之過急，以免一些問題更加惡化。

第五十三卦 風山漸卦 艮下巽上 遠行自近，登高自卑

「經文卦意」漸：女歸，吉，利貞。

【翼傳注釋】

《彖》曰：漸之進也，女歸吉也。進得位，往有功也。進以正，可以正邦也。其位剛，得中也。止而巽，動不窮也。

《象》曰：山上有木，漸。君子以居賢德善俗。

《序卦傳》：「漸者，進也。」漸，漸進也。

《雜卦傳》：「漸，女歸、待男行也。」

【爻辭原文】

初六：鴻漸于干，小子厲，有言，无咎。

《象》曰：小子之厲，義无咎也。
六二：鴻漸于磐，飲食衎衎，吉。
《象》曰：飲食衎衎，不素飽也。
九三：鴻漸于陸，夫征不復，婦孕不育，凶。利禦寇。
《象》曰：夫征不復，離群醜也。婦孕不育，失其道也。利用禦寇，順相保也。
六四：鴻漸于木，或得其桷，无咎。
《象》曰：或得其桷，順以巽也。
九五：鴻漸于陵，婦三歲不孕，終莫之勝，吉。
《象》曰：終莫之勝，吉。得所願也。
上九：鴻漸于逵，其羽可用為儀，吉。
《象》曰：其羽可用為儀，吉。不可亂也。

『卦意白話批註簡述』

漸有長女結婚出嫁的卦象，但是男女婚事宜漸進，不可操之過急。艮山上的樹木，漸長成爲樹林，象徵君子觀察漸卦漸進的現象，選擇居住於賢德的地方，逐漸地來影響改善當地的風俗和習慣。

得此卦時，爲事情逐漸走向吉運的時候。只是須知道百事不宜急進，需按照順序來作，不可忽然衝動、急躁地來作事。

【爻辭（動爻應用解說）】

《初爻》就好像幼雁飛臨水邊，是很危險的情況。凡事要靠經驗才能成功，切忌不可焦急，要冷靜理性才能達成目的。

《二爻》要多蓄備實力，向成功逐漸來推進。上司對你已經有所賞識，可能會給予重要的職位。家庭生活也漸趨於和睦。

《三爻》對於事情不可逆勢抵抗，應該退而採取防禦保守的態勢。爲達成自已的希望，要小心有走入傲慢、中傷別人、背棄別人，或不正當行爲的傾向，應多加注意。

《四爻》你正站在好轉或惡化的分歧點上，但是目前的狀態倒底是好，還是壞需要自己來判斷。如果能滿足自己的期待，便可以盡情用心的去做。

《五爻》因爲有障礙，所以無法讓你達成願望。生意方面可以來努力奮勵求取利益，事業上會有競敵的出現，而來使你操心，因此務必以誠實的態度來處理事情。承包和遷移都可以順利。

《上爻》目前正處於理想狀態，只是好運昇得太快，也會很快的降下來。所以在好運中不可忘了約束自己。遷移的事緩一緩較好、改行、轉職有利。

第五十四卦　雷澤歸妹　卦　兌下震上　婚姻與人生

「經文卦意」歸妹：征凶，无攸利。

【翼傳注釋】

《彖》曰：歸妹，天地之大義也。天地不交，而萬物不興，歸妹人之終始也。說以動，所歸妹也。征凶，位不當也。无攸利，柔乘剛也。

《象》曰：澤上有雷，歸妹。君子以永終知敝。

《雜卦傳》：「歸妹，女之終也。」歸妹爲女子出嫁之卦。

【爻辭原文】

初九：歸妹以娣，跛能履，征吉。

《象》曰：歸妹以娣，以恆也。跛能履吉，相承也。

九二：眇能視，利幽人之貞。

《象》曰：利幽人之貞，未變常也。

六三：歸妹以須，反歸以娣。

《象》曰：歸妹以須，未當也。

九四：歸妹愆期，遲歸有時。

《象》曰：愆期之志，有待而行也。

六五：帝乙歸妹，其君之袂，不如其娣之袂良，月幾望，吉。

《象》曰：帝乙歸妹，不如其娣之袂良也。其位在中，以貴行也。

上六：女承筐无實，士刲羊无血，无攸利。

《象》曰：上六无實，承虛筐也。

『卦意白話批註簡述』

婚姻是天經地義的事情，天地間有陰陽交互作用，萬物才能生育成長。結婚是人生的開始和終局，相互喜悅才能有婚配。但如果是用暴力來征服，方法地位不當，必將無利益。

歸乃嫁也，妹乃少女也，小兌少女遇到震長男，一時感情衝動而要急著出嫁。故得此卦時，會有不測之災禍，於相談事情、或是契約時，有失信或失期的延誤。願望受阻而不成，正直行事的人反而會有困難，諸事不保，有與親友發生爭論的禍患。也有色情，破財的徵兆。

歸妹的卦象爲小妹先姐而嫁，雖然開始有喜悅的感覺，但然終究有破敗的跡象。

【爻辭〔動爻應用解說〕】

《初爻》即使自己有才能和實力，仍應接受他人的建議和意見，要謙虛爲懷爲重。自己應多約束自己，不可過於縱慾。本行的事業不順利，不過副業卻是吉利的。如果買賣都是以小宗的投資，和小利益應當是爲吉象。

《二爻》爲個人的私慾所迷惑而失去大利益。開張、開店和開創新事業都是惡運。領薪階級的對上司主管有所不滿，但是切忌不可表現出來。旅行、遷移暫緩爲宜。

《三爻》魯莽的行為將招致來災禍。如今應以冷靜、理性的態度，來等待機會為重。即使未來的目標很大，卻都是有名無實的虛象，絕不可把自己一生的積蓄都投資進去。改行、轉職、遷移都是凶象。

《四爻》此爻在本卦中較是為吉運。長期的努力考得以報賞，事業也會慢慢好轉。改行、轉職雖有困難，但也終能達成願望。凡事都有晚來的運氣，所以不要性急。要多注意疾病健康。

《五爻》目前有好運氣，不可自溺，如果身處謙恭的態度之中，幸福自然就會來。目前不必裝模作樣來掩飾，凡事保持樸素就是吉象。旅行、遷居皆吉。

《上爻》有凶變壞運的憂慮。雙方彼此都無誠意的表現，所以易流於暗鬥的局面。金錢方面有糾葛，買賣要提防收不到貨款。結婚是大凶，以後會有離別的憂慮。

第五十五卦 雷火豐 卦 離下震上 日中是昃，月盈則蝕

「經文卦意」 豐：亨，王假之，勿憂，宜日中。

【翼傳注釋】

《彖》曰：豐，大也。明以動，故豐。王假之，尚大也。勿憂宜日中，宜照天下也。日中則昃，月盈則食，天地盈虛，與時消息，而況於人乎？況於鬼神乎？

《象》曰：雷電皆至，豐。君子以折獄致刑。

《序卦傳》：「豐者，大也！」豐有盛大之象。

《雜卦傳》：「豐，多故也。」豐大者，多事故也。

【爻辭原文】

初九：遇其配主，雖旬旡咎，往有尚。

《象》曰：雖旬旡咎，過旬災也。

六二：豐其蔀，日中見斗，往得疑疾，有孚發若，吉。

《象》曰：有孚發若，信以發志也。

九三：豐其沛，日中見沬，折其右肱，旡咎。

《象》曰：豐其沛，不可大事也。折其右肱，終不可用也。

九四：豐其蔀，日中見斗，遇其夷主，吉。

《象》曰：豐其蔀，位不當也。日中見斗，幽不明也。遇其夷主，吉。行也。

六五：來章，有慶譽，吉。

《象》曰：六五之吉，有慶也。

上六：豐其屋，蔀其家，闚其戶，闃其无人，三歲不覿，凶。

《象》曰：豐其屋，天際翔也。窺其戶，闃其无人，自藏也。

『卦意白話批註簡述』

天地的盈虛狀態尙須與時間、季節的消息配合，何況是人與鬼神能長保其豐盈的狀況嗎？象徵賢明的人，要動用刑罰時，必須要先明察秋毫審愼小心。

豐乃大也，豆滿豐收的意思。但是此卦表示目前雖然氣運勢大，但需注意極盛爲開始衰敗的時候，所以百事在此時要能守成，不宜再進取了。此卦最有利於短期投資理財，男女感情則可因兩人情投意合而速成。

【爻辭〈動爻應用解說〉】

《初爻》目前的運勢平庸。雖然有上司和權勢者的賞識，絕不可因爲獨斷專行而來招致惡果。改行、轉職、遷居不動爲宜。

《二爻》焦急是沒有用的，因爲所遇到的問題，可能已經超越你的能力範圍了。工作上障礙很多，容易招惹上司的猜忌，所以如今以保守爲首要。

《三爻》爲個人利慾所迷惑，而有陷入最壞事態的厄運。目前唯有努力壓抑自己的慾望，以來減少損害於最低的限度而已。有因爲小瑣事而與親密的上司或同事衝突叛離的憂慮。工作上共同事務的交涉也很難有進展。

《四爻》目前前程暗淡，只是不可因此而喪志。工作上要多吸取有能的部下意見最好。男女感情的問題煩惱多。

《五爻》好運氣很強盛，有勝利的希望。治學、藝術、演藝、設計等關係方面的運氣特佳，能成爲此行的優秀人物。

《上爻》好的運氣已經離去了，衰落的現象會徐徐而來。凡事要有警惕心，不可沉迷於過去的美夢，嫉妒別人的成功對自己是毫無益處的。

第五十六卦 火山旅卦 艮下離上 居不安而道不廢

「經文卦意」旅：小亨，旅貞吉。

【翼傳注釋】

《彖》曰：旅，小亨，柔得中乎外，而順乎剛，止而麗乎明，是以小亨，旅貞吉也。旅之時義大矣哉！

《象》曰：山上有火，旅。君子以明慎用刑，而不留獄。

《雜卦傳》：「親寡，旅也。」

【爻辭原文】

初六：旅瑣瑣，斯其所取災。

《象》曰：旅瑣瑣，志窮災也。

六二：旅即次，懷其資，得童僕貞。

《象》曰：得童僕貞，終无尤也。

九三：旅焚其次，喪其童僕，貞厲。

《象》曰：旅焚其次，亦以傷矣。以旅與下，其義喪也。

九四：旅于處，得其資斧，我心不快。

《象》曰：旅于處，未得位也。得其資斧，心未快也。

六五：射雉，一矢亡，終以譽命。

《象》曰：終以譽命，上逮也。

上九：鳥焚其巢，旅人先笑後號咷。喪牛于易，凶。

《象》曰：以旅在上，其義焚也。喪牛于易，終莫之聞也。

『卦意白話批註簡述』

旅卦是說明遷移、出動、旅行等現象，有親朋疏遠而稀少的卦意。故君子在動用刑罰之時，必須慎重明察，但是一旦判決之後，就要即刻執行不能拖延。

得此卦時，在家猶如在外地旅遊一般，有心思不定、心不在焉、百事不能如意的現象。也表示住處有勞苦的跡象，為開始很好的吉象，而有後來憂慮的卦象。

求財、望事可少得，最好出外遠求有利，近求不利。

旅，也表變動、旅行的意思。外出工作、求學、旅行很適合。或是有工作變動、調職的可能。

【爻辭〈動爻應用解說〉】

《初爻》爲了眼前的近利而損失了未來的大利益。即使很生氣憤怒，也不可與人發生爭執。在資金短絀之下，開張創業的計畫要有周全的準備，否則會有資金不足而倒閉的憂慮，過多的貸款將是致命的根源。

《二爻》辛苦努力的結果已將見曙光。會有意想不到的貴人，或是收入等喜訊的出現，是你的努力獲得回報的時候。改行、轉職避免爲宜。

《三爻》被親人背叛或因瑣事而導致愛情不和睦。公司裡部屬的不平情緒越來越嚴重，會有引起人事糾紛的憂慮，要下定決心做大改革才好。

《四爻》願望雖然已經達成，卻是難以維持現狀。外表愈是虛榮，心裡將會愈空虛。就業方面難獲自己理想的職位，不可輕易轉職。

《五爻》現在是聲譽高漲的好機會。寫書、創作、流行歌曲、書畫的推銷都是會有好機緣。目前是採取積極攻勢行動的好機會，凡事可以放大膽子去做。應該要摒棄眼前的近利，而來計畫謀求將來的大利益爲重。男女的感情關係雖然還順利，但是切忌不可風流多情。

《上爻》因爲輕信別人的結果，而將自己弄得身敗名裂，這是固執獨斷任性的結果，誰也幫不了你。此時要有誠意的態度是必要的，同時除了退守之外別無他法了。

第五十七卦　巽為風卦　為重巽之卦　柔弱之道

「經文卦意」巽：小亨，利攸往，利見大人。

【翼傳注釋】

《彖》曰：重巽，以申命，剛巽乎中正而志行。柔皆順乎剛，是以小亨，利有攸往，利見大人。

《象》曰：隨風，巽。君子以申命行事。

《序卦傳》：「巽者，入也。」

【爻辭原文】

初六：進退，利武人之貞。

《象》曰：進退，志疑也。利武人之貞，志治也。

九二：巽在床下，用史巫紛若，吉，旡咎。

《象》曰：紛若之吉，得中也。

九三：頻巽，吝。

《象》曰：頻巽之吝，志窮也。

六四：悔亡，田獲三品。

《象》曰：田獲三品，有功也。

九五：貞吉，悔亡，旡不利。旡初有終，先庚三日，後庚三日，吉。

《象》曰：九五之吉，位正中也。

上九：巽在床下，喪其資斧，貞凶。

《象》曰：巽在床下，上窮也。喪其資斧，正乎凶也。

『卦意白話批註簡述』

巽卦，以卑順爲體、以容人爲用，因爲順遂所以容易融入事物中。巽之爲風，無微不入。象徵君子要能公開、明白地發布命令，使之流行於天下，來推行政事普及四方。風行的地方，無隙不入，所以爲順風恭服的意思。得此卦者，應遵順卦德的法則，要跟他從人來作事的時後。風也有飄移不定的卦意，表示事事難以取決，猶豫、迷惑、不定無法作決定的跡象。然而此卦有屈附剛強者而立，自己不能自立行事。象徵順服而退不出，有委曲求全、順從的現象。也有百事遲滯不穩定的意思。如有要到通方的旅行，需注意有逆風行船的困難。求財、望事，只能得到很少，終究還是不成。

【爻辭〈動爻應用解說〉】

《初爻》心裡浮動、不安的時期，務必堅定把握信心勇往直前。事業繁榮是可期待的，改行的想法不可有。即使有不如意的事發生，也要斷然貫徹原來的計畫，不能退卻。

《二爻》你已慢慢步走向幸運之路了，目前最重要的是忍耐和不可性急，有多少忍受就有多少吉報。。住家新建、增改建無妨，轉業、轉職、遷居也不錯。

《三爻》目前凡事不如意，儘可能保守慎審爲宜。離婚的妻子會重新回來增加你的苦勞，買賣難望有利益，事業動輒遭遇損失等，這些事都會很容易來發生。

《四爻》你的人際關係很好，是可以尋求資金來開創事業的人，目前的機會最好。如果是靠名聲來求發達的人，例如演藝、藝術、寫作、文藝、美術方面等關係的工作，都可以大膽放心去做，會有很好的成績收穫。

《五爻》凡事要詳細考慮前後的利害關係，否則難免遭遇失敗。要抓住機會趕緊採取行動，將可獲得大成功。尋求屬下或友人的建議和意見，以探測對方的心思動向，事情將會運作得更加圓滿。不正常的男女緣份關係最好早日斷絕結束爲妙。

《上爻》多方面長袖善舞的結果，而造成信用盡失各方都不討好。對薪水階級和事業家此爻不佳，此刻不可輕信別人以免爲人所利用、傷害。

第五十八卦　兌為澤　卦為重兌之卦　悅順之道

「經文卦意」兌：亨，利貞。

【翼傳注釋】

《彖》曰：兌，說也。剛中而柔外，說以利貞，是以順乎天而應乎人。說以先民，民忘其勞。說以犯難，民忘其死。說之大，民勸矣哉！

《象》曰：麗澤，兌。君子以朋友講習。

《序卦傳》：「兌者，說也、悅也。」

《雜卦傳》：「悅，見。」

【爻辭原文】

初九：和兌，吉。

《象》曰：和兌之吉，行未疑也。

九二：孚兌，吉，悔亡。

《象》曰：孚兌之吉，信志也。

六三：來兌，凶。

《象》曰：來兌之凶，位不當也。

九四：商兌未寧，介疾有喜。

《象》曰：九四之喜，有慶也。

九五：孚于剝，有厲。

《象》曰：孚于剝，位正當也。

上六：引兌。

《象》曰：上六引兌，未光也。

『卦意白話批註簡述』

兌卦，即是喜悅的心情顯現在外的卦象。兌澤滋潤大地，使萬物呈現亮麗的美貌，其喜悅的心情可見。君子要能聚集志同道合者，研究人生真理，學習技藝，必然會獲得喜悅而有益於人生。

得此卦者，有爲無意義的事來勞苦心煩，心中有不堅定的心思，而來受到外物的影響，而有所變動，故男人占得此卦，有色情、損財之災。又有外表看起來很好，但是內心不善良的意思。若能堅守堅貞正確的理念，時運平安自然有吉事，否則不可言吉。

此卦象有與女性和悅的感情發生，但是男女切不可放縱任性，沉醉在感情情慾中，毋須爲了博取短暫的愉悅，而使困擾相應而生。

【爻辭（動爻應用解說）】

《初爻》不要多方猜忌，要能相信對方。前途多少有不安的現象，所以不可太固執己見和任性。小買賣的創業、轉職尚屬吉象，大的交易買賣要小心爲宜。如果買賣盡於誠意的心態，可望成功。蓋新的建築會有凶象，舊家的修繕則無妨。

《二爻》以信賴爲基礎的買賣將有喜訊，不過最好要先調查對方的人品，以免遭受到暗算與背叛。如果只是自顧自己的利益，就會有被障礙牽絆的可能，凡事要以誠意和熱心助人爲本。

《三爻》凡事要慎重考慮後方可行動。男女感情關係不可過於深入，以免墮落陷入遭遇災厄，女子尤其更應該要注意。

《四爻》可能是要選擇精神上或是物質上的抉擇，而困惑難以作選擇。務必熟慮後再來選擇真正所需要的方向。新建、遷移、旅行要慎重。

《五爻》提防周圍的同事、朋友的中傷和嫉妨。目前是處在吃力不討好的運氣中，所以交友要慎選。婚事要先作好詳細人品、家世調查，以免陷入了三角關係的家庭糾紛中。

《上爻》隨便亂說話而來傷人，或是被人謠言中傷的可能性很高。目前是退職、退休的良機。也有可能因爲遭遇人事的整肅，而被辭退發生。就業方面，會有好的職位。男女色情方面的問題要提防。

第五十九卦 風水渙 卦 坎下巽上 舒散消解之道

「經文卦意」渙：亨。王假有廟，利涉大川，利貞。

【翼傳注釋】

《彖》曰：渙，亨。剛來而不窮，柔得位乎外而上同。王假有廟，王乃在中也。利涉大川，乘木有功也。

《象》曰：風行水上，渙。先王以享于帝立廟。

《序卦傳》：「渙者，離散也。」

【爻辭原文】

初六：用拯馬壯，吉。

《象》曰：初六之吉，順也。

九二：渙奔其机，悔亡。

《象》曰：渙奔其机，得願也。

六三：渙其躬，无悔。

《象》曰：渙其躬，志在外也。

六四：渙其群，元吉。渙有丘，匪夷所思。

《象》曰：渙其群，元吉。光大也。

九五：渙汗其大號，渙王居，无咎。

《象》曰：王居无咎，正位也。

上九：渙其血，去逖出，无咎。

《象》曰：渙其血，遠害也。

『卦意白話批註簡述』

渙卦是分散、流失、分佔、疏散、消解等現象。風在水面上吹拂，水波飛濺四散，其情形像是渙散的現象。象徵賢明的領導者，要建立宗廟祠堂，誠心來祭杞，以防天下人心的離散。

得此卦時，爲我方困難對方順利的現象，有陷於困難而且渙散的時候。又有物品散亂的意義，須注意丟物損失。另有其內部不和的跡象，所以應在不穩定的情況下建立自己的意志，不可以毫無主見，此時來收拾渙散之局，重整聚合之義，才可轉爲吉象。

【爻辭（動爻應用解說）】

《初爻》已由低調的運氣慢慢轉變爲佳運了。本身的力量太弱，所以務必請求前輩或上司的援助，才可以去追求自己的願望。

凡事要有規矩，注意猶豫不決容易失去良機。

《二爻》因爲判斷力的不足，往往有被人搶先的感覺。如果不摒棄自我的狹隘觀念，和頑固任性的態度，事情是很難期望順利的。目前身邊發生的變化較多，遷移或就業若能抓住機會可望成功。身體的患病要提早治療就可以放心。

《三爻》捨近利而來求遠利，虛心的結果反而能獲得大報酬。應該是要摒棄自己的私利，去爲別人來服務盡力吧。新建、遷居、旅行可望無事。

《四爻》過去對別人的恩德如今將獲得回報，會遇到貴人而被救出窮地來。在冥冥之中能避開難關，別人可能有難，而自已卻能平安度過，是很幸運的卦爻。這些都是要靠平日的福報作爲所得到的庇佑。

《五爻》運氣正在隆盛的時候，凡事作爲都會成功的。平日默默努力的人將會喜訊不絕。而懶散的人該當知到苦頭來臨了。在文學、著作、藝術、公共福利方面的事業會更有吉象。

《上爻》此爻顯示變卦的危險，要避免爭執，能和周圍的人事協調第一，再來觀看對方的意向如何，臨機應變去處理。不可過份爲自己名利私慾著想，保持現狀就足夠了。

第六十卦　水澤節卦　兌下坎上　調和節制之道

「經文卦意」節：亨。苦節，不可貞。

【翼傳注釋】

《彖》曰：節，亨，剛柔分，而剛得中。苦節不可貞，其道窮也。說以行險，當位以節，中正以通。天地節而四時成，節以制度，不傷財，不害民。

《象》曰：澤上有水，節。君子以制數度，議德行。

《雜卦傳》：「節，止也。」節，節止、節制也。

【爻辭原文】

初九：不出戶庭，无咎。

《象》曰：不出戶庭，知通塞也。

九二：不出門庭，凶。

《象》曰：不出門庭，凶，失時極也。

六三：不節若，則嗟若，无咎。

《象》曰：不節之嗟，又誰咎也。

六四：安節，亨。

《象》曰：安節之亨，承上道也。

九五：甘節，吉。往有尚。

《象》曰：甘節之吉，居位中也。

上六：苦節，貞凶，悔亡。

《象》曰：苦節貞凶，其道窮也。

『卦意白話批註簡述』

節制才能亨通，但是要注意如過度節制，也是不符合中正、中庸的道理。節卦是節約、節制、節儉、制度等的現象。象徵有道德學誠之君子，能制度數量度數，做為衡量制度，擬定道德標準做爲規範。

得此卦時，如竹子雖長但有節，有限制而停止的意思。雖然有自然適中的好處，多半是因為物品有限而來停止，也比喻做事不能得志，諸事務必節制適中。

得此卦也有意外的驚難發生，宜謹慎。求財、望事，屬於忠孝、公益的事可成，其他不成。對待人事物，為人處事要有適當的節度與分寸，適可而止保持中庸之道，才能有吉象。

【爻辭（動爻應用解說）】

《初爻》好的適合的時機還不到。即使你有才幹或周密的計畫，現在也不是發表的時候，尤其是在酒席間不可更亂發言，以免計畫外洩而受到挫折。

《二爻》運氣不是很強，但不要氣餒，可以去休閒散散心，以增加見聞，尋找靈感。

《三爻》各樣種種的誘惑很多，若一疏忽大意，將會引來煩惱苦悶不堪。男女異性的、酒精的誘惑更應該要多提防。突發性的事故和金錢上的困擾也要多注意。

《四爻》靠你的才能和力量，再加上謙恭的態度，和誠虔的心懷，將能贏得上司的信任。日常生活中要戒除衝動和急躁，就能獲得平安和幸福的生活。嚴禁賭博和奢侈的浪費。

《五爻》能順利達成願望。交涉、買賣可以積極的去進行。事業順利，結婚大吉，疾病會很快的痊癒。

《上爻》在苦難之時困苦中也要有所節度。你的努力無法立即獲得回報，乃是無可奈何的事。有對人過苛，而遭遇部屬不滿和反抗的傾向，要留意。

第六十一卦 風澤中孚卦 兌下巽上 誠信感物之道

「經文卦意」中孚：豚魚，吉，利涉大川，利貞。

【翼傳注釋】

《彖》曰：中孚，柔在內而剛得中。說而巽，孚，乃化邦也。豚魚吉，信及豚魚也。利涉大川，乘木舟虛也。中孚以利貞，乃應乎天也。

《象》曰：澤上有風，中孚。君子以議獄緩死。

《雜卦傳》：「中孚，信也。」

【爻辭原文】

初九：虞，吉，有他，不燕。

《象》曰：初九虞吉，志未變也。

九二：鳴鶴在陰，其子和之，我有好爵，吾與爾靡之。

《象》曰：其子和之，中心願也。

六三：得敵，或鼓或罷，或泣或歌。

《象》曰：或鼓或罷，位不當也。

六四：月幾望，馬匹亡，无咎。

《象》曰：馬匹亡，絕類上也。

九五：有孚攣如，无咎。

《象》曰：有孚攣如，位正當也。

上九：翰音登于天，貞凶。

《象》曰：翰音登于天，何可長也。

『卦意白話批註簡述』

中孚是表示中心誠信的卦象，內有柔和性質，外有剛直的意志，以誠信來相互待人感應。

中孚卦內爲陰爻，象徵船心中空，外爲四陽爻，象徵木船外殼，也有內虛外實的現象。象徵君子審議訴訟，須用誠信感化，暫且不立即判爲死刑。

得此卦時，爲人處事務必正直而有誠信，如果是有歪邪、扭曲、不正的心思則是大凶。由卦象得知，來和他相應者，有善良和不善良的人事，此時要能熟悉觀察，選擇善良的一方，自然可以漸得吉運了。所以此卦爲開始有惡運，但是後來轉爲吉運的卦象，所以中孚者不得有虛僞的行爲和心念。

【爻辭（動爻應用解說）】

《初爻》心裡太過於鬆懈，而容易忘記了自己的本份。夫妻間、父子間、情侶間的彼此信賴最重要。愛管閒事是凶象，操別人的心不如多照顧自己。言行務必要堂堂正正、遵守規矩理法。

《二爻》很好的盛運當前，結婚大吉、買賣交易可獲功利。改行、轉職、遷居都是吉象。凡事可以自己動手來作，不必假手倚賴他人。已婚夫妻容易涉及三角關係，要提防。

《三爻》目前心裡浮動，缺乏決斷力，心裡一急反而更易使現狀惡化。如今應該沉著來應付，凡事慎重，則情勢可望有好轉的機會。

《四爻》因爲熱中私事而荒廢了公事，將自己的信用敗壞掉。事情如果是關於友人或是自身的利益，也許會遇到凶事。自我的本位主義要摒除才好。

《五爻》此爻有相當好的運氣。不過夫妻間可能發生三角男女感情的問題。遷移、旅行大都不錯。但是要注意突發的事件，經常檢查避難出口或緊急樓梯可保安全。

《上爻》心有餘而力不從。對自己的能力要多加衡量，不能勝任的事情，最好能夠拒絕避免。

第六十二卦 雷山小過 卦 艮下震上 過與不及調適之道

「經文卦意」小過：亨，利貞，可小事，不可大事。飛鳥遺之音，不宜上宜下，大吉。

【翼傳注釋】

《彖》曰：小過，小者過而亨也。過以利貞，與時行也。柔得中，是以小事吉也。剛失位而不中，是以不可大事也。有飛鳥之象焉，有飛鳥遺之音，不宜上宜下，大吉。上逆而下順也。

《象》曰：山上有雷，小過。君子以行過乎恭，喪過乎哀，用過乎儉。

《雜卦傳》：「小過，過也。」小謂陰也，小過卦陰多於陽，稍過也。

【爻辭原文】

初六：飛鳥以凶。

《象》曰：飛鳥以凶，不可如何也。

六二：過其祖，遇其妣。不及其君，遇其臣。无咎。

《象》曰：不及其君，臣不可過也。

九三：弗過防之，從或戕之，凶。

《象》曰：從或戕之，凶如何也。

九四：无咎，弗過遇之。往厲必戒，勿用永貞。

《象》曰：弗過遇之，位不當也。往厲必戒，終不可長也。

六五：密雲不雨，自我西郊，公弋取彼在穴。

《象》曰：密雲不雨，已上也。

上六：弗遇過之，飛鳥離之，凶，是謂災眚。

《象》曰：弗遇過之，已亢也。

『卦意白話批註簡述』

凡事稍有超過、稍有過失、妄爲，是爲小過卦的現象。可以做小事，不可做大事。象徵君子行禮過於恭敬，居喪過於悲哀，使用過於節省，這都是稍有超過的現象。

得此卦時，宜行小事，不宜行大事。表有志難伸、龍困淺灘，像犯了一個小的過錯般，而被處罰。主凶象。事事小有不順，有被打壓的跡象，最忌衝動犯上，必因此而埋下禍端。需沈潛、忍耐一段時間才能再有發揮的機運。

【爻辭（動爻應用解說）】

《初爻》因爲野心太大而難有所成。不可自認功績高，而待人狂傲，務必踏實前進爲重要。

《二爻》應取中庸之道，在份內範圍生活當中，就能受到上司的提拔和周圍朋友的信用，不斷的努力是成功的基石。

《三爻》你已經嚐到有名無實的苦果了，雖然職位高、責任重，但是可謂勞心不絕。要衡量考慮自己的志向，或許試一試轉職，也未嘗不可。

《四爻》目前是多難之時，因爲誤信別人而遭受詐騙，或是誤收了不實的空頭支票等，可說是前途暗淡的運勢。所以如今只能退一步，以求自保了。有關於婚事的安排，不要放任別人去辦。

《五爻》目標難以達成，必須重新檢討自己的計畫，有沒有缺失。有爲了積小金、小利，而失去大財的憂慮。在財運上不是一個好的運勢。

《上爻》因爲過份自信，反而使自己走入窮途末路之中。前途難見光明，不可盲目從事新計畫，以免遭人暗算。有生病入院或是被警察傳訊的麻煩事。

第六十三卦　水火既濟　卦　離下坎上　思守成而豫防之

「經文卦意」既濟：亨，小利貞，初吉，終亂。

【翼傳注釋】

《彖》曰：既濟，亨，小者亨也。利貞，剛柔正而位當也。初吉，柔得中也。終止則亂，其道窮也。

《象》曰：水在火上，既濟。君子以思患而預防之。

《雜卦傳》：「既濟，定也。」

【爻辭原文】

初九：曳其輪，濡其尾，无咎。

《象》曰：曳其輪，義无咎也。

六二：婦喪其茀，勿逐，七日得。

《象》曰：七日得，以中道也。

九三：高宗伐鬼方，三年克之，小人勿用。

《象》曰：三年克之，憊也。

六四：繻有衣袽，終日戒。

《象》曰：終日戒，有所疑也。

九五：東鄰殺牛，不如西鄰之禴祭，實受其福。

《象》曰：東鄰殺牛，不如西鄰之時也。實受其福，吉大來也。

上六：濡其首，厲。

《象》曰：濡其首厲，何可久也。

『卦意白話批註簡述』

既濟卦，坎水在離火之上，水火相交，陰陽六爻各得其正位，陰陽調和事無不濟，而有安定之象。象徵君子體察此卦象，思慮禍患將至而來作事前防範的道理。既濟之道，初吉終亂，故君子宜思其後患而預防之。

既濟乃既成也，調合、調順的卦象。只是得此卦時，既是事成之後，所以不得有怠忽防災的慮患，若能事先預防，其吉運可繼續保持下去。但若是只顧目前得志，而志滿氣盛，將會是災厄壞運的開始，會有凶象的發生。求財、望事，似成而不成。住家中憂愁多，心中應當有困苦。

【爻辭〈動爻應用解說〉】

《初爻》凡事要明哲保身。平常認真努力的人，往往過於投入工作，而有損害身體健康的憂慮。年輕人得此爻多有男女感情的困擾。

《二爻》有小的差錯發生，不必大驚小怪，時間會解決一切，說不定因禍而得福。只是改行、轉職、遷移要暫時中止爲宜。

《三爻》有和親信、家人失和的憂慮。工作上不要太感情用事，要以理性來面對處理。運氣開始走下坡的跡象，新的計劃會多有挫折。

《四爻》會有意外的災難和危險，不可大意。外表順利但是的內部可能會有激烈的變化。

《五爻》虛榮舖張是失敗的最大主因。目前要緊縮開支，公司也要整理縮編，因爲勉強借貸過渡擴張，而造成破產是難免的。要能退一步仔細想想，或許還有轉機。

《上爻》衰運到底了，有因爲進展過度，而陷入深淵的憂慮。目前處境很危險要謹慎小心爲宜。事業上要懂得明哲保身，不可再抱有期待和奢望。轉業、轉職、遷居、旅行都是凶象，最好斷念爲宜。

第六十四卦 火水未濟 卦坎下離上 貞上啟元，生生不息

「經文卦意」未濟：亨，小狐汔濟，濡其尾，无攸利。

【翼傳注釋】

《彖》曰：未濟，亨。柔得中也。小狐汔濟，未出中也。濡其尾，无攸利。不續終也。雖不當位，剛柔應也。

《象》曰：火在水上，未濟。君子以慎辨物居方。

《雜卦傳》：「未濟，男之窮也。」

《序卦傳》：「物不可窮也，故受之以未濟終焉。」

【爻辭原文】

初六：濡其尾，吝。

《象》曰：濡其尾，亦不知極也。

九二：曳其輪，貞吉。

《象》曰：九二貞吉，中以行正也。

六三：未濟，征凶，利涉大川。

《象》曰：未濟征凶，位不當也。

九四：貞吉，悔亡，震用伐鬼方，三年有賞于大國。

《象》曰：貞吉悔亡，志行也。

六五：貞吉，无悔，君子之光，有孚，吉。

《象》曰：君子之光，其暉吉也。

上九：有孚于飲酒，无咎，濡其首，有孚失是。

《象》曰：飲酒濡首，亦不知節也。

『卦意白話批註簡述』

未濟，事未成也。陰陽剛柔失位，三陽爻皆在陰位，陽爻失位，有陽受制於陰，男道困窮的卦象。但是生生不息之謂易，變而不窮，終則有始，故既濟之後繼之以未濟終，以示一元已了，仍未窮盡，復造無窮的現象。象徵凡事尚未完成的時候，都要謹言慎行，明察事理謹守正道。

得此卦時，雖事情有尚未完成的現象，但若是期勉堅持到底所以凡事務必用心促其有所成就。故求財、望事雖有可能成功，

另此一卦象爲離火向上延伸，坎水向下流注，水不能剋制火象。因離女之火無水可來壓制，所以批斷女方有強勢、重情慾的斷其運差不好。

【爻辭（動爻應用解說）】

《初爻》過份信任自己的才能以致身敗名裂，縱然自己有信適當的時機。交際應酬方面，要緊縮節制不可再隨意浪費，否則

《二爻》不可見異思遷，目前的運氣不佳，一動不如一靜，

《三爻》好運當前但是力氣不足，誠所謂功虧一潰。所以最好能不急不躁、伺機而行、進退有序，則成功就會爲期不遠了。

《四爻》好不容易脫離了困境，總算辛苦付出將會有回報了。事業上和情場上都能有好的結局。遷移和旅行都屬吉利。

《五爻》一切能稱心如意，長期的期待、希望終將獲得回報。此爻在本卦中屬於最高的運勢，要好自爲之多珍惜。

《上爻》你已交上轉變的運勢，以往一帆風順的好運將要轉變了，所以事事要當心。目前應以退爲進，認淸自己的處境，強逞私慾任性而爲，會使你以往苦心得來的成果，都會失去成爲泡湯幻影的。

第十一講　實際卦例講解運用

【前言】

在一般學習「易經」的過程中，有許多學生因爲只是想到「卜卦」、「算命」問吉凶，往往忽略了他所內涵的許多大道理，或是只想要單純的來學會卜卦，但卻是又一頭栽進了，專談人生大道裡的經典教化中，而轉不出來，以致於將一部誇稱中國文化精髓的「易經」學問，搞得像一部「大難經」。

讓想學的人摸不著頭緒，或是一些亂七八糟的民間謠言，也四處流竄流傳，真的是叫人替這樣的中國文化感到遺憾，怪不得西方科學最喜歡批評，中國的學問一點都不科學，沒有條理地把許多事情都攪在一起，像是「柏楊」也批評「中國文化」就像是個「醬缸大文化」一般，所以說來「易經」真是「醬缸文化」的最佳代表學問。

【易經的四大含意】

易經既然像「醬缸」一樣，把很多學問攪和在一起，不過在繫辭傳中，孔子倒是有說明「易經」是含括表現在四個方面的運用上，即是「辭」、「變」、「象」、「占」四大類的學問哦！

「辭」：就是以每一個卦象來訴說天道人間的大道理，教人該如何來做人處事，君王要如何來管理國家，君子如何來修身養性、輔佐君王、教化百姓。所以也就是這一個部分，將「易經」拱上了治國作學問的「經典大道」，使得我們這一些平凡的老百姓，想要來學一下卜卦、問吉凶的方法，都給卡在裡面轉不出來。

「變」：其實從這個「變」的觀念開始，就有一點能顯現出「易經」能來查知未來吉凶的功能了，雖然大部分說的是「陰陽變化」的自然天道之理，不過這一個「陰陽」，可是主導了中國命理學說整個的發展主軸，是不容來忽視的。

而談到「變」，就必須要進一步的說到「動」，在卦象中有變動、有「動爻」的產生，幾乎是解答整個占卜問題的核心所在了。所以孔子也說「爻辭」就是在討論這一個「動變」的「爻相」關係的，因此每一次卜卦時，絕對要設計定義出「動爻」的產生，才可以來看出哪一個「爻辭」或是「變卦」的吉凶，來論斷未來可能是否會有吉凶的變化。

「象」：在繫辭傳中，孔子是解釋說，以卦象的「樣子」來教導人民如何製作生產的器物，或是因此來學會交通、買賣等的生活互動模式。

但是筆者應該有更深廣、貼合實際的運用解釋，應該是說將卦象給運用來來「象徵」、「比擬」、「想像」等等的發揮吧！因爲從「說卦傳」的「八卦百象」開始，就不斷地看到這種「象徵、比擬」的精採運用，尤其是在邵雍的「梅花易數」中更是精彩絕倫，所以想要學會「易經」的人，非得來體會出這一種「象」的精髓演化，否則絕對無法深入「易經」的精彩變化中，終究還只是當一名「古文」研究的老學者吧了！

「占」：如果說「變」和「象」是不同於一般經典學問的思考運用邏輯，那這個「占」更是所有的學問所無法超越的地方，孔子在繫辭傳中就讚嘆說：「參伍以變，錯綜其數。通其變，遂成天地之文；極其數，遂定天下之象。非天下之至變，其孰能與於此？」天下之間沒有一個學問是能夠超越它的。

但是這個「占」所代表的意義又是什麼呢？其實就是「占卜、卜卦」的方法。可是嚴格來說應該是「卜卦的觀念」是什麼？筆者一再地強調，卜卦是來和天上的神明菩薩溝通的一種儀式和方法，所以歸根究底，卜卦的方法就不是很重要的了！重要的是我們是要來和「哪一位」神明溝通的了？

【占卜前迎請神佛的重要觀念】

筆者不反對讀者學員用自己的巧思，去創造出各種不同的「卜卦花樣」來，但是要很慎重的敬告各位，千萬不要玩得太過火，否則在卜卦時請來的不知道是何方神聖，就會讓人很傷腦筋的了，尤其時常聽到某某人學易經搞到「走火入魔」、「神經錯亂」的，那一些都是真正的事實，畢竟天地之間有神就有鬼，既然易經卦象只是一個「工具」，如果你不是自認爲很「正氣」、「正派」的話，還是不要隨便亂來卜卦請神的，什麼「文王、鬼谷子、歷代聖賢、監卦童子、、、」亂請一通，保證占卜出來的卦象，有時準、有時不準的，告訴你都是這一些「鬼神」在作怪的，更嚴重的搞到「沖煞」、「被附身」，而精神分裂錯亂，或是奇怪的病痛纏身，都會來莫名其妙發生的，這也是在歷代的「易經」著作書籍中，一直忽略沒有來強調重視的很大遺憾，希望各位讀者一定要重視。

既然「易經」主要的精神宗旨是在「卜卦」的運用上，我們還是讓「易經」能夠回歸到他最原來的功能上吧！筆者常會說，自古以來談人生大道裡的經典，實在是如汗牛充棟，多得數不完，但是教導以占卜卦象來引導人民行善的學問，就是只有「易經」這一部學問了，那爲何還要硬把它跟那一些「公民與道德」混在一起呢？

就好像佛法中的「占察善惡業報經」，也是以「占察木輪」來卜卦、占察的最主要目的爲重，是要來「使用的」、「占卜」的，偏偏有人就非得把它像其他佛經一樣，高談闊論了一番，道理說了一大篇，但還是一樣沒占察過。筆者就說佛經三藏十二部那麼地多，談理論事的不差這一部「占察經」，所以千萬要瞭解這一些菩薩、聖賢的苦心，該來卜卦、占察的，就好好的來研究如何使用，踏實地來好好動手作，免得辜負了聖賢菩薩一大片苦心和美意。

【此一周易階段卜卦、解卦的技巧和重點】

讀者學員在學習易經卜卦前，除了要恭敬虔誠的來，迎請神明、菩薩來降臨，指示我們所求問問題的卦象外，除了要事先作卜卦方法的「定義」外，另外還要區分是以哪一種「解卦」的系統語法，來作卦意的批解思考方向。

筆者已經有詳細的解說過三種不同的解卦語法，請讀者要多去瞭解區別，千萬不要混雜來使用，目前本講義，是以「周易經傳」爲主，所以解卦的方法是以：「成卦卦意」、「動爻爻辭、爻意」和「互卦卦意」來批解。就不是如同「入門初階講義」中以「成卦卦意」和「變卦卦意」來批論的了，請要分別清楚。

在此筆者仍是以「米卦」來作爲卜卦的方法，定義如下：每次捻三把米。

第一把米數，為「下卦」。

第一把米數加第二把米數合計，為「上卦」。

第三把米數，為「動爻」。

如果讀者有興趣於以「周易經傳」的方式來卜卦，認爲這樣來的比較「正統」，可以由幾個次序來解讀所卜求出來的卦象吉凶。

一、先來瞭解「成卦」的卦象中基本卦意和象徵的意思，再來擬像、比擬、套上所卜求事情的狀況，例如，「節」卦有節制、調節的意思，就來看看所卜問的事情，是否有作過份的現象，所以需要來節約、節制的限制。

二、再來綜合加上動爻爻意的判斷，一般事情未來發展的吉凶好壞，動爻爻意的影響性很大，來批看未來大概、可能會往怎樣的方向來發展。

三、成卦中的互卦也是很重要的一個判斷參考，可以瞭解現在這一個卜卦人或是事情，內心或內在隱情的狀況。

（註：互卦是由成卦中所求出來的，取2、3、4爻為下卦，3、4、5爻為上卦，另成一個卦象，來表示所卜求事情的內在隱情或變化。）

四、可以再來參考卦中有動爻那一個動卦，與另一個八卦的「五行卦氣」的旺衰變化，一般將沒有變動的那一個八卦是爲「本體」、「自己」，而有動爻的動卦視爲「用方」、「對方」。然後看「體卦」和「用卦」的五行相生剋關係，當然是用來生體，表示卦氣很旺，事情的發展就能如願順利的了。

以上這四個層次讀者可以來試著論解看看，所以一個問題能夠以這四個參考點，來交叉、綜合的論斷，筆者認爲已經是很足夠的了，不要再去想什麼「綜卦」、「錯卦」、的了，那只是會把問題搞得更複雜、更難批論而已。

如果真的遇到卜出來的卦象還無法瞭解，最好是再以另一個角度和問題，不求甚解的求問下去，儘量不要鑽在單一個卦象裡傷腦筋，反而會讓自己的腦袋更加糊塗混亂的。

另外還有一個筆者多年的實務經驗，也順便與讀者分享，就是一般解卦的初學者，最怕的就是易經中那種「比擬」、「象徵」的用法，一個卦意有時候還真不知道該看爲吉，還是看爲凶？

筆者有一個比較簡單的判斷方式，我們可以先把人世間的問題先分為三大類：

一為，一般事情，如事業、工作、財運、考試、開公司、換工作、升職、、等，屬性比較相近的問題，這一類的事情通常與卦象卦意的意思，會比較貼近或直接，是吉或凶就可以直接來判斷。

例如：卜問事業，出現「渙」卦或「小過」卦或「蠱」卦，一定是不好的凶象。

二為，與男女感情、婚姻、家運有關的，如婚嫁、感情、外遇問題、家庭問題、、等。像這一類的牽扯到男女之間的情緒互動關係，就比較無法以直接的卦意來作判斷的了，要發揮想像、擬像的空間就很大的了。

例如：卜問感情，出現「姤」卦或「旅」卦或「恒」卦或「賁」卦等，實在是很難一下就去論斷吉凶，所以只能用想像的去推算，兩人之間的互動，再去提出解卦上的建議和參考了。

三為，與身體健康疾病有關的，如身體健康、住院、醫治、病症、、等。像這一類的問題更是會和卦意的直接意思有更大的不同，要特別的注意。

例如：卜問病症可否醫治，出現「豐」卦或「大有」卦或「既濟」卦或「頤」卦等，更是不能用直接的卦意去作判斷，而要用象傳或是其他比擬的方式去論斷。

其實要學會「易經」說穿了真的沒有「密笈」和「訣竅」，只有多加的練習和看書，筆者有一個學生問說該如何才能「快速」的學會易經卜卦，筆者回答他說：「幫五百個人卜過卦後，你就學會了！」他果然每天主動幫所有的家人、同事、親戚、朋友來卜卦，然後不懂就隨時來問筆者，短短不到兩年竟然成爲村子裡的「半仙」，第三年就來問筆者可不可以開館收紅包了！所以什麼花幾十萬元去學啥「密笈」，筆者認爲都是在白花錢的，還不如拿那一些錢去作公益，爲自己多累積一點福報比較實在一點吧！

【實際卜卦卦例演練解說】

「卦例一」

王師姐來卜求最近的家運和婚姻的運勢吉凶如何？

得出成卦為：「火風鼎」卦。動爻在初爻。互卦為：「澤天夬」卦。

『卦意爻意批解』

鼎卦：巽木入離火而致烹飪，有如鼎者。象徵君子要以中正地位，擬定計劃完成使命。此卦有創業之象，運開亨通，得上輩之提拔，安定、通達之時運。鼎表三足而立，有平穩之勢。

《初爻》要服從可值得信賴的上司領導，確定新的計劃，努力於公司的業務發展。壞事終會有暴露之時，所以務必品行端正爲重。改行、轉職還爲時尙早。

互卦：夬。夬乃決定、抉擇也。得此卦者，恐有過於剛強而遭受敗事的憂虞。又有因事情的散亂，而受到傷害的意思，夬，也有去除的意思。事情有苦勞或病痛的現象，需要下定決心將他除去的考慮。

『實務批解』

鼎，來論及事業、財運，是一個很好的卦象，但是若來批論家運或是婚姻感情，就有必要以另外一個角度來思考了。鼎也表示「三足」的意思，以家運來論是否有三角的外遇問題發生。而初爻爻意，有提示要確定新的計畫，壞事中會有暴露的時候。

互卦，夬。更是明白的指出要有去除，做出抉擇的時候。所以綜合以上的卦意，老師批論：目前先生應有外遇的情事發生，而且已經是維持很久的感情了，現在太太也已經知道，所以整個事件正在吵鬧、協調當中。而太太也很惶恐不知該如何來處理，是希望先生能回頭，或是以離婚來解決收場？

以卦象來看是會以離婚來收場結果，果然這一位師姐於一個月後正式與先生離婚。

「卦例二」

陳師兄卜問小孩今年夏天是否能順利考上碩士研究所？

得出成卦為：「火山旅」卦。動爻在二爻。互卦為：「澤風大過」。

『卦意爻意批解』

旅卦：得此卦時，在家猶如在外地旅遊一般，有心思不定、心不在焉、百事不能如意的現象。也表示住處有勞苦的跡象，爲開始很好的吉象，而有後來憂慮的卦象。

《二爻》辛苦努力的結果已將見曙光。會有意想不到的貴人，或是收入等喜訊的出現，是你的努力獲得回報的時候。改行、轉職避免爲宜。

互卦爲大過卦：得此卦者，此時有如身陷水中，身心不安、受苦之際。又有強行來作自己的意氣者，必會有後悔的時候。雖然表面不露痕跡，也有事物不順、諸事衰退，凡事均覺有過失的現象。

『實務批解』

旅卦，表示心思不定、吉凶參半的卦意，所以來論及考試運，並沒有很把握的勝算。但是二爻動爻的爻意，卻是出現滿好的轉機，所以批論應該會是考三所上榜中兩所，可能自己最喜歡在意的學校會落榜，但是其它的學校卻是沒問題的。

因爲互卦是「大過」，表示會有過於掛礙在意的期待學校在心裡，而造成在考試時緊張的心情，以致於沒有辦法來考好。

果然有兩所學校錄取、一所落榜，落榜的那所，正是他兒子心中最想讀的學校。

「卦例三」

林師姐卜問父親的身體健康狀況如何？

得出成卦為：「地水師」卦。動爻在四爻。互卦為：「地雷復」卦。

『卦意爻意批解』

師卦：有兵旅爭伐的亂象，所以師卦無法有水土一般的親和也，有如惡人得勢而富有，忠實者潦倒而困窮的現象。也有如彼我互相傷害、攻擊的現象，事事難得平安，紛爭的局面常來發生。

《四爻》得此爻的人不算太好，凡事要慎重處理。最好不要求發展，而要退一步來想，尤其位處在上位的主管，要避免與下屬發生爭執事件。

互卦復：復是循環往復，就是回復到本來的位置，此卦正與剝卦反。也顯現出一種循環的狀態，可能是好、也可能是壞。

『實務批解』

師卦意有打仗、爭伐，而造成人民百姓死傷的凶象來，論及身體健康，就像有人在體內作戰，一片哀嚎、傷亡慘重的現象，所以現在正有疾病傷痛，讓這個父親很難過當中，是要以極凶象來論的。動爻在四爻，爻意也不是很樂觀，動的是上卦「坤地」卦，代表的是腹部的疾病。

而互卦又是為「復」，表示重複來復發的病症，要能完全醫治不大可能。只是坤土有被震木所剋至，顯示疾病會被控制住，尚無生命的危險。

果然，這父親是胃癌復發，目前正在住院治療中，於二十天病情穩定後，就出院回家修養了。

「卦例四」

鄭先生來卜問與謝小姐的感情發展如何？是否會有結婚的結果？

得出成卦為：「雷澤歸妹」卦。動爻在第五爻。互卦為：「水火既濟」。

『卦意爻意批解』

歸妹卦：歸乃嫁也，妹乃少女也，小兌少女遇到震長男，一時感情衝動而要急著出嫁。故得此卦時，會有不測之災禍，於相談事情、或是契約時，有失信或失期的延誤。

《五爻》目前有好運氣，不可自溺，如果身處謙恭的態度之中，幸福自然就會來。目前不必裝模作樣來掩飾，凡事保持樸素就是吉象。旅行、遷居皆吉。

互卦既濟：既濟乃既成也，調合、調順的卦象。只是得此卦時，既是事成之後，所以不得有怠忽防災的慮患，若能事先預防，其吉運可繼續保持下去。

『實務批解』

歸妹卦意有小妹急著要出嫁的意思，所以再以互卦的既濟來看，這一個婚姻是會很快的來完成的，所以是女方有想要儘快結婚的意願。

但是歸妹卦也有一方過於感情衝動、情急的現象，是否這當中另有一番隱情，來看動爻爻意，的確有一些虛掩的情象在裡面的，因爲這一個女孩有點好玩、任性，嬌蠻之氣滿重的，所以男方一直不願太早來結婚，而想要先來發展事業多賺一點錢，甚至也投資了不少金錢在事業上，目前根本就沒有的預算來準備婚禮。不過以卦象來批論，大概沒錢也是要辦這一場婚禮的，可能借都要借來辦的呢！

果然，在女方的堅持要求下，男方向女方的親戚借了錢，風光的結婚。

「卦例五」

林師兄來卜問想要自行來開設公司創業，不知為未來發展如何？

得出成卦為：「水雷屯」卦。動爻在四爻。互卦為：「山地剝」卦。

『卦意爻意批解』

屯卦：在人則如剛開始發展、開創的時候，所以困難重重很難維持，若能忍其辛苦，努力不懈，最後才能脫困得到幸福。

《四爻》此爻表示運氣正在變換。在苦境中煎熬的人要想辦法脫離，生活順利的人也要想法如何維持繼續不退。但是凡事轉換總是好的，如：遷居、轉職應多利用此一時機。

互卦剝：得此卦時，為時運不佳，身上零落資源、錢財漸消滅的時候。須防盜難、女難，氣運最衰的時候，要留心被詐騙，或有不利的災禍，又主動則凶，守成則吉。

『實務批解』

屯卦意為剛剛出生的小草，對於開創事業的計畫來言，可以說是剛好的一個卦意，雖然卦意中有困難要去突破，想要求持續的發展，是要很用心辛苦的。但是動爻爻意也顯示出，目前的確是有需要來轉換工作的時候，所以還是以鼓勵支持的方向來批論。

只是這其中最需要注意的是互卦的「剝意」，很可能會在創業的過程中，有被騙失財的跡象來發生，否則整體卦象來看，艮土、坤土同類五行卦氣很旺，坎水、震木也是相生旺相，所以這一次的創業應該是可行的。

果然，林師兄因爲得到家裡一筆資金要來開設公司，就被原先要來合夥的朋友，給騙去了一些錢，所以現在才要來卜問是否可以繼續發展下去。而且他本人也認爲公司的業務是很有前景的。

「卦例六」

劉師姐來卜問未來的事業發展和財運如何？

得出成卦為：「風水渙」卦。動爻在三爻。互卦為：「山雷頤」卦。

『卦意爻意批解』

渙卦：得此卦時，爲我方困難對方順利的現象，有陷於困難而且渙散的時候。又有物品散亂的意義，須注意丟物損失。渙卦是分散、流失、分佔、疏散、消解等現象。

《三爻》捨近利而來求遠利，虛心的結果反而能獲得大報酬。應該是要摒棄自己的私利，去爲別人來服務盡力吧。新建、遷居、旅行可望無事。

互卦頤：如果能將生活中，所有的拂逆顛倒不順的事，都拿來教育、修養自己、提昇自己，這才是真正的智慧。

頤卦，養也。象徵口中的牙齒能來吃食物。比喻在人如能謹言慎行以來頤養德，和在飲食上節制以來養生的道裡。

『實務批解』

渙卦是形容風吹打在水面上，使水花四起紛飛，而來產生渙散的現象，比喻在人事財物上，就是目前正面臨好像颱風過境的困難當中，眼前看來好像困境重重，但是很快就會消散，只要颱風過了，被吹散的水花又會重新回到水面上來的。

所以我們來看動爻的爻意，也是更加預告指示未來的發展，因此目前只是凶中帶吉的卦象，而且要將眼光給放遠，工作事業上的規劃要能長遠，不要侷限於現在的小挫折。再來看互卦頤的卦意，也是告知現在是修身養息的時候。推論劉師姐，是有突然受到公司上人事的波動干擾，造成一些業績上的損失，心情上受到打擊而難過，不過還是不用擔心的，建議她最好利用這一個時間去上一些課程，或是放個假，想必再一陣子過後，一切就會恢復原狀，甚至還會有更好的靈感和計畫呢！

原來是公司的一個經理跳槽，將公司的許多客戶也都帶走了，使得業績一下子掉了很多，不過在卜過卦以後，劉師姐已經能釋懷，來期待更有希望的未來了。

心・得・筆・記

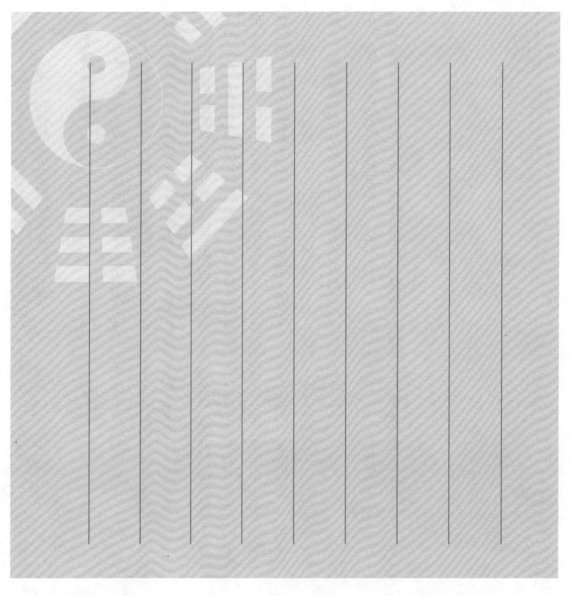

十二講之一　邵康節的易經傳奇故事和梅花易數

【前言】

筆者會想要來介紹，這一位邵雍先生在學習「易經」中所發生的傳奇故事，有一個很大的期望和心態，因為筆者發現以往在學習「易經」的學子，不是將「易經」拱的高高在上，讀起經文來字字必究，就像在背「三民主義」、「古文觀止」沒兩樣，嚴肅到令人受不少！不然就是搞得神秘兮兮的，好像只有他家才有的「密傳之術」一般！這兩種學習心態，都完全違背了學習「易經」該有的精神和態度。

「易經」既然這是一個屬於中國文化的學問，是上天有好生之悳，賜給眾生人民的禮物，當然是有需要我們來正本清源的還給「易經」該有的精神

揚推廣。

所以筆者才會想以邵雍在易經上的學習傳承故事，來導正一

的一些不正確的觀念和運用。而這一種「觀念」就是在「易經」

「拘泥」、不能「執著」、不能陷於「文字障」，而是要用以生

悟易經卦象、卦意中的「含意」，然後引導自己的行為善惡，落

活中，而不是將易經捧的高高在上，像是一部「大經典」般的障

所以在「梅花易數」中，在日常生活當中所有，隨手拈來的

聽的、下筆所寫的，幾乎都是可以來占卜成卦，隨時來查知吉凶

查自己的行為是否有所缺失，筆者以為這才是「易經」最根本重

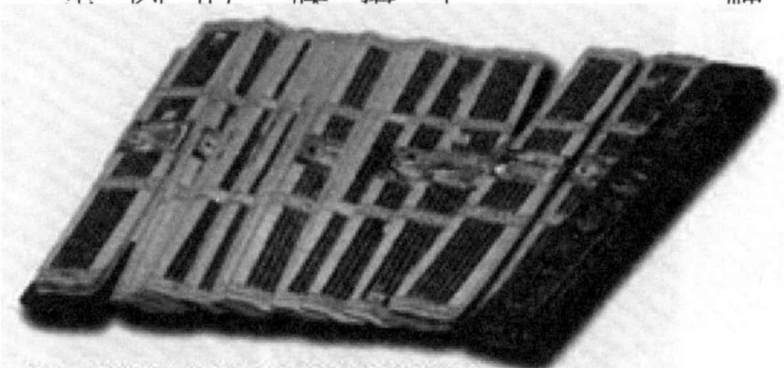

貝葉經(唐/西藏羅布林卡藏)

【邵雍先生簡介】

邵雍，名康節，字堯夫。宋朝人，他的祖先是范陽人，出生在今河南省輝縣。邵雍小時候，就聰明過人而且有雄心大志，想要以自己非凡的智慧，來樹立功名成就一番大事業，所以儘管家裡很窮，仍然想盡辦法來讀書。

邵雍格外喜歡天道《易經》的書籍，但是書讀多了，邵雍反倒覺得自己簡直是隻井底之蛙，感到自己的知識太窄礙了。所以到處去遊學請教各方易學的老師大德，終於有了不同於常人對於易經的見解和看法。

邵雍在結束了自己的遊學旅行生活，回到了家鄉共城蘇門山，仍然終日研究「聖王伏義卦」和「文王後天八卦」。後來又承傳於共城縣令李之才的易理之學，而得以領悟後天八卦的道理，以來弘揚陰陽之道，成就了利益天下萬民眾生的學問事業。

【邵雍的易經傳奇故事】

☆☆擊瓦枕而得奇書☆☆

有一天中午，邵雍正在午睡，突見有一隻老鼠從面前走過，所以他側身抽出頭下所枕的枕瓦來丟打老鼠，結果老鼠逃掉，而瓦枕破掉了。

此時竟然在破掉的瓦枕之中，掉出了一張字條，上面寫著：「此枕賣於賢人邵雍，落款某年某月某時擊鼠，破枕。」邵雍見到此一字條甚爲驚奇，知道賣這個陶枕的商家離此不遠，就當下過去尋訪。

當他到陶枕商家的時候，才知道作這個陶枕的老店家已經過世了，可是商家的家人卻對他說：「老店家交待家人，某年某月某時，有一秀士到我家來，可以把這一本書送給他，這便了結了我的終身後世了。」於是製陶商家的家人就把這本書送給了邵雍，邵雍雙手接書後捧書跪閱，見到這一本書是一本難得的易學秘書，並且有許多的斷卦的訣例。於是，他當場以訣例來演推象數後，對製陶商家的家人說：「你令尊在的時候，有白銀藏在睡床西北方向下，可以挖出來以便營生。」製陶商家的家人依邵維的斷言，果然挖出了白銀。

邵雍在製陶商家所得秘書回到家裡，終日研悟秘書，終於天目開放，不用說連人的五臟六腑都一清二楚，連地下所藏的金屬器物也都如在眼前一般。

☆☆觀賞梅花、因鳥爭墜地，而領悟寫著下「梅花易數」一書☆☆

（以年、月、日、時來求取卦象的卦例）

辰年十二月十七日申時，邵雍正在觀賞梅花沉思時，偶然見有兩隻麻雀在樹枝上爭吵而雙雙墜地。邵雍說，不動不占，不因事不占，今有二雀爭枝墜地，奇怪。因此，他占了一卦：

一、先取（年份、月份、日子）為「上卦」。數目為：辰年五數，取月份，十二月為十二數，再加日子，十七日為十七數。總共為三十四數，為上卦。所以三十四除八，餘數二，為第二卦為兌澤，為上卦。

二、再取（年月日時）爲「下卦」。數目爲，申時爲九數，加上年辰五，月十二，日十七。所以總數爲四十三。所以四十三除八，餘數三，爲第三卦爲離火，爲下卦。

三、最後取（年月日時）的總數爲「動爻」。所以四十三爲動爻，又上下總數四十三，以六除。餘數爲一。

所以得出大成卦是為：「澤火革」卦。互約卦為：「乾巽，天風姤」卦。

第一爻初爻有動，由陽爻變成陰爻，而成為變卦：「澤山咸」。

邵雍斷卦說：「明日晚上，將有一名女子來花園摘花。園丁不知道是個女子而來追逐，該名女子因失驚而跌倒，於是摔傷了女子的屁股。」

次日，果然有女子來花園摘花，也真如邵雍所推算，女子摔傷了她的屁股。

「解曰」：因爲上卦兌金是爲本體，被下卦離火所剋傷。互卦又爲巽木，加助長火勢。

而兌卦代表「少女」，所以是少女來被剋傷。

又互卦中的巽木代表「屁股」，有被互卦中的乾金所剋傷，所以批斷是傷在「屁股」。幸好下卦的變卦由「兌金」變爲「艮土」，土來生金，本體兌金被生爲旺相，因此也批斷不致有太大的凶險。

☆☆聞敲門聲求卦知事吉凶的傳奇☆☆（以聲音來求取卦象的卦例）

有一年冬天的時後，已經是半夜時分了，邵雍父子在屋裡還沒睡，有人敲門，先敲了一下，見無人答應，繼而又敲了五下。邵雍問道：「有什麼事？」外面回答：「借東西！」。邵雍對他兒子說：「兒子，你來占一卦，看來人要借什麼東西？」他又對來人說：「請先暫時不要說借什麼東西，我來試試我的兒子！」

邵雍的兒子受家傳父教，以敲門聲立即起卦說：「來人敲一聲爲乾，爲上卦」；「以五聲爲巽，爲下卦」。這即是：「上乾下巽的天風姤卦。」「一乾，五巽，合計爲六數。再加酉時爲十，總數爲十六。十六除以六，得餘數四。動爻第四爻有動變，所以變卦爲巽爲風卦。大成卦中的互卦卦爲「乾爲天」卦。

因此他兒子解曰：「成卦、變卦、互卦中，見到三個乾金，二個巽木，所以必是與金、木有關的物品。所以我占得來人借用的東西是金木之物。因爲金短木長，所以是來借鋤頭。」

邵雍搖搖頭說：「不對，你占錯了，應該是借斧頭！」

兒子開了門，鄰人果然是來借斧頭的。

鄰人走了。邵雍教導兒子說：「起數占卦必須明白生活的道理。以卦數來相推，鋤頭也是可以的。但是以理來推之呢？深更半夜，應該是借斧頭來劈柴，況且現在是隆冬，哪有隆冬鋤地的道理呢？況且金剋木象，應是來砍伐木頭的金器，所以斷之爲「斧頭」。

☆☆隨言問答論斷今日吉凶的傳奇☆☆（以聲音來求取卦象的卦例二）

鄰人知到邵雍能取以聲音來占卜吉凶。有一天，鄰人問邵雍：「先生，你覺得今日動靜如何？」

邵雍於是以：「今日動靜如何」六字來起卦，把六字平分。

「今日動」爲上卦。「今」平聲，爲一數；「日」入聲，爲四數；「動」去聲，爲三數。所以上卦共八數，爲坤卦。

「靜如何」爲下卦。「靜」去聲，爲三數；「如」平聲，爲一數；「何」平聲，爲一數，共五數。得巽卦爲下卦。

又以八加五總爲十三數。十三除以六，餘數得一數，動爻在第一爻。巽風變爲乾天。

所以大成卦為：「地風升」卦。初爻動變，變卦為：「地天泰卦」。

互約卦為「震兌，歸妹」卦。

邵雍對鄰人說：「今日有人相請，客不多，酒不醉。菜只是雞和黍而已。」

到了晚上，果然那位鄰人被請去喝酒去了。也真如邵雍所推算的準確。

「解曰」：升卦有生階相請的意思，而互卦中兌卦爲口，上卦坤爲腹部，所以推斷「口腹」飲食的事情。客人不多的原因，是因爲只見一個「坤土」，沒有再見到其他同類的坤卦出現。酒不醉，是因爲卦中也沒有「坎水」出現。而菜只有雞和黍，是因爲坤屬黍，兌屬雞。而卦中毫無相生旺相，所以宴席不是很豐盛的菜餚。

☆☆拆字、測字論斷吉凶的傳奇故事☆☆（以字體來求取卦象的卦例）

有一天，邵雍來到西林寺遊玩。他抬頭見到寺廟的匾額上書著「西林寺」三個大字。「林」字無兩鉤，他順手占了一卦。

「西」字爲七數，爲艮，作上卦。「林」字爲八數，爲坤，作下卦。

上卦七數，下卦八數，總數爲十五。十五除以六，餘數數得三，動爻是第三爻。

所以成卦是為：「山地剝」卦。第二爻動，坤地變為艮山，變卦為：「艮為山」卦。互卦為「重坤」。

邵雍暗自說道：「寺廟應該是純陽之氣所旺的地方，今日卻卦得重陰的卦象，而又有群陰來剝蝕陽像的徵兆，則寺中當有小人來爲禍」。

邵雍向寺方師父請問後，果然有如此的事發生。

他立即對寺中的和尚說：「你們怎麼不把匾額的林字添兩勾，則自然就不會有小人的禍端了。」

和尚聽信了邵雍的話，依法照辦，從這以後。西林寺再也不會有陰人、小人的禍端干擾了。

「解曰」：互卦「坤爲地」是極陰的卦象，所以在寺院的地方出現極陰的卦象，是很不利的事情。如果將「林」字加上兩勾，即多加兩畫，下卦改爲十數，由坤卦變爲澤卦。成卦就變爲：「山澤損」卦，用、互卦都來生體卦，爲旺相則事事爲吉。

☆☆見行人臉色來占卜吉凶的傳奇故事☆☆（以所見的人物、景物來求取卦象的卦例）

有一天是己丑日、卯時的時候，邵雍在走路。見有一位老人往巽（東南）方向急速行走。而且老人面帶憂色。

邵雍問老人說：「老人家，你爲什麼面帶憂色？」

老人回答說：「先生，我沒什麼不高興的呀！」

邵雍感到奇怪，隨即起了一卦。

老人屬乾，為上卦。巽方，為下卦。所以成卦為：「天風姤」卦。

又乾是一數，巽五數，加卯時爲四數，合計總數爲十，十除以六，餘數得四。所以爲動爻是第四爻，上卦由天卦變爲風卦，變卦爲「巽爲風」卦。而動爻爻辭是爲天風姤的九四。《易》說：「包無魚凶」，原來是易辭中有不吉的現象。

若以卦論，巽木爲體，乾金剋互卦，又見重乾，都是來剋卦體，並無生氣，而且老人又在途中急行，其相應的時間會很快。所以用成卦的十數，平分爲一半是爲五。

邵雍趕上老人，對他說道：「你老人家在五日內要謹慎出入、飲食，恐怕會要有重大的禍端。」

果然第五日，老人赴宴席，因被魚骨鯁住喉嚨而咽死了。

邵雍先生因爲可以隨手以聲音占、字占、丈尺占、爲人占、自已占、占動物、占靜物、觀梅占、牡丹占、喜色占、憂色占、悲鳴占、風覺占、枯枝墜地占，使得他的名聲一時風靡天下。他經過長時間的勤學苦練，他的先天易理和後天易理的造詣都很深，遇事能未卜先知。

當時住在洛陽的司馬光和呂公著等名人，都很敬重邵雍，常同他來往，洽談大道易學。見他家境不好，又爲他買了田地，勸他搬來居住洛陽。起初不願接受的邵雍，後來終於也接受了。邵雍自叫「安樂窩」，自號「安樂先生」。

司馬光以兄弟情誼相待邵雍，兩人的關係非常密切。鄉裡都很羡慕二人的德行和學問，當時社會上父子兄弟都很謹慎，常說：「不要做不好的壞事情，否則恐怕司馬和邵先生就會知道了。」宋仁宗嘉佑四年「公元１０５９年」。留守王演振推薦邵雍做官，他毅然謝絕了。皇帝召他進京，他稱病不奉召，仍過他的清貧生活。

熙寧五年「公元１０７２年」，邵雍七十二歲那年，與世長辭。贈秘書省著作郎。元祐年賜懿名號「康節」。

邵雍學問淵博，高明英邁、清而不激、和而不流。人與交久便愈尊之。

一生著書數十萬言，《皇極經世》、《觀物內外篇》、《漁樵問對》、《梅花易數》等是他的代表作。河南程頤讚說：「堯夫，內聖外王之學也。」八百多年過去了，邵雍的名字仍千古流芳。

【梅花易數讀後心得結論】

讀者看完了以上邵雍在生活上，運用易經卦象的精彩演出，有沒有很羨慕啊！想當年筆者就很嚮往像邵雍那樣出神入化的解卦技巧和神通，也曾試過一陣子的「拆字、測字」的解卦方式，的確是非常的精彩「好玩」，怪不得也有人會用「玩味」來形容易經的學習，當然筆者除了「測字」的方法外，「梅花易數」裡的方法也都會給它來試玩一下的！

是否有讀者會覺得很奇怪或很神奇，該如何來學會這樣些神奇古怪的卜卦方法呢？說穿了其實會簡單到讓你也嚇一跳的！

大概只有三個簡單的概念：

◎請問八卦百象瞭解熟悉了沒有啊？

◎分類、擬像的概念有建立起來了嗎？

◎卜卦方法的「定義」你瞭解了嗎？

第一：請問八卦百象瞭解熟悉了沒有啊？

所有的年月日時、萬物、人物、數字、、、、都是可以用八個卦來分類代表，因此除了基本八卦的「卦序」就是1、2、、到8的順序外，另外八卦所象徵代表的五行、顏色、人物、、，也幾乎都可以來取為卦象，或由八卦再反推算回來的。

例如，看到一個女孩子穿著紅色的衣服，可不可以求卦象來啊？當然是可以，女孩是「兌澤卦」是上卦，紅色是「離火卦」是下卦。不就是成卦為：「澤火革」卦了。再加上那一天的「日子」，不就又可以求出動爻和變卦來了嗎？

第二：分類、擬像的概念有建立起來了嗎？

在易經的十餘年的教學中，發現學生要學會八卦「分類」的觀念比較容易，但是要能夠瞭解甚至運用「擬像」的概念，就困難很多了！因為「擬像」要能夠進一步到「聯想、想像」的層次，會因為個人的經驗、資質、成長背景，而有不同的領悟差異，其實從八卦到六十四卦的批解運用，幾乎都是在基本的卦意下，需要解卦的人來發揮很大的「擬像」、「想象」空間，才能將一個卦象批論到精準、神話的地步，這絕對不是一個死背經傳卦文、卦意的人，所能體會到的層次境界，所以筆者才會一再地強調，請千萬不要「死背」易經，否則一定輪轉不起來的，無法來批解卦象的！

在邵雍的境界裡，我們看到了將易經卦象中的擬像，給發揮到淋漓盡致的層次，完全不拘束、不執著，的確是值得令人傾心和學習的，那要如何才能學會這樣的技巧呢？除了老師的引導學習外，最重要的還是多練習、多卜、多品玩，多位別人來卜卦服務，從中來得到學習的經驗，這也是筆者所常用的「不二法門」，學習效率高的很呢！

第三：卜卦方法的「定義」觀念你瞭解了嗎？

什麼叫做卜卦方法的「定義」，有一點很難體會，也就是任何一次在卜卦的「之前」，我們一定要先來作的「定義」準備，也就是說每一次要用一個「景象」、或是「文字」或是「數字」，來配合八卦求取卦象時，要先將上卦、下卦、動爻的求取規則，先給想清楚、明白了才可以求取的。

所以像以上的卦例中，並不是說要這樣求組一個卦象，隨便就這樣給排組出來的呢？其實都是邵雍早在事先就已經「定義」想好的了！

例如，一個最簡單的「定義」練習，每天出門前，當開車經過某一個路口時，所遇到到第一輛車的車牌號碼，４位數，取爲今天吉凶情形的好壞？

取卦定義如下：兩位數合計爲上卦，後兩位數合計爲下卦，４個數字合計爲動爻。

所以某一天出門後遇到一輛汽車，車牌號碼爲：８Ｈ－６４３８。

上卦，前兩位數６、４，合計爲１０，除於８，餘數２，故爲「兌澤」卦。

下卦，後兩位數３、８，合計爲１１，除於８，餘數３，故爲「離火」卦。

動爻爲６＋４＋３＋８，合計爲２１，除於６，餘數爲３，故爲第三爻動爻，下卦由「離火」變爲「震雷」。

因此得出成卦為：「澤火革」卦，變卦為：「澤雷隨」卦。

互卦為：「乾巽」卦。

「解曰」：表示今天去公司上班，在開會時，會有人突然提出改革的方案，或是一些計畫，最好是能「隨順因緣」的附和，因爲這樣的改革應該是勢在必行的，不要去反對！

所以這就是卜卦方法的「定義」模式，你可以隨性高興的爲自己，做出任何喜歡的卜卦方法來，只是這其中有一個很重要關鍵，務必一定要先稟告，我們所皈依、迎請的那位神明菩薩，將這個，或是多個不同情境下的「定義」，給說明清楚後，才能來應用求卜，不可以隨時想到怎麼定義、怎麼改，是不行的！

像之前筆者就很喜歡以「測字」的方式來解卦，使許多學生或信眾都很驚奇，後來被菩薩告知，不能用一些這樣神奇花俏的方法來卜卦，避免學生信眾將自己給「神通化」、「神秘化」！所以這幾年來就幾乎都是用最基本「米卦」的方式，來作卜卦的服務！甚至連多年前特別訂製的三顆「銀骰子」也都很少用了！

因此目前市面上五光十色、亂七八糟的卜卦方法，根本都只是在變化運用易經卦象而已，說穿了都是一樣的易經卜卦，因此不要亂裝成很懂易經的樣子，說「金錢卦」才是「文王卦」最準，而「米卦」則是一般的易經卜卦，不是最準的！或是某某自創的「天機神數」的卜卦方法，所卜出的卦象來才是最最超準的卦象來，是來洩漏天機的、、、！唉啊！這些都是狗屁不通的江湖術士大騙子而已！

微笑菩薩（北齊）

心・得・筆・記

第十二講之二 梅花易數 梅花詩訣 邵康節序

乾坤兩卦之詩序

夫六十四卦有解矣，茲又附之以詩者何也？易變動不居，不可爲典要者也。苟執卦爻之辭。而不知變通以趨時，幾何而不爲誣易也哉？是以此詩之作，皆先正不得已之意，中間各寓機括，如「龍蛇興變，一陰始生」等語，各有所指，非孟浪無根之談也。

學者誠能引而申之，類而長之，又何患乎數之不明不行也哉？凡欲知切要者，只玩點處便可意會。

【乾卦 總詩訣三首】

其一 運覆無窮利建功，乾分四德萬方同，龍飛變化九天去，男子升騰定位隆。

其二 陽佳謀密用且潛藏，逆理妄圖必見傷，直待龍蛇興變日，從前名利始亨昌。

其三 陰望桂蟾宮遠，求珠海水深，終須名利足，只恐不堅心。

【乾卦初九爻 詩訣二首】

其一 陽氣方生昧未明，潛藏勿用破幽榮，離明一照四方火，進位高攀便出群。

其二 玉韞石，珠藏淵，羽翼一旦上青天，名利須知有異緣。

【乾卦九二爻 詩訣三首】

其一 得意宜逢貴，如龍已出淵，利名終有望，十五月團圓。

其二　陽出塵泥跡，聲名動四方，風雲將際會，千載遇明良。

其三　陰龍見田中立，身心同貴人，利名應可見，進退有科名。

【乾卦九三爻　詩訣二首】

其一　步履行無阻，先憂後必昌，飛龍形不見，西北是其鄉。

其二　憂且不成憂，憂裡笑盈眸，聲名相久遇，目下暫淹留。

【乾卦九四爻　詩訣二首】

其一　欲行懷珠，片帆千里，玉藏遠山，徘徊未已。

其二　天布彤雲色，花繁落影多，霏霏斜日照，帆便泛漢波。乾卦九五爻　詩訣三首

【乾卦九四爻　詩訣三首】

其一　隱姓埋名實待時，飛龍天上大人輝，正當守位動無咎，終保聲名四海知。

其二　陽上下皆同德，風雲際遇時，如天施雨露，萬物盡光輝。

其三　陰日邊音信至，佳會在風雲，青紫人相引，時和到處春。

【乾卦上九爻　詩訣三首】

其一　知進當知退，居安必慮危，心中無過咎，雖悔必堪追。

其二　陽安靜宜無咎，思來便有災，前途飛走外，憂事更防來。

其三　陰心戚戚，口啾啾，一番思慮一番憂，宜欲休時便好休。

【坤卦　總詩訣三首】

其一　水面生魚蛋，楊花滿路傍，佳人雙美玉，得地始輝光。
其二　陽厚德載萬物，承天則順昌，馬行疆地遠，坤厚有輝光。
其三　陰今朝明朝，今日明日，到了歡欣，不成憂戚。

【坤卦初六爻 總詩訣二首】

其一　陰氣方濃始履霜，待時亨動見陽剛，雲中一力扶持起，水畔行人在北方。
其二　事每因馴致，凝成戒履霜，善應有餘福，不善有餘殃。

【坤卦六二爻 總詩訣二首】

其一　萬丈波濤無點亂，一天風雨更幽閑，客行已在經綸內，名利何勞自作難。
其二　敬義存中正，前程事事通，自然無不利，不飛已成功。

【坤卦六三爻 總詩訣三首】

其一　待命含章終必吉，強謀前進未亨昌，兔銜刀到黃金上，萬里鵬程羽翼忙。
其二　陽始則難，終則易，相合相從，天時地利。
其三　陰含章雖有喜，進退且需時，丹詔從天下，風雲際會時。

【坤卦六四爻 總詩訣三首】

其一　路不通，門閉塞，謹提防，月雲黑。
其二　陽守慎宜無咎，包藏似括囊，震雷轟發後，利涉總安東。
其三　陰事機宜謹慎，無是亦無非，守靜宜恬退，深虞陷禍機。

【坤卦六五爻 總詩訣二首】

其一　世道垂衣治，安身文史中，不需操武略，名利在西東。

其二　安居守中分，能順以承天，至美利元吉，西南喜慶全。

【坤卦上六爻總詩訣三首】

其一　鏡破釵分，月缺花殘，行來休往，事始安然。

其二　陽剛柔兩戰傷，其血須玄黃，龍馬生悔吝，極終已悔亡。

其三　陰有名無實效，謀事更遲遲，訟病多刑剋，施爲總未宜。

易有聖人之道四焉：

以言者尚其辭，以動者尚其變，以制器者尚其象，以卜筮者尚其占。

第十二講之三 梅花心易 體用篇

【八卦來生體之理】

『乾卦生體』則主公門中有喜益。或功名上有喜。或因官有財。或問訟得理。或有金寶之利。或老人上進財。或尊長專送。或有官貴之喜。

『坤卦生體』主有田土之喜。或於田土進財。或得鄉人之益。或得陰人之利。或有果穀之進。或有布帛之喜。

『震卦生體』則主山林之益。或因山林得財。或進東方之財。或因動中有喜。或木貨交易之利。或因草木姓氏人稱心。

『巽卦生體』亦主山林之益。或因山林得財。或於東南得財。或因草木人而進利。或以茶果得利。或茶果菜蔬餽。送之喜。

『坎卦生體』有北方之喜。或受北方之財。或水邊人進入。或因點水人稱心。或因魚酒貨文書交易之利。或有餽送魚酒之喜。

『離卦生體』主有南方之財。或有文書之喜。或有爐冶場之利。或因火姓人而得財。

『艮卦生體』有東北方之財。或山田之喜。或因山林田土獲財。或富貴帶土姓人之財。物當安穩。事有終始。

『兌卦生體』有西方之財。或喜悅事。或食物玉金貨利之源。或商音之人。或市口之人欣逢。或主賓之樂。或朋友講習之喜。

【八卦來剋體之理】

『乾卦剋體』主有公事之擾。或門戶之擾。或有財寶之失。或于金穀有損。或有怒於尊長。或得罪于貴人。

『坤卦剋體』主有田土之擾。或于田土有損。或有小人之害。或有陰人之侵。或失布帛之財。或喪穀粟之利。

『震卦剋體』主有虛驚。常多恐懼。或身心不能安靜。或家宅見妖災。或草木姓氏之人相侵。或于山林有所失。

『巽卦剋體』亦有草木姓人相害。或于山林上生憂。謀事。乃東南方之人。處家。忌陰人小口之厄。

『坎卦剋體』主有險陷之事。或寇盜之憂。或失意於水邊人。或生災於酒後。或黠水人相害。或北方人見殃。

『離卦剋體』主文書之擾。或失火之驚。或有南方之憂。或火姓人相害。

『艮卦剋體』諸事多連。百謀中阻。或有山林田地之失。或帶土姓人相侵。防東北方之禍害。或憂墳墓不當安穩。

『兌卦剋體』不利西方。主口舌事之紛爭。或帶口姓人侵欺。或有毀折之患。或因飲食而生憂愁。止隨本卦而論之。

【梅花心易體用篇 批解十八論】

『天時占第一』

凡占天時，不分體用，全觀諸卦，詳推五行。離多主晴，坎多主雨，坤乃陰晦，乾主晴明，震多則春，夏雷轟。巽多則四時風烈。艮多則久雨必晴。兌多則不陰亦雨。夏占離多而無坎，則亢旱炎炎。冬占坎多而無離，則雨雪飄飄。

全觀諸卦者，謂互變卦。五行謂離屬火，主晴。坎爲水主雨。坤爲地氣，主陰。乾爲天，主晴明。震爲雷，巽爲風、秋冬震多無制，亦有非常之雷，有巽佐之。則爲風撼震動之應。艮爲山雲之氣。若雨久，得艮當止，艮者，止也，亦土剋水之義。兌爲澤，故不雨亦陰。夫以造化之辨，固難測，理數之妙亦可憑，是以乾象乎天，坤體乎地，一氣慘然。

乾坤兩同，晴雨時變，坤艮雨並，陰晦不常，卜數有陽有陰，卦象有奇有隅，陰雨陽晴，奇隅暗重。坤爲老陰之極，而久晴必雨，陰氣，而久雨必晴。若逢重坎重離，亦曰時晴時雨。坎爲水必雨，離爲火必晴，乾兌之金，秋明晴，冬雪凜冽，坤艮之土，春雨澤，夏火炎蒸。易曰：雲從龍，風從虎。

又曰：艮爲雲，巽爲風，艮巽重逢，風雲際會，飛沙走石，蔽日藏山，不以四時，不我二用。坎在艮上，布霧興雲，若在兌上，凝霜作雪，乾兌爲霜雪霰雹。離火爲日電虹霓。離爲電，震爲雷，重會而雷電俱作。

坎爲雨，巽爲風，相逢則風雨驟興。震卦重逢，雷驚百里。坎爻疊見，潤澤九垓，故卦體之兩逢，亦爻象之總斷。

地天泰，水天需，昏濛之象。天地否，水地比，黑暗之形。人純離，夏必旱，四季皆晴。人純坎，冬必寒，四時多雨，久雨不晴，逢艮必止。久晴不雨，得此亦然。又若水火既濟，水火未濟，四時不測風雲。風澤中孚，澤風大過，三冬必然雨雪。水山蹇，山水蒙，百步必須執蓋。地風升，風地觀，四時不可行船。離在艮上，暮雨朝晴。離互艮宮，暮晴朝雨。巽坎互離，虹霓，乃見巽離互坎。造化亦同。又須推測四時，不可執迷一理。震離爲電爲雷。應在夏天。乾兌爲霜，爲雪，驗於冬月。天地之理，大矣哉。理數之妙，至矣哉。得斯文者當敬賞之。

『人事占第二』

人事之占詳觀體用，體卦爲主，用卦爲賓。用剋體不宜，體剋用則吉。用生體，有進益之善。體生用，有失耗之患。體用比和，謀爲喜利。更詳觀互卦變卦，以斷吉凶。復究盛衰。

人事之占。則以全體用總章。向決吉凶。若有生體之卦。即看前章八卦中。生體之卦有何吉。又看剋體之卦有何凶。即看前章剋止斷本卦。

『家宅占第三』

凡占家宅，以體爲主用爲家宅。體剋用，則家宅多吉。用剋體，則家宅多凶。體生用多耗散，或防失盜之憂。用生體多進益，或有餽送之喜。體用比和，家宅安穩。如有生體之卦，即以前章人事占斷之。

『屋舍占第四』

凡占屋舍，以體爲主，用爲屋舍。體剋用，居之吉。用剋體，居之凶。體生用，主資財冷退。用生體，則門戶興隆。體用比和，自然安穩。

『婚姻占第五』

占婚姻以體爲主，用爲婚姻。用生體，婚易成，或因婚有得。體生用，婚難成，或因婚有失。體剋用，可成。但成之遲。用剋體，不可成，成亦有害，體用比和，婚姻吉利。

占婚，體爲所占之家，用爲所婚之家，體卦旺，則此家同戶勝。用卦旺，則彼家資盛。生體，則得婚姻之財，或彼有相就之意。體生，則無嫁奩之資。或此去求婚，方偕。若體用比和，則彼此相就，良配無疑。

乾端正而長。坎，邪淫黑色，嫉妒奢侈。艮黃多巧。震，美貌難犯。巽，髮少稀疏，醜陋心貪。離，短赤色，性不常。坤，貌醜大腹而黃。兌，高長，說話喜悅，白色。

『生產占第六』

占生產，以體爲母，用爲生。體用俱宜乘旺，不宜乘衰。宜相生，不宜相剋。體剋用不利生子。用剋體不利於母。體剋用而用卦衰，則子難完。用剋而體卦衰，則母難保。用生體易于母，體生用，易於生。體用比和，生育順快。若欲辨其男女，當於前卦審之，陽卦陽爻多者，則生男，陰卦陰爻多者，則生女，陰陽卦爻相生，則察所占左右人之奇偶以証之，如欲決其日辰，則以用卦之氣數參決之，日期用之氣數者，即看何爲用卦，于八卦時序之類決之。

「飲食占第七」

凡占飲食，以體爲主，用爲飲食。用生體，飲食必豐。體生用，飲食難就。體剋用，則飲食有阻，用剋體，飲食必無。體用比和，飲食豐足，又卦中有坎，則有酒。有兌，則有食。無坎無兌則皆無。兌坎生身，酒肉醉飽。欲知所食何物，以飲食推之。疑知席上何人，以互卦人事推之。飲食人事類者，即前八卦內萬物屬類是也。

「求謀占第八」

占求謀，以體爲主，用爲所謀之應。體剋用謀雖可成，但成遲。用剋體，求謀不成，謀亦有害。用生體，不謀而成。體生用，則多謀少遂。體用比和，求謀稱意。

「求名占第九」

凡占求名，以體爲主，用爲名。體剋用，名可成，但成遲。用剋體，名不可成。體生用，名不可就，或因名有喪。用生體，名易成，或因名有得。體用比和，功名稱意。欲知名成之日，生體之卦氣詳之。欲知職任之處，變卦之方道決之。若無剋體之卦，則名易就，止看卦體時序之類，以定日期。若在任占卜，最忌見剋體之卦，如有剋體者，即居官見禍，輕則上責罰，重則判官退職。其日期剋體之卦氣者，於八卦萬物所屬時序類中斷之。

「求財占第十」

占求財，以體爲主，以用爲財。體剋用有財，用剋體無財。體生用財有損耗之憂，用生體財有進益之喜。或體用比和，財利快意。欲知得財之日，生體之卦氣定之。欲知破財之日，剋體卦氣定之。

又卦中有剋體用之卦，及生體用之卦，則有財。此卦氣即見財之日。若卦中有剋體之卦，及體生用之卦，即破財。此卦氣即破財之日。

「交易占第十一」

占交易，以體爲主，用爲交易之應。體剋用，交易成遲。用剋體，不成。體生用雖成，或因交易有失。用生體，即成，或必有財。體用比和，交易易成。

「出行占第十二」

占出行，以體爲主，用爲所行之應。體剋用可行，所至多得意。用剋體，出則有禍，體生用，出行有破耗之失。用生體，有意外之財。體用比和，出行順利。

又凡出行，體宜乘旺，諸卦宜生體。體卦乾震多主動，坤艮多主不動，巽宜舟行，離宜陸行，坎防失脫，兌主紛爭之應也。

「行人占第十三」

占行人以體爲主，用爲行人。體剋用，行人歸遲。用剋體，行人不歸。體生用，行人未歸。用生體，行人即歸。體用比和，歸期不日矣。

又以用卦爲行人之盈旺逢生，在外順快，逢衰受剋，在外災殃。震多不寧，艮多有阻，坎有險難，兌主紛爭之應。

『謁見占第十四』

占謁見，以體爲主，用爲所見之人。體剋用，可見。用剋體不見。體生用難見，見之而無益。用生體可見，見之且有得。體用比和，歡然相見。

『失物占第十五』

占失物，以體爲主，用爲失物。體剋用可遲得尋。用剋體，不可尋。體生用，物難見。用生體，物易尋。體用比和，物不失矣。

又以變卦，爲失物之所在，如變是乾，則覓於西北，或公廨樓閣之所，或金石之傍，或圓器之中，或高亢之地。變卦是坤，則覓於西南方，或國野之所，或倉廩之處，或稼穡之處，或土窖穴藏之所，或瓦器方器之中，震則尋於東方，或山林之所，或叢棘之內，鐘鼓之傍，或鬧市之地，或大途之所。

巽則尋於東南方，或山林之所，或寺觀之傍，或菜蔬之園，或舟車之間，或木器之內。坎則尋於北方，多藏於水邊，或渠井溝溪之處，或酒醋之邊，或魚鹽之地。離則尋於南方，或庖廚之間，或爐之傍，或在明窗，或遺虛室，或在文書之側，或在煙火之地。艮在東北方尋之，或山林之內，或近路邊，或岩石邊，或藏土穴內。兌則尋於西方，或居澤畔，或敗垣破壁之內，或廢井缺沼之中。

『疾病占第十六』

凡占疾病，以體爲病人，用爲病症。體卦宜旺不宜衰，體宜逢生，不宜見剋。用宜生體，不宜剋體，是故體剋用，病易安。體生用，病難愈。體剋用者，勿藥有喜。用剋體者，雖藥無功。若體逢剋而乘旺，猶爲庶幾。體遇剋而更衰，斷無存日。

欲知凶中有救，生體之卦存焉。體生用者，遷延難好。用生體者，即愈。體用比和，疾病可安，若究和平之日，主體之卦決之。若詳危厄之期，剋體之卦定之。若論醫藥之屬，當審生體之卦，如離卦生體，宜服熱藥。坎卦生體，宜服冷藥。如艮溫補。乾兌涼藥是也。

又有信鬼神之說，是非易道，然不可謂之不該。姑以理推之。如卦有剋體者，即可測其鬼神。

乾卦剋體，主有西北方之神，或兵力之鬼。或天行時氣，或稱正之邪神。

坤則西南之神，或曠野之鬼。或連親之鬼，或水土里社之神，或犯方隅，或無主之祟。

震則東方之神，或木下之神，或妖怪百端。或影響時見巽，則東南之鬼，或自縊戕生，或枷鎖致命。

坎則北方之鬼，或水傍之神，或沒溺而亡，或血疾之鬼。

離則南方之鬼，或猛勇之神，或犯灶司，或得愆於香火，或焚燒之鬼。或遇熱病而亡。

艮則東北之神，或是山林之祟，或田魈木客，或土怪石精。兌則西方之神，或陣亡之鬼，或廢疾之鬼，或刎頸戕生之鬼。

卦中無剋體之卦者，不必論之又問。乾上坤下，占病如何斷？堯夫曰：乾上坤下第一爻動，便是生體之義，變爲震木互見，巽艮俱是生成之義。是謂不滅。逢生之日即愈。又曰第二爻動如何曰：是變爲坎水，乃泄體敗金之義。金入水鄉，互見巽離，乃爲風水扇爐。俱爲剋體之義。更看占時外應如何。即爲焚戶之象。斷之死無疑矣。

以春夏秋冬四季推之。更見詳理。又曰：第三爻動。坤變艮土，俱在生體之義。不問互卦，亦斷其吉無疑。又曰：第四爻動，乾變巽木金木，俱有剋體之義，互吉亦凶。木有扛戶之義，金爲磚碡之推，是理必定之推，是理戶必定之理。又曰：第五爻動，乾變離，反能生體，互變俱生體，是其吉無疑。更有吉兆則愈吉。凶則遲而忍死其斷明矣。又曰：第六爻動，乾變兌，則能泄體，互見巽艮，一凶一吉。其病非死必危，亦宜看兆吉凶。吉則言吉，凶則言凶。此斷甚明。餘卦皆倣此斷。則心易無不驗矣。

『官訟占第十七』

占官訟以體爲主，用爲對辭之人，與官訟之應。體卦宜旺，用卦宜衰。體卦用生，不宜生用，用宜生體，不宜剋體，是故體剋用者，已勝人用剋體用者，已勝人用剋體者。人勝已體生用，非爲失理，或因官有喪所。用生體，不止得理，或因訟有所得。體用比和，官訟最吉，非但扶持之力，必有主和之義。

『墳墓占第十八』

占墳墓以體爲主，用爲墳墓。體剋用，葬之吉。用剋體，葬之凶。體生用，葬之主令退。用生體，葬之主興隆，有蔭益後嗣。體用比和，乃爲吉地，大宜安葬，或之吉昌。

一心十法界

第十三講 陰陽五行基本公式使用導讀介紹

【導讀介紹】

以下所列出的一些五行和天干（甲、乙、丙、、、）、地支（子、丑、寅、、、）間的生、剋、會、合等關係，相信各位學員、讀者，在許多的命理書籍中一定都會看得到，可能只是簡單的寫著幾頁，但是這其中的學問卻是大的令人難以想像，不過可惜的是，卻是很少有書籍，以筆者這樣的心態來解釋說明它們的重要性！

如同前面筆者的講解一般，陰陽五行在命理推算中的重要性，那要如何來表達「某一種五行」的「旺衰度」，此時就有需要一些「計算」的規則或是公式，來讓我們使用計算，因此爲何中國的命理文化，會稱做爲「算命」呢？這其中的源由就是在這裡的！

因此以下的這一些運算規則，幾乎都是關係五行旺衰的「計算公式」，此時可不要又忽略幾個重要關係的運算元素，就是在表達「時間」的天干、地支；以及「人與人」、「人與時間」、「人與方位風水」等關係，幾乎都是在五行旺衰的運算範圍之中。

天干五行：甲、乙、丙、丁、戊、己、庚、辛、壬、癸

地支五行：子、丑、寅、卯、辰、巳、午、未、申、酉、戌、亥

天干五行：

甲	丙	戊	庚	壬	爲陽	（＋）
木	火	土	金	水		
乙	丁	己	辛	癸	爲陰	（－）
木	火	土	金	水		

地支五行：

子	寅	辰	午	申	戌	爲陽	（＋）
水	木	土	火	金	土		
丑	卯	巳	未	酉	亥	爲陰	（－）
土	木	火	土	金	水		

註：於十二地支中，土計有四個，有二個爲陽土辰、戌，二個陰土丑、未。

【相生相剋】

一、五行相生：木生火，火生土，土生金，金生水，水生木

二、五行相剋：木剋土，土剋水，水剋火，火剋金，金剋木

『批註說明』

這是最基本的五行旺衰運算規則。

例如：卦爻中的用神是「妻財、寅木」，卜卦日辰是「亥水」，卜卦月建是「卯木」，動爻又是「子孫、子水」。所以日、月、動爻都是來比合、相生用神「財爻」，當然錢財的五行屬於旺相，求取錢財可說是圓滿如意、富貴盈門了！

在五行生剋中，最需要注意的一個很重要的運算規則，叫做「貪生忘剋」或是「先生後剋」，這就好像是數學中的「先加減、後乘除」的道理一樣！

【會、合、刑、沖】

一、天干五行化合（五合）：甲己合土，乙庚合金，丙辛合水，丁壬合木，戊癸合火。

二、地支五行化合（六合）：子丑合土，寅亥合木，卯戌合火，辰酉合金，巳申合水，午未不化。

三、地支三會：寅卯辰會木，巳午未會火，申酉戌會金，亥子丑會水。

四、地支三合：寅午戌合火，申子辰合水，亥卯未合木，巳酉丑合金，辰、戌、丑、未合為土。

五、地支六沖：子午沖，丑未沖，寅申沖，卯酉沖，辰戌沖，巳亥沖。

六、地支雙刑：寅刑巳，巳刑申，申刑寅。（又稱爲：無恩之刑）

丑刑戌，戌刑未，未刑丑。（又稱爲：持勢之刑）

子刑卯，卯刑午，午刑子。（又稱爲：無禮之刑）

七、地支自刑：辰刑辰，午刑午，酉刑酉，亥刑亥。

八、地支三刑：寅、申、巳全見，或丑、未、戌全見，稱爲三刑齊全。凡命局、大運與流年中，有見到三刑齊全者，必有刑傷剋害的事情發生。

九、地支相害（六害）：子未相害，丑未相害，寅巳相害，卯辰相害，申亥相害，酉戌相害。

『批註說明』

「會、合、刑、沖」是比五行的相生相剋，更進一步來運算五行旺衰的規則公式。

「五合」：有拌住、抓住的意思。所以「合」會產生吉或凶的變化，要看被合住的是喜神還是忌神。

「合」又有另一種稱爲「化合」的作用，就是起化學變化，兩種五行加在一起變成了「另一種」五行了，不過這需要有很強的配合條件才會來產生，一般都是以「合住」的觀念來運用。

「沖」：有趕、壓、殺的意思。因此跟「合」的情形一樣，會產生吉或凶的變化，要看被沖的是喜神還是忌神。通常如果遇到用神「伏藏」，就很需要日辰、月建或是動爻來「沖」了。

「三會」：又有三會和半三會的用法，會使某一五行產生相當大的力量。

例如：八字四柱中，年：甲寅、月：己卯、日：庚辰、時：辛亥。此時很明顯「寅、卯、辰」同時出現，就稱爲「三會爲木」此時命局中的「木氣」就會很旺、超強的。

「三合」：又有三合和半三合的用法，與三會一樣的情形，會使某一五行產生相當大的力量。只是與三會不同的是，三合幾乎是由三種不同的五行配在一起，因而產生「化合」強化其中一種五行的運算關係。

「刑和害」：一般在八字命理中較常有用到，在卦象六爻中很少使用，讀者可以稍加瞭解就可以了。

「十二地支的會、合、刑、沖在十二宮圖的互動關係」

一、六合：以圓來相對。

二、三會：以正為中，左右來相輔。

三、三合：隔三為合。

四、六沖：相互對角為沖。

五、自刑沖：辰、午、卯、酉。

『批註說明』

黃道十二宮圖是將十二地支所代表的各種，關於五行、月份、生肖、節氣、、、等，以表格圖表的方式整理出來，其實只是要幫助我們來記憶，的一種好方法，當然也可以更加一步地應用在「會、合、刑、沖」的運算關係上，以圖表的方式來熟悉這樣的運算。

【爻象地支與日辰神煞】

一、貴人方：（歌訣）甲戊庚午羊，乙己鼠猴鄉，丙丁豬雞位，壬癸兔蛇藏，六辛逢虎馬，此是貴人方。

日辰天干	甲	乙	丙	丁	戊	己	庚	辛	壬	癸
天乙貴人	丑未	子申	酉亥	酉亥	丑未	子申	丑未	寅午	卯巳	卯巳

二、驛馬：寅午戌馬在申，申子辰馬在寅，亥卯未馬在巳，巳酉丑馬在亥。

三、官祿：由日辰天干來查出卦象六爻的官祿星宿：

甲日祿在寅、乙日祿在卯、丙戊日祿在巳、丁己日祿在午、庚日祿在申、辛日祿在酉、壬日祿在亥、癸日祿在子。

『批註說明』

神煞星的使用，是在中國命理學中很「平民化」的一大特色，畢竟在以前一般民間教育不普及的時代裡，要以陰陽五行旺衰，如此複雜的學問來演述說明，一個人運勢的吉凶好壞，並不是很容易的一件事情，所以才會改換以另一種較口白、易懂的「神煞星」來說明，甚至發展出另外一套，專門以神煞星來批論吉凶的「紫薇斗數」來。

其實以陰陽五行的角度來批論，才是整個命理運勢旺衰的重要點，神煞星應只是一個「參考性」的輔助判斷而已，千萬不要過於著迷於神煞星之中。

【十二長生運】

十二運	甲	乙	丙	丁	戊	己	庚	辛	壬	癸
養	戌	未	丑	戌	丑	戌	辰	丑	未	辰
胎	酉	申	子	亥	子	亥	卯	寅	午	巳
絕	申	酉	亥	子	亥	子	寅	卯	巳	午
墓	未	戌	戌	丑	戌	丑	丑	辰	辰	未
死	午	亥	酉	寅	酉	寅	子	巳	卯	申
病	巳	子	申	卯	申	卯	亥	午	寅	酉
衰	辰	丑	未	辰	未	辰	戌	未	丑	戌
帝旺	卯	寅	午	巳	午	巳	酉	申	子	亥
臨官	寅	卯	巳	午	巳	午	申	酉	亥	子
冠帶	丑	辰	辰	未	辰	未	未	戌	戌	丑
沐浴	子	巳	卯	申	卯	申	午	亥	酉	寅
長生	亥	午	寅	酉	寅	酉	巳	子	申	卯

『批註說明』

十二運是由卜卦的那天「日辰」的天干，來對照所卜出卦象六爻的地支所查出。而在四柱八字中，則是由「出生日干」，來對照其他年、月、時三柱的「地支」，所查出來的十二氣運，同樣也是藉由十二氣運的觀察，更加進一步來推算五行的旺衰變化。

一、臨官也稱爲建祿、日（官）祿。

二、由日辰天干來查出卦象六爻的官祿星宿：

甲日祿在寅、乙日祿在卯、丙戊日祿在巳、丁己日祿在午、庚日祿在申、辛日祿在酉、壬日祿在亥、癸日祿在子。

三、十二長生運的帝旺就是羊刃，沐浴也稱爲桃花。

四、卦象六爻中，臨官也是伏吟，養爲洩氣之象。

【黃道十二宮表圖】

巳火（6），四月（蛇），小滿、利夏『正、生』	【南方】午火（7），五月（馬），芒種、夏至『敗』	未土（8），六月（羊），小暑、大暑『墓』	【西方】申金（9），七月（猴），處暑、立秋『正、生』
辰土（5），三月（龍），谷雨、清明『墓』			酉金（10），八月（雞），白露、秋分『敗』
卯木（4），二月（兔），京宜、春分『敗』			戌土（11），九月（狗），含露、霜降『墓』
【東方】，寅木（3），正月（虎）雨水、立春『正、生』	丑土（2），十二月（牛），小寒、大寒『墓』	【北方】子水（1），十一月（鼠），大雪、冬至『敗』	亥水（12），十月（豬），立冬、小雪『正、生』

【六十甲子和空亡】

所謂「六十甲子」是由十天干及十二地支依，陽干配陽支、陰干配因支，循環配合而成。即甲配子，乙配丑，丙配寅，直到癸配亥爲止，共計六十組，是爲六十甲子。其順序如下：

※甲子。乙丑。丙寅。丁卯。戊辰。己巳。庚午。辛未。壬申。癸酉。稱爲「甲子旬」。

此旬未配到的爲「戌、亥」則稱爲此旬的「空亡」。

※甲戌。乙亥。丙子。丁丑。戊寅。己卯。庚辰。辛巳。壬午。癸未。稱爲「甲戌旬」。

此旬未配到的爲「申、酉」則稱爲此旬的「空亡」。

※甲申。乙酉。丙戌。丁亥。戊子。己丑。庚寅。辛卯。壬辰。癸巳。稱爲「甲申旬」。

此旬未配到的爲「午、未」則稱爲此旬的「空亡」。

※甲午。乙未。丙申。丁酉。戊戌。己亥。庚子。辛丑。壬寅。癸卯。稱爲「甲午旬」。

此旬未配到的爲「辰、巳」則稱爲此旬的「空亡」。

※甲辰。乙巳。丙午。丁未。戊申。己酉。庚戌。辛亥。壬干。癸丑。稱爲「甲辰旬」。

此旬未配到的爲「寅、卯」則稱爲此旬的「空亡」。

※甲寅。乙卯。丙辰。丁巳。戊午。己未。庚申。辛酉。壬戌。癸亥。稱爲「甲寅旬」。

此旬未配到的爲「子、丑」則稱爲此旬的「空亡」。

『批註說明』

六十甲子，是以前古人以天干和地支，來計算記載「日期」很重要的一個書寫方法，只是現代的我們已經習慣於使用「阿拉伯數字」，來書寫記載日期，所以才會對這個「六十甲子」這麼樣的陌生，只是中國整個命理文化系統中，對於日期的演算非常的重要，例如推算「大運」、「流年」，都與這個「六十甲子」有關，所以多少還是要來試著多習慣適應一下吧！

六十甲子中又衍生出一個很重要的五行「運用」，就是『空亡』，是表示暫時不在，或是落空沒有的意思。

通常每一旬的空亡會有兩個「地支」，而這兩個地支逢到空亡的時間爲「十天」，因爲每一旬只有十天，所以當這個「十天」過去時，就稱爲「出空」。

因此，在卦象六爻中，如果並巧「用神」逢到空亡就稱爲「避空」，暫時不受忌神的剋害，但是只要十天一過，出空時仍然還是受到忌神的剋傷的。

【六十花甲子納音歌】

甲子乙丑海中金、丙寅丁卯爐中火、戊辰己巳大林木、庚午辛未路傍土、壬申癸酉劍鋒金。

甲戌乙亥山頭火、丙子丁丑澗下水、戊寅己卯城頭土、庚辰辛巳白蠟金、壬午癸未楊柳木。

甲申乙酉泉中水、丙戌丁亥屋上土、戊子己丑霹靂火、庚寅辛卯松柏木、壬辰癸巳長流水。

甲午乙未沙中金、丙申丁酉山下火、戊戌己亥平地木、庚子辛丑壁上土、壬寅癸卯金泊金。

甲辰乙巳覆燈火、丙午丁未天河水、戊申己酉大澤土、庚戌辛亥釵釧金、壬子癸丑桑拓木。

甲寅乙卯大溪水、丙辰丁巳沙中土、戊午己未天上火、庚申辛酉石榴木、壬戌癸亥大海水。

『批註說明』

天干、地支之中是一定有包含著陰陽五行的，只是天干和地支都各有一個五行，有時在推算上非常麻煩，所以此時就又產生另一個簡便系統，叫做「納音五行」。就是把兩個干支五行合併起來另外取出一個新的五行來，如此不就簡單多了嗎？像四柱八字中的八個五行，一下子就只變成了四個了！

只是筆者以爲這好像是一個「偷懶」、「取巧」的方法，因爲如此不就減損了五行推算的「精確度」了！而喪失了原本陰陽五行，最讓人爲傲的精準推算精神，所以筆者通常都是不以「納音五行」，來做五行旺衰的論命判斷的！

【藏干的概念】

那說到這個藏干的概念，主要是說「地支」所含的五行磁場磁性，並不是那麼的「純正、單純」，也就是說每一個地支中，可能是由一個或二個、三個的「天干」的五行來組成的！

例如：「丑」的五行，一般說是屬「土」氣的磁場、磁性。

但是正確的說法應該是，在「丑」中的五行磁場是由：天干中的「己、癸、辛」三種五行所組合而成的。

而其中又有分爲強、中、弱，稱爲：「己土爲本氣，癸水爲中氣，辛金爲餘氣」。

這種藏干的用法在八字中，是表示一個人四柱命局中會有隱性的磁場性格潛藏著，而不是那麼單純的看到「己土」，就以爲只有土氣的磁性而已！

只是這對初學者而言並不是很重要，還是以最強的本氣爲重，先不要去管其他的中氣和餘氣的五行，通常有些電腦列印的命盤，會將四柱下面地支的藏干都列印出來，筆者強烈建議還是看第一個五行本氣就好，不要再去看第二個跟第三個五行和星宿，免得給自己帶來不必要的學習困擾！

下面爲地支藏干表：（註：第一個爲本氣，第二爲中氣，第三爲餘氣。八字的四柱命盤請看第一個最強主要的「本氣」就可以，其餘請先忽略不看！）

（地支的五行，是由一到三個的天干五行所來組成的，如下表：）

子水：藏干　癸水。

丑土：藏干　己土、癸水、辛金。

寅木：藏干甲木、丙火、戊土。

卯木：藏干乙木。

辰土：藏干戊土、乙木、癸水。

巳火：藏干丙火、戊土、庚金。

午火：藏干丁火、己土。

未土：藏干己土、乙木、丁火。

申金：藏干庚金、戊土、壬水。

酉金：藏干辛金。

戌土：藏干戊土、辛金、丁火。

亥水：藏干壬水、甲木。

【節氣的概念】

※十二月建及二十四節氣※

既然易經八字都是以干支來作爲運算的基本字母，所以相對的就會將年、月、日、時都會以「干支」的方式來書寫表示的了！

而這其中月份的區分表示還加上了「節氣」的概念，其實這是天文學上很偉大的發現，因爲我們現代天文學直到十八、九世紀，才知道原來地球繞太陽公轉一週雖然需要三百六十五天，但並不是那樣的精準，它每一年都會有一些時間上的偏差，所以在累積了許多的偏差值，還是會產生很大的誤差，所以在農民曆上的算法，就不是以「天數」來計算，而是以「時辰」來計算地球一年的運轉時間。

將「時辰」的累積，就成爲「節」和「氣」了，所以一個月中有一個「節」和一個「氣」，而月份與月份間的交接，就不是以月底、月初來作爲切換的標準，而是以「節」的所在日子時辰，來作爲月份的交接標準，所以有可能某月是在初六日的午時，才交換爲下一個月份的。

一年的節氣表如下：

正月（端月）	寅木	節：立春。	氣：雨水。
二月（花月）	卯木	節：驚蟄。	氣：春分。
三月（桐月）	辰土	節：清明。	氣：谷雨。
四月（梅月）	巳火	節：力夏。	氣：小滿。
五月（蒲月）	午火	節：芒種。	氣：夏至。
六月（荔月）	未土	節：小暑。	氣：大暑。
七月（瓜月）	申金	節：立秋。	氣：處暑。
八月（桂月）	酉金	節：白露。	氣：秋分。
九月（菊月）	戌土	節：寒露。	氣：霜降。

十月（楊月） 亥水 節：立冬。氣：小雪。

十一月（葭月） 子水 節：大雪。氣：冬至。

十二月（臘月） 丑土 節：小寒。氣：大寒。

第十四講　基本名詞介紹說明

【導讀說明】

以下所列出來的基本名詞說明，目前在本講義的「周易經傳」中，幾乎都是用不到東西，大部分是在中高階晉級講義課程中，當在演算陰陽五行與卦象六爻六親時，就會來用上的了，所以在此只是先來給學員讀者，先來作個預習的暖身運動，事先瞭解在下一個階段，會接觸到怎樣的學問，會有怎樣的新名詞來出現，也有可能若是將這一些名詞都給熟悉瞭解了，在下一個課程裡，保證將會學的更加輕鬆愉快的！

【名詞介紹解說】

*陰陽：天下宇宙萬物，都是由兩性所生成演化而來，但是其中也另外意味著，陰中有陽、陽中有陰，善中有惡、惡中有善，一切都是在「相對性」的變化中，所以「物極必反」、「陰反陽、陽變陰」。

*天干：相傳由黃帝所創制的，用來運算和代表五行的十個文字符號。爲甲、乙、丙、丁、戊、己、庚、辛、壬、癸。

*地支：傳由黃帝所創制的，用來運算和代表五行的十卯、辰、巳、午、未、申、酉、戌、亥。

＊五行：代表陰陽磁場、磁性變化的五種「磁場」類別。稱爲木、火、土、金、水。天下萬物包含人物、時間、方位，以及各種東西如水晶、金飾、、等，都有著其特定的五行磁性。

＊五行相生：五類磁性的運算規則，木生火，火生土，土生金，金生水，水生木。

＊五行相剋：五類磁性的運算規則，木剋土，土剋水，水剋火，火剋金，金剋木。

＊陰陽五行：將五個五行，又分爲陰陽兩類所以又衍生出共十個五行磁性來。

＊貪生忘剋：五行的運算規則，比相生剋更進一步的運算公式。

＊會合刑沖：五行的運算規則，比相生剋更進一步的運算公式。

＊六親：由人與人之間的互動關係，而來衍生運用所產生的專用「代名詞」，爲六親『我（命主）和父母、兄弟、子孫、官鬼（先生、長官）、妻財（妻子、錢財）』。

＊世：在卦爻中用來表示「自己」目前的氣運。

＊應：在卦爻中用來表示「所卜求的事情」或是「對方、對應事情」目前的氣運。

＊用神：1、在卦爻中表示所要卜求的重點事情。以「六親」來表示，如妻財、官鬼、、等。

2、在八字命理中，是表示對本命元神有幫助的那個「五行、星宿」。

＊原神：是來生「用神」的五行。

＊忌神：是來剋「用神」的五行。

＊仇神：是來生「忌神」的五行。

＊閒神：是消洩「用神」的五行。

＊用神旺衰：在卦爻中有四大影響條件：日辰、月建、動爻、變爻。能來生、和用神，即稱爲旺相；來剋洩用神，即稱爲衰相。

＊十二長生運：另一個推算用神五行旺衰的影響因素，如長生、帝旺、死、墓、絕等。

＊月建：爲卜卦的月份。若是用神的五行，被月建的五行所沖、所剋，就稱爲月破。

＊日辰：爲卜卦的日子。若是用神的五行，被日辰的五行所沖、所剋，就稱爲日破。

＊六獸：表示六種神煞吉凶的代表。稱爲青龍、朱雀、螣蛇、勾陳、白虎、玄武。在卦爻、陽宅風水中常運用到。

＊六合：五行「地支」運算公式之一。在卦爻中有日月合、爻與爻合、動爻、變爻化合等。

＊三合：五行「地支」運算公式之一。在卦爻中有三個動爻合、兩個動爻合、動爻與變爻合、用神與日月合。

＊六沖：五行「地支」運算公式之一。在卦爻中有日月沖爻、卦逢六沖、六合變六沖、六沖變六沖、動變爻相沖、爻與爻沖。

＊三刑：五行「地支」運算公式之一。在卦爻中有用、日、月、動，寅、申、巳全見，或丑、未、戌全見，稱爲三刑齊全。

＊暗動：用神沒有逢到動爻，但是被日、月所生很旺，即稱爲暗動。

＊伏神：一卦象六爻中的「六親」若有缺失者，又剛好是我們所要卜求的六親用神，所缺的六親即稱爲「伏神」。表示隱藏、失落、不明的跡象。

＊伏神變出：若是成卦中不見用神爲伏藏，但是變卦中的變爻，有見到用神即以變爻來取用神，稱爲伏神變出。

＊飛神：看上述所要卜求的伏神，伏藏在哪一爻六親之下，就稱爲飛神。

＊飛來生伏：飛神的五行來生伏神五行，稱爲伏神暗旺。

＊伏去生飛：伏神的五行去生飛神的五行，稱爲伏神洩氣、衰相。

＊飛來剋伏：飛神的五行來剋殺伏神五行，稱爲伏神衰相難起。

＊伏來剋飛：伏神的五行去剋殺飛神的五行，稱爲伏神出暴。

＊伏神入墓：飛神的地支爲（辰、戌、丑、未），剛好是伏神的墓庫，即稱爲伏神入墓無氣。

＊伏絕於飛：飛神的地支，剛好是伏神的剋絕之相，即稱爲伏神絕於飛，衰相無氣。

＊伏下長生：飛神的地支，剛好是伏神的長生之相，即稱爲伏下長生暗旺，遇到助力、相生即出吉相。

＊反伏：卦象中動、變爻的五行相沖、相剋，稱爲反吟。
＊伏吟：卦象中動、變爻的五行一樣，稱爲伏吟。
＊旬空：用神剛好逢到日辰所算出的空亡，即稱爲旬空。
＊六沖卦：即一卦象中，內卦的一、二、三爻，與外卦的四、五、六爻的地支五行都是互相沖、剋，即稱爲六沖卦。如八個純卦乾爲天等都是。
＊回頭剋：一卦象中的動爻的五行，被變爻的五行所剋，即稱爲回頭剋。
＊歸魂卦：特殊的卦象，八個卦宮中各有一個，表示心神、靈識有受到亡靈的干擾影響，卜求健康要特別注意。
＊遊魂卦：類似同歸魂卦，特殊的卦象，八個卦宮中各有一個，表示心神、靈識有受到亡靈的干擾影響，卜求健康要特別注意。
＊進神：一卦象中的動爻的五行，與變爻的五行，如爲申金變酉金，爲進步之象，所以稱爲進神。
＊退神：一卦象中的動爻的五行，與變爻的五行，如爲酉金變申金，爲退步之象，所以稱爲退神。
＊隨鬼入墓：一卦象中的用神剛好逢到官鬼爻動爻，又見到變爻是（辰、戌、丑、未）土象墓庫，若卜健康、運勢主大凶象。
＊獨發：一卦象中只有一個動爻，表示事情最主要根因所在，稱爲獨發。

*獨靜：一卦象中其中有五個動爻，只有一個靜爻，也是表示事情主要一個關鍵點所在，稱爲獨靜。

*用神兩現：在卦象中內、外卦都有出現所要卜求的用神，一般先取用有逢到動爻或是動卦的用神，若是都有逢動爻，則取用在「世」的那個用神。

*神煞星：在卦象中一般神煞星，只參考貴人、祿神、驛馬、天喜四個。

*出空：所卜求的用神剛好逢到日辰的空亡，但是待十日的空亡旬一過，即稱爲出空。若是用神以被日、月、動所生旺相，一出空即可得遂所求。若是被剋，一出空即會遇到凶相。

*暗沖：卦象中六爻都靜止沒有動爻，而卦中的某一爻相被日、月所沖，即稱爲暗沖。

*合中逢沖：若用神被日、月、動、變爻所「合住」，此時須待他日或他月的日辰、月建來沖，才能解開被合住的現象。

附錄一　四明居士簡介和學佛改運心得分享

*俗家姓名：黃仕銘 法號「四明」。台中大甲出生。

*俗家經歷：大學資訊，建築，企管經理人研究班，外銷電機公司總經理，室內建築設計公司負責人，保險經紀公司主管。

【求道經驗】

*七十年，機緣偶遇「少林寺」俗家師父「青雲師父」傳習「易經」，建立了易經、八字、五行、風水等學理基礎。

*七四至八十年，因家中有開設外銷電器工廠，而忙於公司業務和成家立業，偶而求訪諸家名師，習練道法和五行術數，但並未專心於修行習道上。

*八十年，自行創業至台中市開設建築設計公司，並代理行銷國外廚衛精品。

*八二年，另於大甲外埔「王工文」老師處，繼續研習易經課程，再次精進。

*八四年，家庭婚姻突生巨變，與妻子離異，台中建築設計公司亦結束營業。人生頓時陷入窮苦負債的艱難地步，本想於台南甲仙「六化寺」剃度出家，那晚卻因一段慈悲因緣，而被女鬼幽魂附身，那時得「地藏王菩薩」來顯化指示：俗緣未了，需入世行渡化之便！以致未出家又回至台中，開始正式皈依入佛門，研習「金剛經」、「心經」，並受傳「觀音法門」、「準提法門」等佛法法門的修持。

＊八五年，從佛光山「星雲上人」受菩薩戒，並謹遵「觀音菩薩」的法旨指示，發願弘揚佛法和易學，開始免費在各地教習「易經、八字」與「佛法」，由三義、銅鑼、苗栗、台北等地，四處開班授課，學員幾近二千員以上，其中劉師兄、李師兄、張師姐、徐師姐等多位學員師兄姐，皆已經學有所成各自開館來爲眾生服務，本人亦隨時於各地禪寺、佛堂，爲人免費解惑指點迷津，引渡亡靈、解惌化厄。

＊八七年，於在眾多學員的支持要求下，在三義鄉成立「易學佛堂」，有了固定的場所來上課及爲眾生服務。

＊九十年十月，又在「觀音菩薩」的顯化指示下，要本人接管三義鄉的「玉倫宮」，並將其改建爲佛寺，來供奉「西方三聖、觀音菩薩、地藏王菩薩」，以來護持三寶、弘揚佛法、普渡更多眾生。

＊九十年，十二月「玉倫禪寺」改建完成，並於九一年三月恭請「如恒法師」晉山，擔任佛寺住持。九一年十月網站也正式成立，提供詳細完整的易經、八字教學資料，另設有免費的卜卦網頁，來服務網友。

＊九二年，四月至七月於「觀音法門」準提觀音菩薩的「準提法」閉關修持圓滿後，遂將近十年來的講義著作集結成書，預計出版書籍有：

易經入門初階講義、易經中階晉級講義、易經中高階晉級講義、八字好好玩，由星座來看八字　入門初階講義、命由業造八字中階晉級講義、真正改運的實務經驗心得（深入了凡四訓和準提法）、「佛門占卜專書」佛門照妖鏡（淺談「占察善惡業報經」）。

＊九三年，二月於台中市設立「易學佛堂」台中講堂，發願弘揚教化地藏法門「占察善惡業報經」之「木輪相法」，並於研修「占察木輪相法」後，得「地藏王菩薩」開示並賜法號「四明」。

【一位易經老師，初入佛門的學佛心得及改運的心路歷程〈二〉】

【再序感言】

九二年十二月「易經入門初階講義」正式出版發行後，有許多的讀者來函或來電話，一方面是肯定筆者對於這本講義，在「易經」學術教授傳承上，做了簡單又有系統的整理，給許多有心想學習「易經」的讀者學員，提供了很好的學習教材，讓「易經」的學習變的輕鬆多了，相對的也是肯定筆者這一番的心願和努力。

另一方面也有更多的師兄、姐，反倒是對於筆者如何在面對生活、事業、家庭、婚姻的困境中，能在佛法的修持幫助下，又重新的改變了自己的業障、壞運，而在二、三年內找到了另一個新的生活方向，並且也在佛學的領域中，有了更深一層次的領悟，這也是令筆者所意想不到迴響，所以基於心得的分享來傳揚善知識心願，也在眾多師兄姐的鼓勵下，而繼續將筆者這十餘年來在學佛、改運上的心路歷程，慢慢有緣來與諸位學員讀者分享。

＊想成功，能力不是第一！有福報才是！

＊「努力學習、十項全能」＊

這一句話，對於二十來歲剛要創業的年輕人來說，或許是很殘酷、不能接受的說法，但是以筆者二十幾年來的親身體驗，和許多過來人的經歷中，的確是很真實、殘酷的在發生中，也希望能藉此一生命歷程的分享，給一些有緣人帶來些許共鳴和領悟吧！

如果以筆者的成長過程來講，的確稱的上是「年少有爲、少年老成」，或是也可以稱爲「小時了了、大必未佳」吧！因爲從十歲起，家中開始創設了電機、電器工廠，所以筆者也就很自然的，成爲台灣經濟奇蹟中的第一波小童工了。

而且再加上筆者從小讀書學習反應都很快，不但在學校的成績都在前三名，甚至對於工廠中的各種機具、製造模具的熟悉，也都是非常的快速，理所當然的就成爲工廠管理中的好幫手，印象中從小到大的生活，除了學校就是工廠了。

也因爲如此，不但公司工廠的業務越來越大，在父親有計畫的培植下，筆者所學的東西專長也越來越多，從基本的電機、電器、馬達的組裝維修，到倉管、採購、生管生產線的規劃，甚至品管CNS的學習，和整廠CIS品管制度的建立，幾乎都是在十八、九歲時，就已經是很熟悉的專業技能了。

上了大學更是努力的從資訊和國貿學習起，記得那時候年輕的心態，就是非得把以後公司所要用到學問，給通通學起來才會罷休。尤其是當兵時，第一年又當起了文書，更是又將另一種對於整個文書、文件、資料作業的管理系統，給紮實的訓練了一回。

當兵的第二年，又給部隊送去了受無線電兵訓練，將報務電訊以及通訊器材儀器，都給學的精通才回來。

所以說退伍後，筆者幾乎根本就是「十項全能」了，整個公司工廠的運作，在短短的半年內就有了很大改變，那一年的訂單就已經突破了往年的三倍。筆者還利用假日時間，參加了企研所和國貿英文的進修，像個「有爲奮發」的青年般，非得在今生做個大事業不可。

公司的整個運作，從國外客戶直接接L／C訂單，到生管、倉管、品管、出貨、，沒有一項筆者不親自參與熟悉的，工廠也朝電腦化管理提升轉變中，在台北的世貿大樓裡，也設立了分公司，所有種種的一切都是按照規劃中的安排，一步一步邁向筆者的事業夢想中！

＊「今生命中的大債主！」＊

不過別傻了？有許多事情根本就是絕非人可以來掌控的，不要說是外在「無常」的環境或是人，甚至連「自己」你想要掌控住，都是很難的一件事，所以爲什麼前幾年的EQ情緒管理，會這麼的受到歡迎和認同呢？

在公司四、五年下來，各位會認爲是是都很順利嗎？真是想的太天真了？＊&%$、、、我是說筆者當時的心態啦！當然會有很多的困難和衝突的，這其中最大的衝突，就是我這個小老闆和大老闆間的衝突，始終沒有停止過，這個大老闆真的算得上是我的「冤親債主」！筆者的個性有點積極、好學習，但也很固執、講信用、對事情不馬虎，也不喜歡喝酒、應酬、說廢話，偏偏這個大老闆就是喜歡亂說話、給承諾、不守信用、愛應酬喝酒，反正做生意後面的那一套，他都非常的熟練。

就在幾次大老闆私自偷工減料、亂改交貨船期、挪用公司資金炒股票、、、，在數次吵架協調不成後，筆者憤然離開了相處近十年的「自家公司」，而到另一家原是客戶的貿易公司上班。各位讀者你會認為筆者為何忍不下這一口氣，太衝動了嗎？還是以為這也沒什麼嘛！現在說來輕鬆，但當時可是又苦、又難過、又憤怒、又心碎、、、！一個有為青年的偉大夢想幾乎碎了一大半！沒關係，此處不留人、自有留人處！天涯海角任我去打拼！

＊「重新思考、規劃人生！」＊

其實筆者在當時真的很嚴肅、很慎重的來思考一件事情，就是該如何地來規劃屬於我自己的未來事業和人生！因為從青少年到青年近十年來，筆者都很天真單純的順從家裡的教導，所學的都是對未來家裡公司有利的專長，而完全忽略了屬於「自己」的興趣。但是自己的興趣又是什麼呢？其實筆者一直最有興趣的是寫作、設計繪畫和心理學，只是在當時的環境下，男生去學這些東西，會被笑沒志氣，而且更是家裡大人所不允許的。

不過在一番思索之後，筆者決定要重新規劃自己的事業，所以能兼顧賺錢和興趣的，就是設計繪畫的工作，所以在二十七歲時重新發奮努力，將建築設計製圖和建築裝潢工程，在一邊貿易公司上班，一邊晚上、假日上課中，很辛苦艱難地將課程給完成，並且在二十八歲開設個人門市工作室，開始接裝潢建築工程的案件，隔年就在台中市文心路上開設一家建築設計公司，聽說當年筆者所學習引進的，裝潢設計電腦繪圖軟體，還是台中市的第一套呢！

相不相信！這個設計公司的第一、二、三年可是滿賺錢的，但是到了第四年，唉啊！果然很多問題又慢慢的來醞釀發生了！

「業障習性繼續來破壞！」

固執、傲慢、積極學習、要求嚴格、、！一直是筆者很大的優點和缺點，所以公司底下員工的行爲，就開始陽奉陰違了，工程出了問題不往上報、監工時隨意懶散、私下接工程給包商做、或是對客戶數說老闆的是非、、，而且工程上的人員意外特別的多，工程品質的瑕疵也很多，所以設計公司就開始虧本不賺錢啦！

尤其越是不賺錢，就會越往偏處的投資想，果然人在走衰運的時候，真的就是越會被「鬼迷了心竅」！開始到處找「大師」、找「仙姑」、開壇作法、拜財神、補財庫，什麼五鬼運財法、偷福補庫法、通靈借財法、、、，幾乎都去做過、試過了！

結果筆者不但心思越來越偏差，連脾氣也越來越暴躁，生活作息也越來越不正常，甚至連家中的太太、小孩，也常常要遭受我的脾氣和臉色，搞得家裡的生活一團亂。最後在神明的指示下，但卻是所有家人和太太的反對下，筆者很固執的在三義鄉，與朋友做了一筆很大的房地產投資，果不其然地如家人的預期般，損失了好幾百萬元，也因此埋下了與太太的離異，和設計公司結束的禍因。終於在八十四年結束了自行在台中開創的建築設計公司，負債累累的回家潛藏休息。

＊「從了凡四訓和佛陀傳中體悟到佛法的精深和究竟！」＊

在家裡休息的一年中，除了發呆、嘆息、睡覺、閒逛、、無所事事？？！！幸好還利用尚有一點心情的時候，看了幾本書，其中一本就是「了凡四訓」，結果給筆者帶來很大的「震撼」！深刻地體會到什麼叫做「命運掌握在自己手上？」的道理，知道了原來在易經、八字命理之下的宿命人生，還是有著很大的發揮改變空間的，就看自己願不願意去爭取、去努力而已，尤其是對於本身早已經有易經八字基礎的筆者，在原本實在很沮喪於自己很糟糕的「命運」時，好像突然又給自己找到了一線生機。

所以有了這樣的體認後，才開始慢慢的找了一些「佛經」、「佛書」來看，否則筆者以前根本就是不看佛書的，最多就是去廟裡拜拜一下，跟一般的拜拜族沒兩樣的！

剛巧以前有幫小孩買了一套「佛陀傳」的漫畫，就開始給它看了起來，沒想到越看越有趣，知道了這一個「佛陀」不是那麼簡單、單純的，不只是供著高高給我們「拜拜」的神明而已？！！以前都只是大概知道佛祖以前是個「王子」，不想要當國王所以跑出去出家當和尚，後來悟了道而成為「佛祖」。沒想到這其中的故事、情節、理念，不是我們所想的那麼單純的，是有很深的人生道理和生命的意義在裡面的，否則「希達多」在當時也不必冒著那麼大的「罵名」，深夜裡偷偷跑出去出家修行，誰能想像他偷跑出去時，要擔負著多少的罪過嗎？

不當國王、對國家不忠；偷偷出家、對父母不孝、對妻子不情、對小孩不義。這種處境在當時他的掙扎要有多大呢？可是為何最後他還是做出了決定，就是要「出家」來追尋人生真正的意義和根源呢？這樣的心境是不是值得，現在的我們稍微來體會一下呢？

「深刻體會到能力只是第二、福報才是第一重要的！」

就在幾番心境翻騰之下，慢慢地對佛法也有了一點點認識，開始去到一些佛寺裏禮佛拜拜，或是找幾位師父聊一聊，甚至還到了「甲仙」的「六化寺」去掛單拜佛，甚至想要就此在寺院裏出家，從此遠離這一些世俗雜務的煩惱和糾纏，結果因爲發生一件事情，而導致機緣尚未成熟，使得出家的心願不能順利來實行。

其實回想起來那時出家的心情，可能就不是很正確的心態了，畢竟當時是因爲在很難過、傷心、潦倒的情境下，想要躲避、躲開這一些世俗的煩惱，才會沮喪的有這一種「出離心」，根本就不是要透過出家的修行，來深入的學習領悟生命的意義和真理，所以也剛好發生一件機緣，而且有幸得到「地藏王菩薩」來顯示感應告知，需要再回到俗世間來行菩薩道，來教化、度化眾生，所以才沒有來剃度出家。

但是在與寺裏的師父多日相處請示之後，再加上自己對於「了凡四訓」的體悟，終於慢慢知道今後該如何來安排自己的未來了！

回來台中後在菩薩的指示下，沒有再回到台中市重新開立設計建築公司，而是來到一個完全陌生的地方：「苗栗市」！重新開始我的生活和工作，當然這一個時候筆者作了一個非常大的事情，就是學「袁了凡」非常虔誠地發了「心願」，願意來作義工、願意來弘法、願意來教易經、願意來幫助眾生！

因爲筆者此時已經深刻地體會到，想要能夠平安順利的過完這一輩子，不再受到業障因果的煩惱和折磨，或是想要完成心中的一些理想、希望，「能力絕對不是第一、福報才是第一！」因此我必須用我的付出，還換取得到原本不屬於我的幸運和福報。所以從八十四年開始，假日當義工、晚上幫學生上課、平時就幫人卜卦、批八字，每天幾乎要忙到十一、二點才能夠來休息，結果呢？

上天絕對是公平的、佛法是不會騙人的！第三年筆者終於還清了負債，經濟開始非常快速的好轉，日子生活也越過越有意義，工作也是越作越順利、、、，回想起來也真好笑？想當年在不順利的時候，花了多少錢和紅包，到處找老師、神壇、仙姑、、、，來改命、作法、補財庫，甚至連筆者的名字，也在某一位大師的鐵口直斷慫恿下給改掉了、、，當然這些都是是沒有效的！該了錢、該離婚、該公司關門、、通通照樣發生，當初所有的愚昧努力，還不如這幾年腳踏實地的付出，來的有效而且又紮實。

所以就筆者的慘痛經驗來看，每一個人都是想要使自己，能過的更好更順利的，許多人也都是在花許多時間和金錢，很努力地想要使自己變的更好！只是可惜的是「方法」都用錯了！尤其是會受到許多民間神壇和「某些大師」的誤導，而白白浪費了許多的金錢和精神，這一些都是筆者曾經遭遇過的悽慘經驗，所以現在筆者對於這一些「江湖術士」都是非常的痛恨和不屑！也希望能藉著筆者的經驗和心得，使一些想要改運有心的讀者，能盡快找到正確的方向和方法。

【學佛心得分享】

問：老師一直提到說：「易經是來和神明菩薩請示溝通的文字語法！」哪為何在許多的易經書籍中並沒有提到這樣的看法呢？

其實在許多易經的書中，在教如何卜卦時，大都會提到要如何的來迎請「文王、鬼谷子、歷代聖賢、監卦童子、、等」許多莫明的人名，以老師的見解來說這是不對，畢竟聖人與神明、菩薩還是有一段差異的，若是在殷商上古時代哪有這一些人呢？只有至高無上的「天」而已，而這一些歷代的聖賢，充其量只是將易經給予整理註解而已，他們的層次有達到「神」和「佛菩薩」的果位了嗎？

甚至老師還會笑著說，如果易經是被設計出來的一種「溝通的工具」，比如像是手機好了，那我們現在有了健康問題，是要以這個手機打電話給醫生，還是打給這個手機的「製造商」呢？因此在卜卦的時候所要請示的神靈是非常重要的，絕不能隨便來召請的，否則引來了一些莫明的鬼靈，卜求的問題沒得到解答，反而還會惹來一推麻煩呢！

問：老師也有多次也提到「神通」、「通靈」的現象，到底是怎樣的情形呢？

這種「神通」和「通靈」幾乎是一般人最有興趣的話題了，如果以根本究竟佛法的觀念來看，其實本來人人就都會具有這樣的能力，而佛法中概略也將神通分為六種，有「智慧通」、「宿命通」、「天眼通」、「天足通」、「他心通」和「天耳通」。只是在佛法中根本就不會去強調，這一種神通的特異性，而是認爲在經過修持、練習、精進以後，就會自然擁有這種的能力，請注意是「自然」就會擁有的能力，所以幹嘛要一直去強調、誇耀呢？因此會去誇耀有神通的人，請你一定要去注意，是否存有不良的居心和企圖呢？

而在「易經」的學習中，如果我們的方法和理念是正確的，而且又不以此來作爲賺紅包、謀生的工作，存粹是來發心服務教化的，相信不用多久你的心思就會沈靜，智慧就會開啓，很快就能夠得到「智慧通」了！這也是老師自己親身的體驗。當然佛法中有許多的法門功課，都可以使我們得到、學會某種神通能力，但這一些都不是根本，只是一種「過程」，有心來學習的人自然就能夠來體會到的。

問：有許多通靈的人，真的是跟神靈來溝通嗎？對問題的處理幫助有多大呢？

哈、哈、、、！大家還是對於這種神通的話題比較有興趣，基本上來說鬼神、神靈、菩薩的存在，是我們學易經和信仰的人，是一定要相信和接受的「事實」！所以和事實存在的鬼神、菩薩要如何的溝通，只是方法的瞭解和如何使用吧了！的確有某些人，這種跟神佛、鬼神的感覺很敏感，所以可以輕易感覺到虛空中神靈的存在，進而來和祂們溝通。

只是以老師所瞭解的這一種溝通，絕對不是如同我們所想像的，就跟人和人在「對談」一樣那麼的清楚、明白，大都只是一種很「朦朧」的訊息和感覺，有一點像在「霧裡看花」的樣子，還是必需要經過「通靈者」自己的解讀和「加工」，才能轉化出一種表達的意思來訴說，因此這一個過程，老實說是很不可靠、很不踏實的！

老師所認識知道的一些通靈者，到最後根本不敢再幫信衆辦事下去，因爲越辦越心虛，很快就會出現瓶頸、障礙的。所以老師才會說學習易經的卦象，透過卦象來和菩薩溝通、通靈，根本就不會有這樣的困擾，每一次出來的訊息指示都是很清楚明白的，不太需要去猜想加工的，而且又是能開啓「智慧通」大大提升自己的靈格，所以像這樣好的學習方法，是有需要好好的加以弘揚推廣的。

一般通靈者還會面臨一個很麻煩又複雜的困擾，就是來與他相通感應的「靈體」，到底是何方神聖呢？當然許多靈體都會說自己是「濟公」、「三太子」、「王爺」、或是「觀音菩薩」等，老師一直都是存著很大的懷疑的，畢竟這虛空當中是存在著許多的靈體，當然有的是「鬼靈」、「地靈」、「菩薩靈」，甚至是一般的「孤魂野鬼」，幾乎都會來和人起感覺、有感應的，所以這時候也直接關係到在通靈、感應得到指示後，來爲信衆處理問題的效果好壞程度了。因此聰明的你，是要來和神格高的菩薩起感應，還是和一般的神靈起感應呢？

問：易經要學到陰陽五行、六親嗎？卜筮正宗、黃金策又是什麼呢？

其實每一個學問都會有它「深入淺出」的特色，你說「微積分」是數學，那「九九乘法表」就不是數學了嗎？只是層次、程度不同吧了！對於一般的學生，老師並不鼓勵要學到「黃金策」的程度，但是如果你是對易經有興趣的人，就非常必要的囉！甚至連

「周易經傳」都要很熟才對的。其實學會了「黃金策」也不代表你的解卦就會很準，只是說多懂得一些解卦的技巧和知識，運用起來會比較靈活、深入一點而已。如果你常幫人卜卦服務，常和菩薩溝通感應，就算是只會六十四卦照樣很卜的準的啦！

黃金策，對易經卦意的解卦上，是延續了從漢初的京房易，將陰陽五行與六爻和六親來結合運用，爾後歷經了「火珠林」，一直到明初的「劉伯溫」給重新整理，讓易經的解卦的批論方式，給了全然不同的看法和用法！

因爲周易經傳的卦辭、爻辭、十翼傳，大都完成於周末戰國的時候，距今已經有近二千年，它的時空背景、人文風情也有了很大的改變。因此，那時明朝開朝國師「劉伯溫」，就將易經的解卦內容做了相當大的重新整理註解，而寫下了「黃金策」一文，其中的解法完全脫離了「周易」之前的論卦方式，不再看爻辭、爻意、錯、綜、雜、互約等卦象，對於十翼傳的卦意也不再是那麼重視的了！

而黃金策的解卦批論方法，也就因此來延傳至今，成爲易經非常重要的研習晉階課程。但是，傳統研習易經的儒學者，卻是將它視爲不入流的「術法旁門」，以致於許多學校的學生雖研讀過易經，但是能以此來論卦、解卦者，卻是非常的少！

而老師以爲，本來易經就是一種「語言文字和語法」，當然在不同的時期下就應該有不同的用法和解釋，所以身處在２１世紀之中，不但要吸收明代、清代對易經的不同解法，更要將它融會貫通後，用出、領悟出，更適合現代的解法來。

問：佛法法門中的「準提菩薩」能來求官、求財、求子和求感情和好，是否可以請老師說說修法的心得感應和感想呢？

這種「入世」法門，可見還是很受到我們這一種世間人，來喜歡有興趣的！那老師就來多說一點吧！

「準提佛母菩薩」的「準提咒心法」，在一般佛經典籍中很少介紹，因爲這是屬於密部中一個密法修持的法門，但是卻在一個相當有名的改命公案典故，就是「袁了凡」的「了凡四訓」中，在說明一個根本徹底改造命運的修持方法時，雲谷禪師特別傳法給袁了凡所修持的一個很特別的法門，而提到了「準提咒心法」的修持！顯示了「準提心咒」對於許願求官、求子、求財、求感情有莫大的神通力！

而「準提佛母菩薩」是「觀音菩薩」在六道中，專爲了渡化「人道」中的眾生，而顯化出另一能滿足世人俗世間願望的大菩薩，其中祂專屬的「準提鏡」更是爲了要與眾生能儘速相感應，特別專有的修行法器，是其他菩薩的法門中所沒有的特色！

但是要來修持準提心法「準提咒」的兩大基本要求：

一為「三業清淨」、一為「發心行大願」！

所以在「準提心法」的修持中，有許多人卻是有著很大的誤解，認爲這個法門可以來順遂滿足我們的祈求，就拼命地來持咒修持，其實這是不對的態度！所以爲何要將「準提法」收錄在「密部」之中，而在修法時一定要有老師或是法師的傳法教導呢？

因為要修「準提法」時，一定要先「三業清淨」，或是要先「發大願」，畢竟天下沒有白吃的午餐，否則當準提佛母菩薩應允了你的所求後，而你卻沒有適當的迴向、回饋付出，那可就是一件很不公平的事了，你會認為這樣合理嗎？

在「準提咒」的修法中有兩個最特別的地方，這是與一般其他法門最大的不同點，就是以「準提鏡」來和準提菩薩快速相應，和「白衣修持法門」，什麼是「白衣」呢？就是俗稱的「在家人」一般的在家居士、世俗百姓，就稱為「白衣」。

在佛法中有許多法門都非常好，但是規矩、戒律很多，像要求吃素、夫妻分房、要閉關等，比如修「大悲咒心法」就有這種規矩，所以許多人都將「大悲咒心法」修不好，就是不能完全依照規矩來修持。而「準提咒心法」就完全沒有這一方面的要求，所以稱為「白衣法門」，不用吃素、夫妻分房、和閉關，是最適合一般在家眾修持的法門了，也是佛門中最符合一般世人修持的「入世法」。

附錄二　易學佛堂精神宗旨與近年發展計畫

因爲四明老師一直有個理想，就是要將易經八字命理正確的理念給發揚、推廣出來，而不只是單純的來給人論斷吉凶、說好壞，如此才能真正回歸到這種經典學問，如何來教導人們向善、增長智慧的本意精神宗旨，其中最好是能夠再來和佛理互相結合運用，以佛法來入理、易經命理來入事，從表裡的事物問題來解決，進而深入到業障因果的根本來提升解決。

以「易學爲標」、「佛法爲本」，爲眾生開啓另一個學習修行法門，幫助眾生更積極、有效的解決人生的困難，不再徬徨無助，更加有堅定的信心來修佛、行善、發揚慈悲心。

所以才會設立了「易學佛堂」，也希望藉由易學佛堂的設立，來幫助更多需要幫忙的眾生，也來與更多的眾生、善知識結緣。

※「易學佛堂」精神宗旨※

一、以傳揚、教化正確觀念的「易學」和「佛法」為主，老師個人不收取任何學費，一切均由學員發心隨喜護持禪寺、佛堂。

二、積極的透過網站資訊、書籍出版來弘揚正確的易理、佛學。

三、不斷的在學校、社團中開課、教學，教育出更多相同理念的人才，一起來推動佛堂的精神理念。

四、建立禪修道場，提供想進一步修持的同好、學員，有個溫暖、舒適的地方，來共同精進努力，和共同的分享智慧，互相扶持的道場。

只是老師的這個理想，也是需要很多社會大眾的認同和支持的，當然大家若是能來認同和共同來推動，老師當然是會很感恩的歡迎大家一起的加入！

※發展計畫※

一、九十年十月完成網站架設。

二、九十年十二月完成三義「玉倫禪寺」改建工程。

三、九一年三月完成免費卜卦程式網頁設計。

四、九二年九月至九三年十二月預計出版以下書籍有：易經入門初階講義、易經中階講義、易經高階講義、八字好好玩初階講義〈從星座來看八字〉、命由業造八字中階講義、真正改運的實務經驗心得（深入了凡四訓和準提法）、佛門照妖鏡（「佛門占卜專書」淺談占察善惡業報經）。

五、九三年二月於台中設立「易學佛堂」台中講堂。

六、九三～九四年計畫建立「準提菩薩地藏木輪禪修道場」。

七、九三年九月計畫發行出版「地藏占察木輪月刊」來弘揚推廣「地藏王菩薩」的「占察木輪相法」，和協助諸位善知識傳承弘揚他們的心得和著作。

附錄三　佛門照妖鏡　占察善惡業報經　佛門占卜專書

【為何佛門中沒有像易經，這種為人指點疑惑的好法門呢？】

在二十幾年的易經學習和幫人占卜卦掛服務中，深刻的體認，易經的確可以將一個人未來的吉凶發展，批解的十分準確，是一種非常能夠幫助眾生解決問題的好法門。可是我個人在85年正式皈依成爲佛門弟子開始學佛，卻常聽到師父們說到：佛教是不能夠卜卦、算命的……縱使當遇到困難、煩惱、疑惑時，也只能請示更有德性的大師，或是自行更加精進努力的來修行、懺悔，自然有菩薩會來加持、保佑的！

但是讓我對佛法開始有些認識和瞭解後，卻感覺應該不是這樣的！尤其是觀音菩薩那種「願爲千萬種人，開千萬種法門」，隨緣來度化眾生的大慈悲心，更是令人感動。而就我個人對易經、八字的瞭解和心得，這就是一種能夠非常有效、迅速，來隨緣度化眾生、親近眾生的好法門！尤其易經的卦理、卦象，更是能夠來檢視自己的行爲、觀念，是否有所偏差入邪不當的好方法，並不是單純用只來批論吉凶算命的，那爲何卻被佛門所禁止呢？似乎總覺得，以世尊、佛菩薩如此的大智慧，應是不會捨棄這樣好的一個法門。

很幸運的！在九十年的一個機緣中，認識了「洪師兄」，跟他提起了心中的這個疑惑時，在他的解說介紹下，竟然在佛門三藏十二部經典中，是非常清楚、明白地有一部經典【占察善惡業報經】，就是專門以占察木輪相法，來占卜審察我們佛門弟子和俗世衆生，修行是否清淨、業報是否輕重、所行所爲吉凶如何……的一部占卜經書，雖然占察方法與易經不同，但是那種意義卻是完全一樣的。此時的我，真是對佛菩薩的大智慧，佩服感動到無法言喻的心坎裡，也對佛法的真實和信心更加更加的堅定，尤其是佛法的廣博精湛和包容無礙，更加的肯定！

在這幾年的學佛心得感受中，常覺得當有信徒、弟子遇到一些俗世間的煩惱、困難時，師父總是一味的只來鼓勵誦經、做功德、積福報、、要用功精進，似乎很難對問題有直接的指引和幫助，讓人深覺得，難道佛法就是要放下一切，事事無所求嗎？這樣實在與我們的生活很難貼近、鍥和。尤其是遇到一些對於經典、修持上的疑問，更是被師父駁斥爲邪思妄想、旁門左道，只要「一門深入」專心念佛、精進拜懺，自然就可以業障消除、悟道成佛、往生極樂世界了！

但是這樣的觀念想法，不就違背了佛菩薩廣開千萬法門的大願了嗎？經典也不必有三藏十二部那樣的浩瀚廣博無窮了！所以，我個人的粗淺心得，應是可將法門概略可以分爲「出世間法」和「入世間法」！然後針對佛門弟子或衆生的資質因緣，來善巧方便演說，主要應該是要看該弟子眼前當下的業障疑惑，爲他指引一條有效的解決方法，才能展示世尊、佛菩薩的廣大神力，和大智慧的法門應驗。

【佛門的照妖鏡】

而且個人在「占察善惡業報經」的研讀修持中，更是發現了明末清初的高僧「藕益大師」，對於此經也是非常的推崇弘揚，先後著述有《占察玄疏》三卷和《占察行法》一卷，有不同於其他大師的看法和見解，認爲是「地藏王菩薩」三部經典中〈地藏王菩薩本願經，地藏王延命十輪經，和占察善惡業報經〉，最能入世渡人、親近眾生的一部經典。及至民初的「弘一大師」也是延續認同「藕益大師」的看法，對此經的修持更是精進不已，甚至還親自雕做了「占察木輪」，來教導信眾如何占察，以及行占察懺法。目前對此經有最深的精研和弘揚，就是「夢參大師」，有多篇對於此經的傳述、講記和心得。

所以明末的高僧「蕅益大師」對這部經典推崇備至。他認爲這部經典是度化末法時期的眾生特別微妙殊勝的法門。所以他爲這部經典寫了「占察善惡業報經玄義」、「占察善惡業報經義疏」和「占察善惡業報經行法」，來註解弘揚這一部經典。

這部經與其他算命的方法有非常不同的地方。因爲這部經不但告訴您吉凶禍福是如何來形成的，而且還進一步指出如何來扭轉惡業和惡運的具體方法。更重要的是它能讓我們明白「三世因果」的善惡、苦樂和吉凶等狀況，所以它能使我們的智慧大開、行爲導正。

照著這部經典的「木輪相法」去修持、占卜，我們可以明白一百八十九種三世果報善惡的情形。

例如：它可以使我們知道我們前一世是從地獄轉來的，還是畜牲、餓鬼、阿修羅、人道或天道轉世來，由前是所帶來的業障，或是福報的情形如何！

例如：我們前世是在家還是出家，有沒有聞法修行或供養聖賢等。

木輪卦相不但可以澄清我們對過去世和來世的疑惑，而且幫助我們解決現在世的許多重要疑難。

例如：我們可以透過它明白某一個人是不是善友、所聽的法是否正法、某一個人是否有實德或無實德、所了解的義理是否有錯誤。
例如：所修的法門是否正確、所證的是否真實、所學的是否契機、所學的是否有障礙。
例如：所做的事情能否成功、所求的財富官位是否能獲得、壽命是否能延長、求男求女是否能如意。
例如：所期待的人會不會來、對方是不是平安、所求的事物多久可得到、所懷疑的事物是否為真實、所遇的人物是否吉利、所遺失的東西能否找到。
例如：危險能否脫離、疾病能否痊癒、所找的醫師能否醫好病人、住處是否平安、農民能否豐收、夢境是否吉祥……等！

除此之外，「木輪相法」還可以讓我們明白過去累世的善、惡、業障因果的多寡，以及現在今世所造十善或十惡（貪、嗔、痴、兩舌、惡口、綺語、妄語、殺生、偷盜、邪淫）的強弱、輕重。

「木輪相法」無論是在生活或修行兩方面，對於我們的確幫助太大了。因此希望各位能早日研修、學習這部「占察善惡業報經」，更進而弘揚推廣這一個如此善巧的好法門！

由此可見「占察善惡業報經」的確是一部值得我們發心來深入研究、修持的入世好經典。因此個人淺漏地將近年來對於「占察善惡業報經」的修持心得，和易經的精神相呼應，野人獻曝地發表一些淺顯的心得。也效法學習前賢高僧「藕益大師」將佛學與易經，兩相呼應論述，著述了一部「周易禪解」，充分展示了大師對於佛法中，事事無礙、一心菩提，以佛入儒、以儒引佛，無宗派法門、經典的界限，一切都是以眾生所求所需為本的大慈悲菩薩心，將佛法救人、渡人、悟人的精神，完全務實的在世間法中來推行的精神。

那為何在歷史上自從隋朝」菩提登三藏法師「翻譯了以後，也沒有什麼人來看，這個法門也很少有人注意，但是在大藏經裡卻有很完整的收錄著呢？

我個人覺得有兩個最大的原因：

一是世尊曾在戒規中，不准佛門弟子來卜卦、 算命

但我認為這是一般佛門弟子不夠用功，沒有把這一部經典瞭解透澈，去體會世尊的智慧和用心，否則就不會拘泥於戒律，而無法來深入研習修持這部經典了。不然「金剛經」也提到了所有的有為法，都如夢幻泡影一般，結果許多佛門弟子還不是把許多經典每天抱的死死的在唸、在讀誦，這是要讓我們去多體會學習的隨順性和圓融性的。

二是，應該是人的天性」心虛「吧！

因為占察木輪就有如「照妖鏡」，如果所有的信眾、弟子都修持學會了，木輪裡頭有許多的輪卦相，大家看看這一百八十九種輪相就知道了。

例如：說我親近這個師父，聽他講經、或跟他學法、或皈依他，他是不是有真實修持的道德？我跟他學什麼？讓弟子們來占察看看，師父有德沒德？沒德就不要跟師父

學，等於是暴露了自己。所以這也是「木輪相法」一個宏揚不開來的重要原因，所以我個人才會稱它爲「佛門照妖鏡」！

在禪寺裡我曾經跟住持師父聊起了這部經典，住持師父說她曾經讀過這部經的，但是沒有木輪，也不知道該如何來占察，我說：「師父，我大概有一點心得了，自己也有拜過菩薩、行過懺了，也自己占察過了，那種菩薩的感應，的確是不同於「易經」的卜卦！我問師父，要不要讓我來幫她占察一次呢？」結果師父趕忙說，做晚課時間到了，一溜煙就走掉了，然後從此就再也沒有和我談起這部經了！

所以這不就是人性嗎？連已經出家慈悲修持了三十幾年的住持師父，都有如此的心態，更何況是一般人呢？其實這個根本就沒關係的，你說師父沒德性，還有三業因果的業障在，那師父可以好好來修持啊！甚至可以帶著大家一起來拜懺、來精進共修！這樣不是更好，更值得弟子們來尊敬嗎？

否則看過了許多出家師父，經誦的多好、說自己多慈悲？可是世俗利益心卻還比一般的信眾還厲害，這也就是世尊爲何直到快滅度的時候，趕緊迎請「地藏王菩薩」來說了這部「占察善惡業報經」的佛門照妖鏡呢！爲的就是請「地藏王菩薩」來作主，讓我們能夠來照亮自己修持的心，看是否已經清淨了？沒有雜思、污濁了？是否在看起來清淨的外表下，仍然還是包藏著利慾的禍心呢？是否道心都已經被邪魔入侵、干擾，卻還不自知呢？

甚至還可以直接以木輪相法，來與「地藏王菩薩」請示溝通，在菩薩以占察木輪時時刻刻的指引下，讓自己的智慧更成長、行爲更端正呢？根本就不用痴心妄想的在求感應。所以我常對信眾、學員說，根本就不用求啥「感應、神通」的？木輪一擲，不就直接通到「地藏王菩薩」那邊去了，比打行動電話還快，還哪需要什麼感應呢？把一個模糊的感覺猜個老半天的！

因此我想我們是否該好好的來共同學習修持，弘揚這個法門。因爲現在信眾的疑惑好多，好多的事情都認識不清、很迷惘！比如說老師或師父要發心設個大道場，但沒這個力量，那怎麼辦呢？請地藏菩薩來指示我一條出路。或是說我想去買樂透彩，不是爲了賭博，也不是爲了幹啥？而是爲了要宏揚佛法，或者是要來做其他的善事業，如果占察出來是可以的、是相應的，那就是你的福報，是菩薩對你有保佑、感應了。

因此大家得要知道這個占察木輪，還有個關鍵！什麼樣叫「相應」？什麼樣叫「不相應」的道理在裡面呢？並不是你隨便把木輪一擲一求就會有答案的呢！所以這一定要把經文給孰悉瞭解，不是一知半解就能來隨便亂說的，否則是會犯很重的「口業」的！

【地藏王菩薩的渡人善巧次第法門】

「地藏王菩薩」所說法的法門，跟其他菩薩的說法有所不同，是有階段性、是有次第的。

第一階段：是先用「占察木輪法」讓你得到應證，讓你馬上就可以知道吉凶、正邪、真假，這是善巧方便的第一階段。

第二階段：教我們如何行「占察懺」，誠心誠意地來懺悔、用功精進，並且還可以隨時用「占察木輪」來查驗，三業障因果是否已經清淨了！

第三階段：是更進一階段地深入到「一實境界、兩種觀行」大乘修持方法，因爲在拜懺還未達到三業清淨之前，是不能來「打坐」、「禪坐」修「真如妙心」、「明心見性」的功課，所以這是第三階段的修持次第境界。

所以如果是一般法門的修持，如果你要來修「一實境界、兩種觀行」，就會非常容易於著魔。因爲要等「三業清淨」了再來「修定、修慧」，這時候一修就成了，否則有許多居士、出家衆，修持了三、四十年，不只是修不成「定、慧」，就是平常想要求個跟菩薩的感應根本往往都無法做到的。

因爲「地藏王菩薩」是善巧、入世的菩薩，講究的是先如何來解決眼前當下的問題和困難，再來和我們談更深入的「經論」道理。

【三種輪相的簡單認識】

第一輪相 是有十個木輪，有善業、惡業之分：

貪慾、瞋恚、愚痴（邪見）、殺生、偷盜、邪淫、妄語、兩舌、綺語、惡口。這叫十輪。這裡有包含過去世的，有現在世的，和有未來世的因果。

第二輪相 是有三個木輪，為身、口、意：

第一輪相占察完了，再來進一步問問善業、惡業的輕重、遠近？占察第二輪相分爲：身、口、意。這三個木輪不能一起擲，因爲這裡頭還有個相應、不相應的問題。

第三輪相　是有六個木輪，直接來瞭解俗事間的各種問題

每個木輪在三面上（留一面空白），依序寫著1～18的數字，這是可以單獨來占擲的，就是來求問現在今生的疑問，從一到一百八十九個輪相，包括了很多我們會發生、會遇到的各種問題。

我們可以先將問題寫好，再將六個木輪一起來占擲、共三次，將木輪上的數字合計起來的數目，就是我們所求問問題的輪相回應，共有189個輪卦相，看是哪一個輪相來解答我們的心中疑惑，就是菩薩對我們的指示了！

心・得・筆・記

附錄四　易學佛堂擴大招生感言

在多年的教授易經、八字的上課中，學生總是常問著我一些個問題：

「八字算命到底是什麼？到底準不準呢、、、？？？」

「易經卜卦又是什麼？是不是算命呢？到底還是準不準呢、、、？？？」

探知未來、瞭解自己、預測吉凶、、、，似乎永遠都是人類的最大興趣，甚至是生活的意義和動力，可是對於中國文化五千年來，如此深入民間人心的易經八字命理學，絕大多數的人都是朦朧無知的，在周遭生活中它隨時都存在著，時時被談論著，但是又有多少人真正知道「易經」的精神在哪裡？又該如何來運用「易經」中的卦象、卦意，來爲自己引導出一條最正確的路來呢？很令人惋惜呢！

「八字」的下場其實也比「易經」好不到哪裡去！或許甚至在滿街都是的命相館，裡面正在滔滔不絕爲你解批未來生死、吉凶的大師們，可能連「八字」的精神是什麼？也都會說的不清不楚吧？二、三十年來這種感觸一直在心裡低低唉沈著！

這幾年好羨慕、好嫉妒「星座學」呢！那麼多書、那麼多節目、那麼多青年學生，不斷地在討論著、學習著，連我這種食古不化的老人家，都趕緊買了好幾本回來研究一番！結果，二、三十年來對易經八字，那種失落的感觸又更加加深了！

星座學和八字的邏輯道理幾乎是完全一樣的！只是所使用的名詞不同吧了！而且許多八字所談到的道理，更是星座所無法比擬、深入的！

易學佛堂台中講堂九十三年共修上課課程及服務時間動表

☆☆佛堂所有的服務，老師個人都不收取紅包和供養！但是希望信眾能來隨緣發心助印木輪月刊或是佛經，以弘揚善知識來廣積陰德、積福消業！

九十三年共修上課課程及服務時間動表	
渡化服務時間：每週二、三、五、六、日下午一點至晚上七點	
※地藏王菩薩「占察木輪」吉凶善惡占卜 批論明瞭三世因果業障 ※易經卜卦解惑、四柱八字命理論命、取名改名	
※氣功制煞、解厄、收驚。	※地藏殿安奉祖靈、嬰靈、親靈、業障因果靈，報名上疏文，每日均可上疏安靈。
※引靈、安靈儀式※ 引渡安奉嬰靈、祖靈、親靈等亡靈於地藏殿中供養，祈求亡靈功德圓滿、早日超渡轉世。 每月農曆初一、十五下午二點，於廣願寺舉行安靈引渡法會。	
上課課程表	
※ 佛學講座讀書會 ※ 佛學、禪修研習，研習主題「佛陀傳」、「了凡四訓」、「占察善惡業報經」。	每星期三晚上七點三十分至九點三十分。
※地藏法門之『占察善惡業報經』 占察木輪相法※ 修持占察懺，了悟三世因果、化解業障因果。 ※八字命理入門初階。易經入門初階。	每星期六晚上七點三十分至九點三十分。
※易經、八字課程※ 教授易經文王卦和四柱八字命理，中階晉課程。	每星期一下午一點至三點。

請務必事先電話聯絡預約服務時間。或是再確定上課時間。

住址：台中市河南路四段48-1號 ※連絡報名 劉師姐 TEL:04-22518283　傳真：04-22518778

因此可以肯定的說：星座和八字的入門基礎邏輯都是相同的，但是八字卻多了「陰陽五行」和「本命元神旺衰喜忌」的變化運用，使得推算未來吉凶的精準度，遠遠超過了星座學！

但是爲什麼懂得人這麼少？難道真的如此難學嗎？還是那麼多學會八字的老師，都那麼的自私，不願將自己的心得教授出來嗎？、、、難道身爲中國文化背景下的人，連命理學都竟是只會學著西方傳來的「星座學」嗎？

看著自己內心二、三十年來對易經八字，那種失落的感觸，我想實在不能再讓這種感觸再沈吟下去了！所以對自己下了一個決心，一定要將「易經」和「八字」的學問文化精神弘揚出來，期待有一天也能夠在各個校園中、電視節目中、青年學子中，大家熱烈興趣地在討論著易經、八字。

有了這一個理想和願景，當然就要有實際的計畫和作法，開課、上課、開課、上課、、，從北到南、在社團、在社區、在佛堂，我不斷教授著學生，設立網站、著作出書，我不斷告訴著，什麼才是正確的易經和八字、、！

多年來堅持著老師個人上課不收學費、卜卦不收紅包，爲什麼呢？因爲這是我的心願、我的理想！如果易經、八字和占察木輪能更加廣泛的弘揚開來，能被更多人學會和瞭解，自然就會有更多的人受惠，而來得到幫助，或許這世上就會少幾個可憐、不幸的人吧！所以這是我的理想和願景！

所以想學八字嗎？想學易經嗎？或是想研習地藏占察木輪相法？請盡量不要客氣來佛堂找老師吧！

而我要收的學費就是：「學會後！要義務最少來當三年的義工，用易經、八字、占察木輪來幫諸位家人、朋友和不認識的眾生服務、、、！」這就是「易學佛堂」的精神和宗旨。

我有信心，只要你肯用心學，循序漸進一步一步來，不怕學不會的！就算是這一世或許只能學到第一階段，沒關係，下一世繼續來，一世一世學下去，一定可以學到透澈明瞭的！

有學生問我：易經、八字要學多久才學得會呢了？我說：以我的個人經驗，在過去的四個輩子，再加上這一世的三十年，而且目前還在學習進行中、、所以大家認為要學多久呢？因此菩薩在九二年八月賜給了我一個法號叫做「四明」，四個世代的「明」，「明」就是「易」、就是「日月」、就是「陰陽」，就是要在永遠循環不變的真理中持續努力的學習下去，所以才說「活到老、學到老」嘛！所以請不要再去想著「多久」才學的會？隨時學著、隨時用著、就是隨時在「會」的當中了！

在學習過程當中，普遍發現一般學員有個很糟糕的心態，就是一直想著要如何才能將易經八字給學會、學好？但是又不願意好好的按照學習的階段來做功課，就是常常想著有沒有所謂的「名師」？有沒有所謂的「密笈」？好像只要有魔棒點一點就通通會了！根本就都是偷懶不務實的愚痴想法。

學習永遠沒有「名師」和「密笈」的，只有按部就班踏實的來學習，才有可能學得會，那什麼是學習的方法和階段呢？

第一、要有計畫。能知道學習易經八字的興趣和目標。

第二、要有恒心。見循序漸進的來慢慢遵循老師的引導來學習，不可躁進。

第三、要知道學習內容的方向和目標。對於學習的階段和進階的次第的內容要清楚。

第四、要能夠來踏實的「實習」、「練習」。需配合佛堂的「實習」服務安排，確實的來付出。

第五、要有慈悲心。一定要有為眾生服務，不求自身利益的菩提心，來行菩薩道。

老師通常會嚴格地要求學員，當晉級到中階時，就要爲初級的學員來教課當「小老師」，或是直接地來爲其他的信眾、學員，做卜卦、批解八字的服務，也要寫出自己的學習心得報告，這一些都是「行」的基本要求。

另外還要有一個正確的觀念，不要以爲這好像你是在爲信眾他們在「服務」啊？其實應該是這一些的「眾生」在當我們的「老師」呢！在這樣的實習實務經歷中，才有可能學習體悟到，屬於你真正的智慧，所以老師常講一句名言，天下間只有兩位名師：「一是眾生」、「一是菩薩」。這是諸位有心在易經八字學習中努力的學員必須要有的體認。

附錄五、地藏木輪月刊【徵稿啟事】

和廣求【助印訂閱】功德

易學佛堂自九三年九月起，預計要發行「期刊」，爲了發心要以「地藏王菩薩」的大願，來行度化眾生的菩薩道，易學佛堂將以弘揚「占察木輪相法」的善行來做起，來幫眾生務實的面對問題、解決問題，然後再加上中國文化智慧的「易經、八字」，和各種能有利於眾生的善巧方便方門，針對各種不同根性、資質的眾生，來滿足圓滿他們的需求，確實的、務實的來幫助眾生解脫煩惱和困惑。

因此易學佛堂才會以著書寫作和發行期刊的方式，來使得這個善知識能夠更加的來廣爲傳播，但是除了黃四明老師本身的著作講義和學習心得知識外，也希望能更進一步的來結合、散播其他諸位出家師父、善知識、大德的心得，使所有的善知識和心得能更加廣泛的傳承開來，此一理念更在「廣願寺」大正法師的支持下，而終於有了發行「地藏占察木輪期刊」的計畫和心願的完成。

「地藏占察木輪月刊」的精神宗旨就是：

一、弘揚「地藏王菩薩」占察善惡業報經的「占察木輪相法」。

二、弘揚中國文化智慧的「易經、八字」命理學說。

三、弘揚十方大德在佛法修持上的心得和智慧。

四、弘揚各種有利於眾生的善巧法門和智慧。

所以希望各界十方大德能來共襄盛舉，共同來發心推廣弘揚這個理念和精神，不管是「木輪相法」、「佛學」、「易經卜卦」、「八字命理學」、「星座學」、「心理學」、「情緒管理學」、「健康養身新知」、「學佛的心得」、、只要是各種能有利於眾生的善巧方便法門和心得，都歡迎您的投稿和支持。

甚至佛堂願意提供各種配合，例如：採訪、錄音、打字、編輯、排版、版面設計等工作，來為一些不方便寫作、打電腦的師兄姐和師父服務，甚至對於有豐富的學識和心得的善知識大德，或是出家師父，也可以來協助幫忙印製著作出書，使這一些大德的善知識可以永久的流傳下去，所以歡迎您的投稿和來電。

而此一心願的弘揚和實行，更是需要諸位大德的支持和贊助，本期刊前三期預計以「贈閱流通」的發行，來和十方大眾結緣，因此也衷心地期待諸位大德的「助印贊助」。

【預計每期發行贈閱數量３～４千本，每期估算經費約２０～２５萬元，每本助印金額５０元】

歡迎十方大德來廣結善緣，傳揚善知識，積福消業！

易學佛堂

住址：407台中市西屯區河南路4段48-1號。
電話：04-22518283（聯絡時間早11點至下午6點） 傳真：04-22518778
網站網址：www.kunde.org.tw E-Mail：kunde92@seed.net.com
轉帳銀行：新竹國際商業銀行 三義分行〈代號052〉
戶名：易學佛堂 帳號：58-53-0101960

地藏占察木輪月刊 預定刊載目錄內容概要

一、**地藏占察木輪相法專題講座**（四明居士專談占察木輪相法和占察因果實務心得分享）
二、**奇人異事名師專訪**（每期個人專題採訪出家師父、有修爲居士大德）
三、**通靈情事女人心**（華倩師姐以靈通的心來探訪女人的感情因果情懷）
四、**易林拾穗大觀園**（易經卜卦教學課程、和漫談解卦趨吉避凶實務心得分享）
五、**命來由我不由天**（八字命理教學課程、和漫談批解八字改運實務心得分享）
六、**心靈美學放輕鬆**（由音樂、美術、溫泉等輕鬆話題，來談身心靈ＳＰＡ）
七、**舞文弄墨話玄學**（各方人事雜談相會五術心得論述，風水、姓名學、星座學等）
八、**法喜充滿悅心集**（搜錄諸位師兄姐感人的學佛感應心得，和佛學問題交流解答）
九、**漫遊台灣妙廟通**（導覽全台各地寺院的風貌，和建寺弘法的因緣）

請沿此虛線剪下寄回

【易學佛堂 投（徵）稿摘要索引表】 填寫日期： 年 月 日

☆☆歡迎諸位出家師父、大德和讀者，能踴躍來投稿，將自己的心得、善知識流傳給世人分享，佛堂會盡全力來協助您的心得作品來印製、出刊，只要將此回函剪下寄回，佛堂會盡快與您聯絡，安排相關採訪事宜。

投（徵）稿人：	（或採訪人）：	
住址：		
電 話：	行動電話：	傳真：
介紹人：	行動電話：	E-Mail:
投稿人基本簡介：□男□女____歲。□出家師父 □居士 □法師 □師兄姐 □信眾 □一般民眾 職業、學歷、經歷大概簡介：		
投（徵）稿人自我介紹：		
投（徵）稿摘要內容：（大概符合月刊，預計刊載內容的哪類項目：______項。）		
投（徵）稿類別：□單期文稿 □連載文稿 □專刊製作 □專冊書籍 □影片製作 □其他		
提供稿件規格：□WORD文字檔 □方格稿紙 □一般稿紙 □自行錄音 □自行錄影 □其他		
需要提供配合：□採訪 □錄音 □打字 □編輯 □排版 □照相 □攝影 □美工設計 □印刷估價 □發行出版 □其他服務 （以上可複選）		
預定交稿時間：	預定刊登期別：	刊登時間：
聯絡配合人：	行動電話：	

住址：407台中市河南路四段48-1號 ※連絡電話 劉師姐 TEL:04-22518283 傳真：04-22518778

請沿此虛線剪下寄回

心・得・筆・記

附錄六 圖表

八卦百象圖

八卦陽宅配位圖

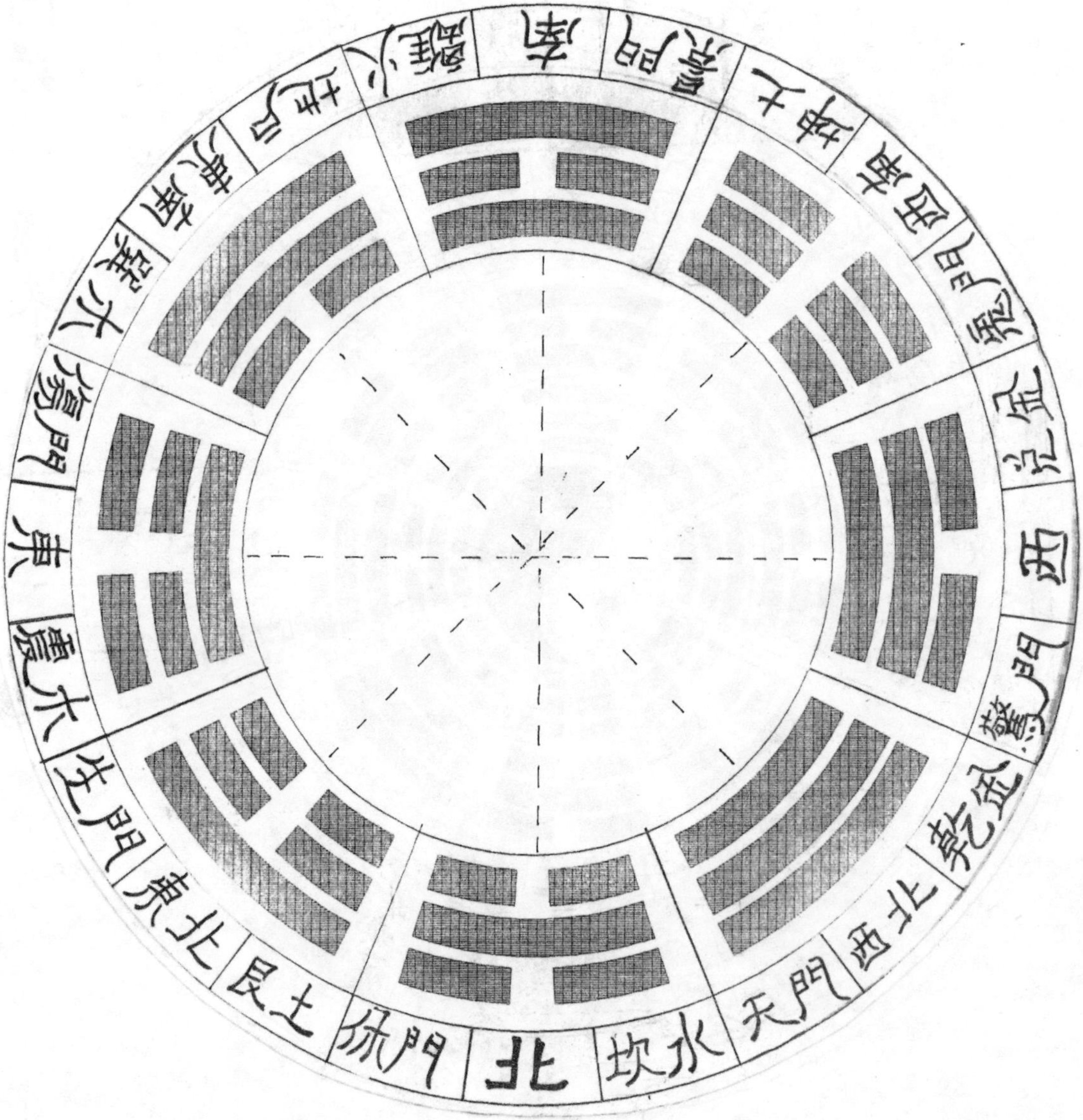

十二地支與二十八星宿

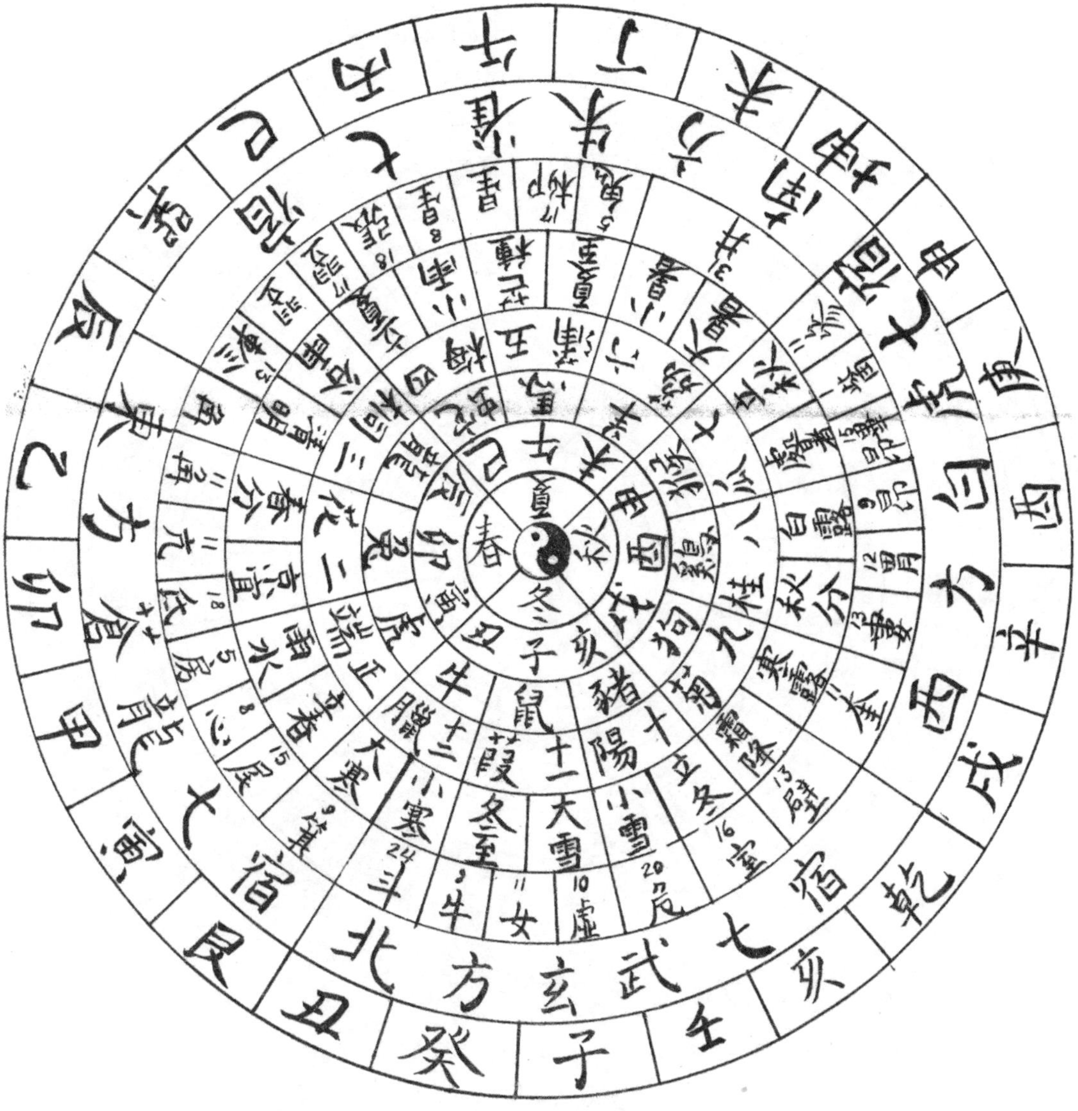

三才五行定律表

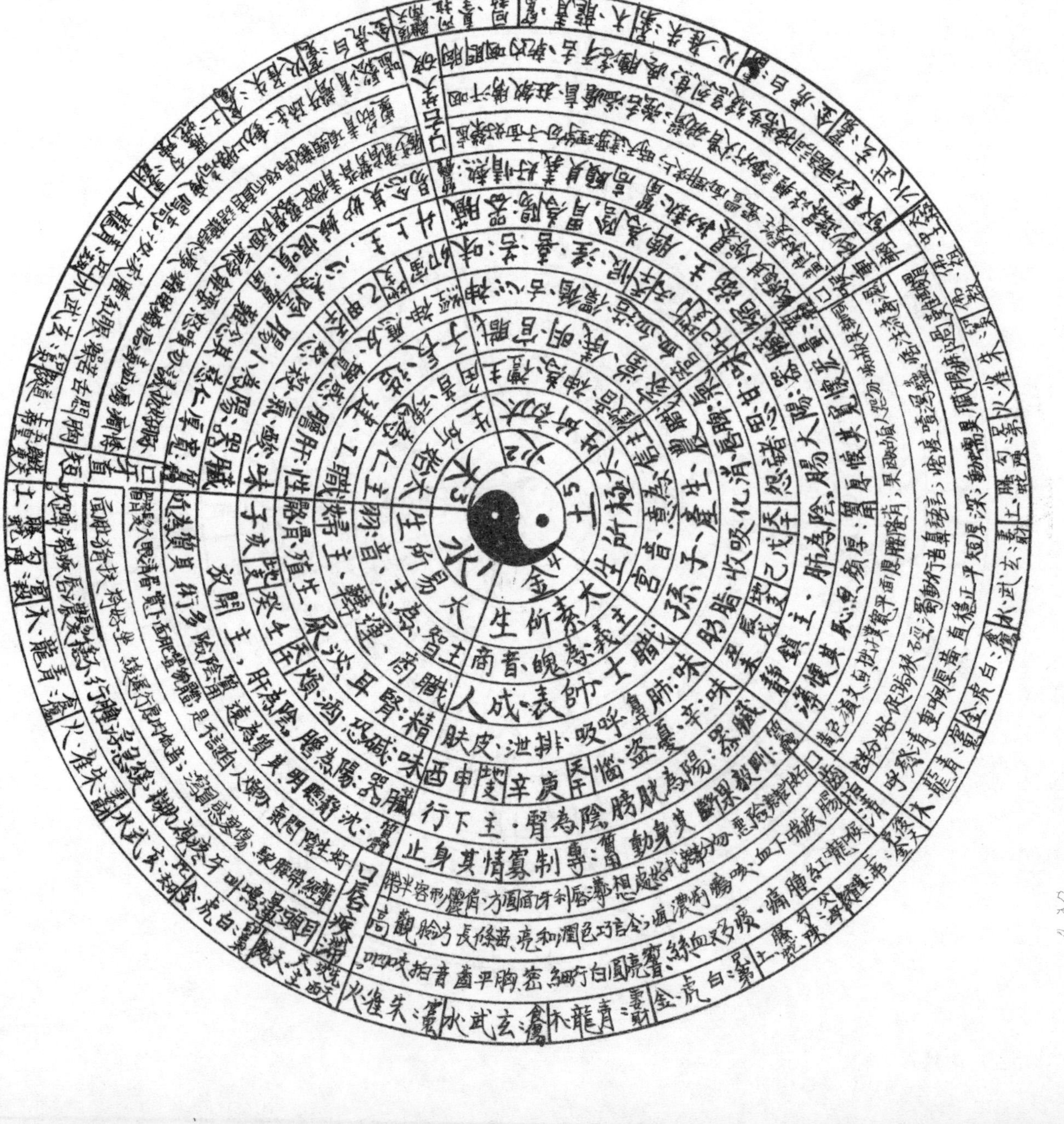

太極、河圖、洛書、先天卦、後天卦、二四節氣、六十四卦圖

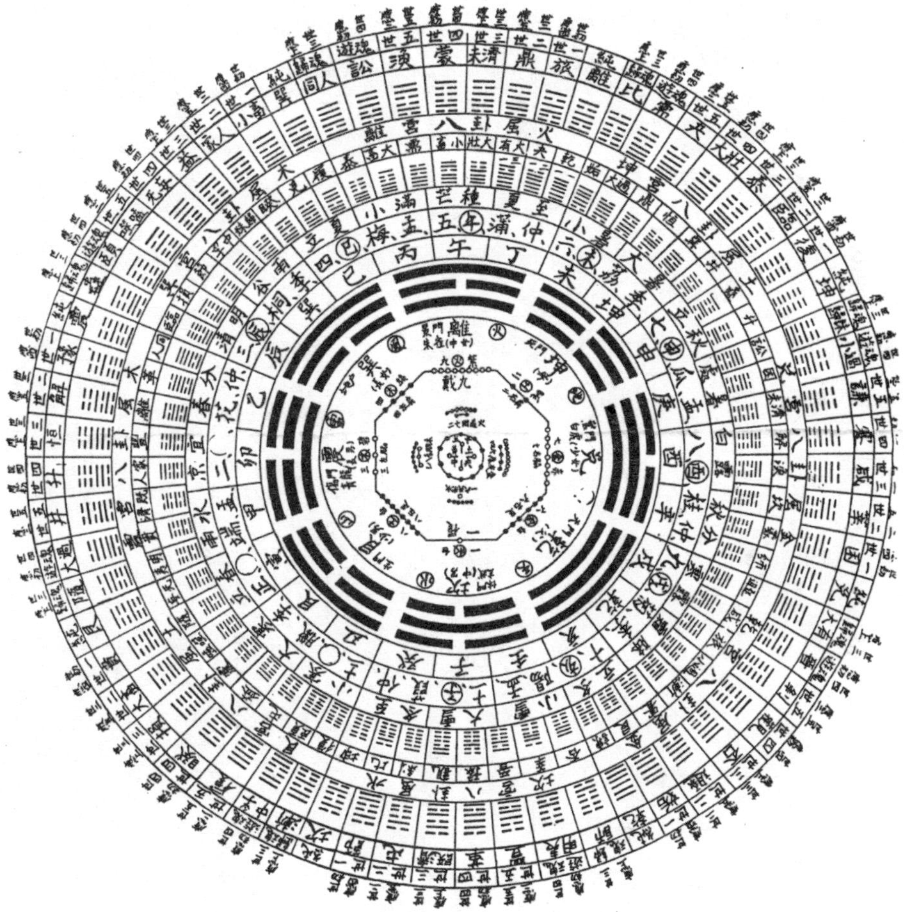

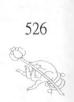

易經周易中階晉級講義讀者回函服務表〈初版一刷〉

請沿此虛線剪下寄回

請將此回函剪下寄回：易學佛堂黃四明老師收

住址：407台中市西屯區河南路4段48之1號

電話：04：22518283

傳真：04：22518778

感謝您對 易學佛堂 八字好好玩初階入門講義 的支持，爲了提供您更好的服務，請寄回此封回函，我們竭誠歡迎您成爲我們易學佛堂的一員，彼此共同來學習、來成長、來解決人生會面臨的各種問題！

【讀者基本交流資料】

姓名或稱呼：　　年齡：　歲。　性別：□男 □女　行動電話：

大概工作職業：　　E-mail：　　電話：

是否想要定期收到佛堂資訊或郵件：□是□否

宗教信仰：□佛教□道教□基督教□天主教□一貫道□一般民間信仰□其他□無

對易經的興趣：□一般興趣□想要深入了解□計畫創業□想要進階八字命理□其他

【服務需求項目】

□是□否：請寄送「佛門照妖鏡　占察善惡業報經」一本跟我結緣。

並隨函附上現金紙鈔100元或是回郵郵資100元。

姓名：　　郵寄住址：

（也歡迎親自來到　易學佛堂台中講堂　來索取）

若不需贈送「佛門照妖鏡　占察善惡業報經」一書，煩請老師爲我批解八字命書一份

姓名或稱呼：　　出生：　年　月　日　時〈請寫明幾點即可〉□農曆□國曆

年齡：　歲。性別：□男 □女。或 E-mail：

寄送住址：

主要批解內容（以下選項只能複選2項。但是老師還是建議，親自到佛堂來批論會比較準確、詳細，因爲這其中有關係到氣運的影響問題，所以這樣的紙上論命只能做一些重點式簡單的批解，而且也不是很準確的！）：

□個性概要。□命格概要。□適合工作。□學業發展。□事業發展。□感情發展。□婚姻發展。□家庭運勢。□財運概要。□身體健康。□與子女關係。□與父母關係。□與朋友兄弟關係。□其他

【讀者意見】隨時歡迎您的建言和參與，也可上網E-mail或傳真或來電給老師

E-mail：kunde92@seed.net.tw　網站：www.kunde.org.tw

請沿此虛線剪下寄回

國家圖書館出版品欲行編目 資料

易經周易中階講義 / 四明居士著 .-- 初版 --
臺中市：易學佛堂，2004〔民 93〕
面：公分

ISBN 957-29241-3-3〈平裝〉

1. 易占

292.1　　93015149

易學佛堂
住址：407台中市西屯區河南路4段48-1號。
電話：04-22518283（聯絡時間早11點至下午6點） 傳真：04-22518778
網站網址：www.kunde.org.tw　E-Mail：kunde92@seed.net.com
轉帳銀行：新竹國際商業銀行 三義分行〈代號052〉
戶名：易學佛堂　帳號：58-53-0101960

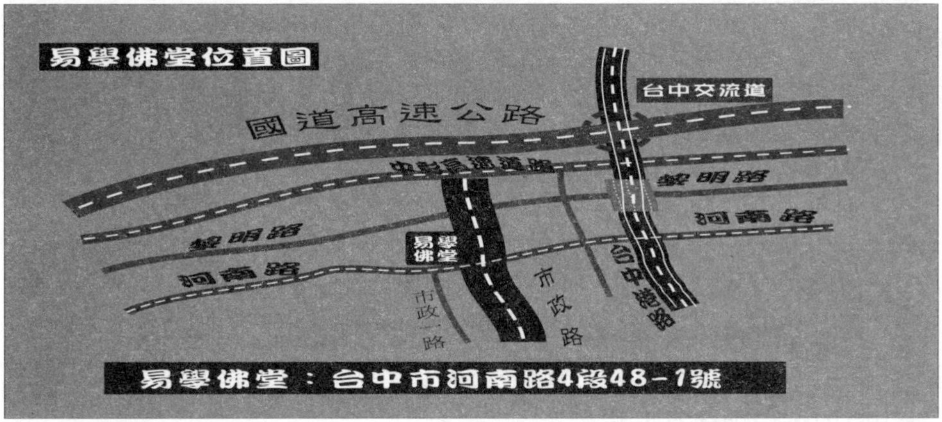

易學佛堂

易經周易
中階晉級講義

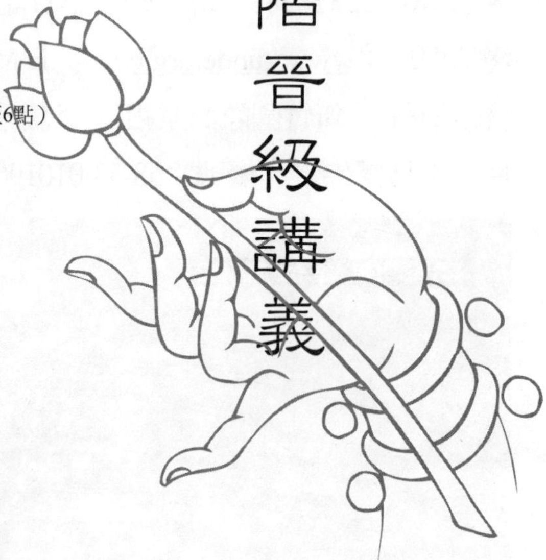

作　　者／四明居士
出版單位／易學佛堂〈易學講堂文化出版社〉
出版日期／2004年 8月　初版一刷
封面美工設計／傅建智
協助校稿／劉守成
聯絡處：407台中市西屯區河南路4段48-1號
電話：04-22518283 傳真電話：04-22518778
老師行動電話／0936-299295（聯絡時間：下午1點至6點）
網　　站／www.kunde.org.tw
E-mail ／kunde92@seed.net.tw
圖書代理行銷／朝日文化事業有限公司
住址／台北縣中和市橋安街15巷1號7樓
電話／ 02-22497714　　傳真：02-22498715

ISBN 957-29241-3-3

定價 450 元